大隅和雄 Kazuo Osumi
大山誠一 Seiichi Oyama
長谷川宏 Hiroshi Hasegawa
増尾伸一郎 Shinichiro Masuo
吉田一彦 Kazuhiko Yoshida

日本思想史の可能性

平凡社

はじめに

吉田一彦

日本列島に生きる人々は、これまで何をどのように考えて、長い歴史を歩んできたのだろうか。本書は、五人の論者が日本思想史について考えるところを論説で述べ、それを題材にして語り合った座談会を記録したものである。本書は日本思想史分野を主専攻とする者たちが共に集い、語り合った本ではない。西洋哲学、日本古代史、日本中世史、日本文化史などを専攻しつつ日本の思想に強い関心を持つ者たちが分野を越えて集まり、日本思想史について語り合った本になっている。最初に、この本ができた経緯と私たちの研究会について触れておきたい。

いまとなってはもうかなり以前のことになるが、恩師のひとりである大隅和雄さんから、ヘーゲルの新しい翻訳を読んでいるけれど、これがとても素晴らしくて、読んで理解できる明晰な日本語になっているんですよと教えていただいた。ヘーゲル著、長谷川宏訳『哲学史講義』（上中下三巻、河出書房新社、一九九二—九三年）のことだった。日本語は進歩するものですねと言われて、進歩ですかと聞き返すと、ええ、昔の翻訳は日本語になっていなかった。それがいまはこんなに立派な日本語の翻訳が出るようになったのだから進歩だと思いますね。そう言われた。そこで、早速手に入れて読んでみると、ヘーゲル哲学が明快な日本文ですらすらと頭の中に入ってくる。感激して、旧知の大山誠一さんにその話をすると、長谷川さんは尊敬する畏友で、よく知っている。今度紹介しようという話になった。

大山さんは増尾伸一郎さんに声をかけて、一九九七年一一月六日、大隅、長谷川、大山、増尾、吉田の五人の会合を設定してくれた。私は、緊張気味に東京池袋の会場に向かった。だが、話し始めるとすぐにうちとけることができ、思想、歴史、宗教、文学、言葉などをめぐってあれやこれやと話がはずんだ。それは知的刺激に満ちた至福の時間だった。西洋哲学を専攻する長谷川さんは、日本史専攻の四人に対して、自分は日本の思想史に興味があり、本格的に勉強したいと考えているという。それでは、日本思想史の研究会をやりましょう。こうして私たちの研究会が誕生した。

研究会は、最初、東京女子大学などを会場にしていたが、平凡社編集部の関口秀紀さんの御高配で平凡社会議室でやるようになり、やがて増尾伸一郎さんの提案によって、会の名は「日本思想史の会」となった。研究会は、毎回、談論風発、広々とした観点から種々のテーマについて議論することができた。私は新幹線で名古屋から駆けつけ、濃密な議論に参加し、多くの成果と課題を頂戴することができた。けれど、本にまとめるのは大変だった。参加者一人ひとりの学問には小さくない差異があり、それを横断、縦断するように議論をまとめ上げるのは箇単ではなかったし、しばしば日本思想史という問題の立て方は有効なのか、そもそも日本思想史は可能なのかという話になって、議論が原点に返ることが少なくなかった。幹事役の吉田が年々多忙になり、幹事の役目が十分に果たせなくなったということもあった。

二〇一四年七月、私たちは増尾伸一郎さんの訃報に接した。それはあまりに突然で予想外のことだった。衝撃を受けた私たちは、悲嘆の中で彼を追悼するように議論を再開した。かつての研究会の音声記録は残念ながら残っておらず、増尾さんの発言を文字に残すことはできなかった。増尾論説については、既発表論文の中から、彼が私たちの研究会でも口頭発表したものを選んで再録することにした。私たちは新たに設定し直したテーマで原稿を執筆し、座談会を行なった。ここに収めたものは、二〇一四年九月から二〇一八年八月にかけて行なった座談会の記録である。

次に、本書の構成について説明しておく。序章では、これまで日本思想史をめぐる諸研究がくり返しこだわってきた「普遍と特殊」「外来と固有」という問題について、「普遍」とはどのような概念か、「固有」あるいは「土着」の概念をどう理解すべきかなどを中心に、本書の基調となる議論を展開している。イントロダクションとしてお読みいただきたい。第I章では、日本思想史の最大の論点のひとつである「天皇制」について、それが成立した時代に遡って、成立の経緯、その制度的特色と思想的特色などについて考察し、近年の歴史学の研究成果をふまえて、天皇制とはどのようなものかについて論議している。第II章では、日本思想史でしばしば問題にされてきた「日本的なるもの」とは何かをめぐって、かつて丸山眞男氏が説いた、「原型」「古層」論をどう評価するかという観点から考察し、「日本的なるもの」はどのような方法によって析出されるのかなどについて論議している。

第Ⅲ章では、日本思想史の中心論点のひとつである日本仏教の思想について考察し、日本の仏教思想史をどうとらえるか、日本の仏教にはどのような特色が見られるかなどをめぐって、近年重視されている文化交流史の成果を吸収して論議している。第Ⅳ章では、中世の天皇観について、平安時代末期〜鎌倉時代初期の知識人である慈円が著した歴史書『愚管抄』を題材に考察している。中世の知識階層は天皇をどう見ていたのか。諸外国の王朝と異なって、日本の天皇制がかくも長く続いているのはなぜなのかなどをめぐって論議している。終章では、天皇制は外来なのか固有なのかという問題を立て、この論点から本書の議論をまとめ、今後の課題について展望している。

本書は、各章の冒頭に著者による論説を置き、それに続けて座談会を置くという構成をとっている。けれど、この構成にかかわらず、いきなり座談会から読み始めていただいても十分理解できるだろうし、各章それぞれが個別のテーマになっているので、どの章から読み始めていただいてもかまわない。日本思想史に長く関心を持ってきた方にはもちろん、これからこの問題について考えようという方にもお読みいただければ幸いである。

日本思想史の可能性◇目　次

序章　日本思想の外来と固有

西洋の近代思想と日本思想史

長谷川　宏

個人的な回想から始めたい。

二〇歳を少し過ぎた頃、本腰を入れて西洋近代の哲学を学ぼうという時期に、丸山眞男《まるやままさお》の『日本政治思想史研究』(東京大学出版会)を読んだ。読みやすくはなかったが、「自然」と「作為」という対概念によって江戸時代の政治思想を切りさばく論法のあざやかさや、荻生徂徠《おぎゆうそらい》と本居宣長《もとおりのりなが》の同質性と差異を解き明かす分析の緻密さには舌を巻いた。この思想史研究は、二〇歳を越えたばかりの一哲学徒に、学問とはこんなにも衝迫力のあるものか、と、身の引きしまる思いをさせるだけの力があった。

が、この本でとりあげられる伊藤仁斎や荻生徂徠や本居宣長や安藤昌益を、若いわたしは、自分がその観念や思考法を受けつぐべき思想の先達《せんだつ》とは考えなかった。かれら、江戸の思想家の著作を直接に手にとる気はなかったし、手にとることで自分の思想がゆたかになるとも思わなかった。丸山眞男の書いたものなら、――同系統の知識人としてさらに名を挙げると、清水幾太郎や日高六郎や大塚久雄や加藤周一や鶴見俊輔の書いたものなら、――自分のものの考えかたと交錯し交響するものとして読みつづけるだろうが、江戸の思想家がなんらかの思想的課題をこちらに突きつけてくるとは思えなかった。江戸の思想家たちはわたしの研究テーマたる西洋の哲学者――デカルト、ベーコン、スピノザ、カント、ヘーゲル、キルケゴール、ニーチェ、フッサール、ハイデガー、サルトルなど――とはまったくちがう領域に属する人びとのように思えたし、プラトンやアウグスティヌスやトマス・アクィナスにくらべても、自分にとってずっと遠くに位置する人びとだった。

西洋崇拝とか西洋かぶれと呼ばれるような敗戦後の風潮が、わたしのものの考えかたに大きく影響を及ぼしていたのはいうまでもない。一九四〇年に生まれ、敗戦の翌年に小学校に入学したわたしは、西洋流の戦後民主主義の風潮に浸って少年期・青年期を過ごし、その延長線上で西洋近代哲学の研究へと進む決意を固めるといった、典型的な西洋かぶれの若者だったことを率直に認めよう。西洋崇拝の風潮に乗って、江戸の儒学や国学を古いもの、捨ててよいものと思っていたのは、否定のしようのない事実だ。

が、そのような過去の日本思想とのむきあいかたは、敗戦後の一時期の風潮や、その風潮に乗せられた一青年学徒の心の動きに限定されるものではない。時代が大きく変化するなかで当代の思想が前代の思想とむきあうとき、過去の思想を古いもの、捨ててよいものと見なすのは、日本人の思考の一般的な流儀だといえそうである。日本では、一般的に、新しい思想が過去の思想を踏まえて作り上げられることが少なく、踏まえて作り上げようという意識が稀薄なのだ。踏まえるのではなく、過去の思想と切れたところで新しい思想を作り上げようとする傾向が強く、その結果、客観的なすがたとして思想をながめたとき、思想と思想のつながりをたどるのがきわめてむずかしい。客観的な思想の流れとして思想史を考えたとき、思想史が思想史としての連続性ないし継承性を容易にもちえないのだ。

丸山眞男の『日本政治思想史研究』も例外ではない。そこで扱われる仁斎や徂徠や宣長を、丸山眞男自身、自分の継承すべき政治思想家（ないし政治思想史家）とは見ていない。もっと突き放して、自分のむこう側にあるものとして見ている。「あとがき」によると、この本を書く上で丸山眞男はK・マンハイムやM・ヴェーバーやF・ボルケナウに学んだというが、同じ意味で仁斎や徂徠や宣長に学んだとはいえないと思う。江戸の三人と丸山眞男とのあいだには、もっと大きな切れ目がある。本の冒頭にヘーゲルの『歴史哲学』からの引用があるのが象徴的だ。丸山眞男の日本思想史研究は、日本思想を継承するなかから生まれたというより、西洋近代思想を範とし、その方法論を足がかりとしつつ、外から日本思想にせまるものだったのだ。

江戸の後に来る明治の福沢諭吉は、これはまちがいなく丸山眞男がその思想を積極的に継承しようとした思想家だったが、その福沢諭吉の思想がまた、過去の日本思想を意識的に継承するなかから生まれでたものではなかった。『学問のすゝめ』は、封建臭の濃い江戸の儒教思想を排撃し、西洋風の実学を広く勧めるものだったし、丸山眞男が惚れこんだ『文明論之概略』は、フランソワ・ギゾーの『ヨーロッパ文明史』やトーマス・バックルの『イギリス文明史』を下敷きにして、日本の行くさきを照らしだそうとするものだった。福沢諭吉もまた、進んだ西洋文明や西洋思想を範として、遅れた日本の文明や思想を論じようとしたのだった。日本の文化や思想の延長線上に自分の思想を組み上げようとする意識は稀薄だった。

さらに溯って、江戸期に正統教学の位置を占めた儒学も、それ以前の日本の思想史に棹さすという意識は稀薄だった。江戸初期の藤原惺窩《せいか》や林羅山の儒学は、中国の宋代に成立した朱子学を範とするものだったし、朱子学を批判する立場に立って独自の儒学を打ち立てた山鹿素行の聖学や伊藤仁斎の古義学や荻生徂徠の古文辞学も、中国古代の『論語』や『孟子』へと還っていって本来の儒教精神を明らかにしようとするものだった。惺窩や羅山の朱子学はいうまでもなく、聖学・古義学・古文辞学も、典範となる理念は日本の外で作りだされたものであって、外来の典範をどう学び、どう理解し、自分たちの社会や生活のうちにどう生かすかを課題とするものだった。

その点では、本居宣長の国学は正反対の方向性をもつ学問だった。思想の典範は外からやってくるのではなく、自分たちのうちに、自分たちの核となるような場所にある、あらねばならぬ、そう考えるのが国学の立場だった。『古事記伝』の精緻きわまる独創的な考証も、考証の前提をなす、「皇大御《スメラミ》国《クニ》は、掛《カケ》まくも可畏《カシコ》き神御《カムミ》祖天照大御《オヤアマテラスオホミ》神《カミ》の、御《ミ》生坐《アレマセ》る大御《オホミ》国《クニ》にして、萬国に勝《スグ》れたる所由《ユヱ》は、先ヅこゝにいちじるし」と書きだされる仰々しい国粋主義の主張も、その立場からまっすぐ出てくるものだった。

それだけではない。江戸の儒学のみならず、江戸以前の学問や思想もまず大概は外に――中国に――典範を求めるものであったことを熟知していた宣長は、自分の志にかなう学問をなりたたせるには、中国風のものの考えかたを徹底して排除しなければならないと考えた。漢国《カラクニ》、漢意《カラゴコロ》、儒の道、仏の道は、『古事記伝』の作者にとって、真の学問と思想の道に大きく立ちふさがる障害物にほかならなかった。『古事記伝』の刊行を機に、それまで尊重されてきた『日本書紀』にかわって『古事記』が古代の史料として圧倒的に重視されるという文献上の価値のめざましい転換が生じるのだが、宣長が『日本書紀』より『古事記』のほうが史書として格段にすぐれていると考えたのも、『古事記』にはいまいう障害物の侵入がきわめて少ないからだった。おのれの国を神の国だと断言し、外来の道や思想を排してこそ神々しい真《まこと》の道を明らかにしうると考えた宣長には、外来の学問や思想が日本に入ってきて日本風に作りかえられ、日本風に生かされる、という発想はなかった。外来の学問や思想は排除の対象でしかなかった。

外来のものを排して日本的なもの、内なるものを尊重するという点で、宣長は、さきに見た丸山眞男、福沢諭吉、伊藤仁斎、荻生徂徠などとは対極に位置する思想家だということができる。

対極に立つ二つの立場がともども成立することは日本思想史上の重要な事実だが、それにもまして重要なのは、内と外、固有のものと外来のもの、という観念の枠組が、どちらの側に位置する思想家にとっても、疑いようのないものとして前提されていることだ。内と外、固有のものと外来のもの、という対立図式は、おそらくは渡来人が数多くやってきた古代以降、日本人をとらえて離さなかった観念図式だが、その支配力の強さは、日本思想史の可能性なるものを考える上であらためて注目すべき事柄であるように思う。

この対立図式の特異さは、西洋近代の——たとえばヘーゲルの——思想史（哲学史）と比較するとき、とりわけはっきりと目に見えてくる。

ヘーゲルの『哲学史講義』は三部構成になっている。「古代ギリシャの哲学」が第一部、「中世の哲学」が第二部、そして第三部が「近代の哲学」だ。三つに大別される哲学の一つ一つについて、それがヘーゲルにとって——あるいは広く西洋近代の哲学者にとって——内に位置する哲学なのか、外なる哲学なのか、と問うてみると、内と外との区別がほとんど意味をなさないことがわかる。

ヘーゲルがドイツ人であることからすると、ドイツとギリシャは地理的に隔たっているから、古代ギリシャの哲学は外なる哲学ということになろう。また、中世の哲学の基調をなすキリスト教は、中東の一角を発祥の地とするから、ヘーゲルにとっては——あるいは西洋人一般にとっては——外来の思想ということになろう。が、『哲学史講義』では、古代ギリシャの哲学やキリスト教思想が外来の哲学であり思想であるといったとらえかたは、一切なされていない。もちろん、この二つが、ことさらに内なる哲学であり思想であるととらえられるわけでもない。二つながら、哲学史に欠くことのできない重要この上ない哲学ないし思想として、その重要性が強調されるだけだ。

反対に、ヘーゲルに地理的に近い哲学として、第三部「近代の哲学」の最終章に「最近のドイツ哲学」という項目がある。ヤコービ、カント、フィヒテ、シェリングなど、ドイツ語を母語とする哲学者の登場する章だ。ヘーゲルは親しげに語ってはいる。また、講義の最後を同国人の哲学で締めくくれることに誇らしさを感じてもいる。が、それらの哲学をヘーゲルがとくに内なる哲学として意識しているようには見えない。カントやフィヒテの哲学は、ヘーゲルにとって、あえて内なるものと呼んでみたいような、呼ばねばならないような、そんな哲学ではなかった。それらは、フランス語で書かれた、たとえばエルヴェシウスやルソーやドルバックの哲学と同一の思想圏に属するものとして、ヘーゲルの前にあった。ドイツ哲学が内なるもので、フランス哲学が外なるもの、ということはまったくなかった。

あらわれては消え、消えてはあらわれるさまざまな哲学や思想の流れを見わたすとき、それぞれの哲学や思想のあいだに近さと遠さ、類似と対立、継承と変容と反発、といった多様な関係が見てとれるのはいうまでもない。が、その多様な関係に目を凝らすヘーゲルに、哲学や思想を内なるものと外なるものとに区別する意識はまったくない。いや、ヘーゲルに限らない。

西洋近代の哲学が内と外との区別をもたない哲学なのだ。いや、西洋近代を超えて、古代ギリシャの哲学も中世の哲学も、内なるものと外なるものとの区別にこだわるような哲学ではなかった。たとえば、哲学の祖といわれ、ヘーゲルの哲学史でも出発点となすタレスは、ギリシャ本土からすれば海のむこうのイオニア人で、その流派はその地の名をとってイオニア派と名づけられるが、それから二〇〇年経ってギリシャ本土の都市国家アテネで哲学が盛んになったとき、そこで思索を重ねたソクラテスやプラトンやアリストテレスは、タレスの哲学を内なるものとも外なるものとも受けとめなかった。タレスは、内なる人でも外なる人でもなく、端的に哲学を始めた先達だった。中世のキリスト教哲学でも事情は同じで、哲学や思想の出生地が強く意識されることはなかった。内なるものか外なるものかが多少とも意識にのぼることはあったかもしれない。だとしても、そうした区別をとりはらうように視野を拡大していくのが西洋の思考のありかただった。

そういう思考を極限まで推し進めたのがヘーゲルの哲学だということができる。ヘーゲルの定式化した西洋合理主義の核心をなす公理——理性がすべての人に平等にあたえられ、同じ理性が世界のすみずみにまで行きわたっているという公理——は、内なる思想と外なる思想といった区別をはじきとばして、内をも外をもつらぬく世界大の思想・思考・哲学を求めてやまなかった。

普遍的な思想・哲学こそが問題だ、というヘーゲルの思いは、〝哲学史講義〟という題名のつけかたにものぞいている。「ドイツ」哲学史とか「西洋」哲学史といった限定のつかない、端的な〝哲学史〟こそが主題だというのだ。とすれば、古代ギリシャ、中世、近代の哲学だけでなく、それ以外の哲学も、当然、視野のなかに入ってこなければならない。実際、『哲学史講義』では、本題の「第一部・ギリシャの哲学史」に入る前に「東洋の哲学」という項目が設けられ、そこでは中国とインドの哲学がとりあげられている。むろん、それらも外なるもの、外来の哲学だとは考えられていない。扱いは軽く、付録的な言及にとどまるが、外なるもの、外来の哲学だからそんな扱いになったのではない。西洋近代哲学の到達した普遍的理性の水準から見て、それらがあまりに未熟で、特殊で、偏狭であるがゆえに付録的な扱いしかできなかったのだ。

事は東洋の哲学に限らない。本題をなす（わたしたちから見れば「西洋の」と枠づけしたくなる）哲学についても、ヘーゲルは普遍的理性の立場を堅持する。数ある哲学思潮のなかから、古代ギリシャの哲学、中世の哲学、近代の哲学の三つを三大思潮としてとりだしてくるのも、思潮のなかのどの哲学者や哲学流派をとりあげ、どれを捨てるかも、取捨選択の尺度となるのは普遍的理性だった。ヘーゲルにとっては、同時代の思想こそ望みうる理性の最高水準に達したものだったから、現在の高みに立って来しかたを振りかえり、過去の思想が現在の理性的世界にどう組みこまれ、そこでどのような位置を占めるかを明らかにする作業が、すなわち哲学史（ないし思想史）の営みにほかならなかった。過去の価値ある思想がたがいに交錯し、対立し矛盾しつつも大きく統一されたのがヘーゲルの生きる哲学と思想の世界であって、であるからこそ、そこに立って過去の思想を理性的に位置づける作業が、過去の思想の普遍的価値を明らかにする作業となるのだった。

思想史をもふくめて歴史なるものは川の流れにたとえられることが多い。が、それは、ヘーゲルの『哲学史講義』には（そして『歴史哲学講義』にも）ふさわしい比喩ではない。さまざまな観念や思想があらわれては消える時の経過がまずあり、その流れに沿って順番に観念や思想をとりあげていく。それが川の流れの呼びさます自然なイメージだが、『哲学史講義』はそんな語りかたをするものではない。流れは不自然にぎくしゃくするし、立ちきえて後が続かないこともめずらしくない。思いがけぬ所から新しい流れが始まったりもする。川の流れのイメージで考えるよりも、こんなふうに考えたほうがよい。過去の時間の海にさまざまな思想が漂っている。現在の高みに立って過去の全体を見わたすヘーゲルが、重要と思える思想の一つ一つに強い光を当て、それぞれのもつ独自の価値や、相互のつながりと対立関係を明らかにしていく。そんなイメージだ。いずれにせよ、現在の普遍的思想を体現した思考主体の、過去を現在にむかって集約する強い統一志向なくしては、思想史はなりたたない。思考主体の強い統一志向のもとで、現在の普遍的思想と過去の多様な思想とのあいだにゆたかな交流が生まれ、過去の思想を意味づけ価値づけることが現在の思想の時間的な奥行きを明らかにすることになる。それがヘーゲルの構想する哲学史（思想史）だった。

内と外、固有のものと外来のものとが厳然と区別され、外からやってくる西洋近代思想こそが典範とすべき思想だと広く信じられた日本の近代においては、ヘーゲルの構想するような、過去のさまざまな思想の普遍的集大成として現在の思想があり、その現在から振りかえってあらためて過去の思想を価値づけ位置づけていくという思想史（哲学史）は、なりたちようがなかった。内なる固有の思想から外来の思想への通路も、逆むきの、外から内への通路も、容易には見出しえなかった。外来の西洋近代思想を典範と仰げば、日本の過去の思想はそれとは異質なものとして蔑視され否定される傾きが強かったし、外なる典範をカッコに入れて内なるものへとむかえば、過去の思想を価値づけ位置づける指標が失われかねなかった。『丸山眞男講義録』では、日本の種々の思想を統一的な視点に立って見わたすまっとうな日本思想史の書がない、と、何度となく嘆声が発せられるが、それのないことこそが、かえって過去から現在へと続く日本思想史の特色だともいえるのである。

が、反面、内なるものと外なるものとがそのように厳然と区別され、思想の過去と現在とが容易につながらないからこそ、日本思想なるものがわたしたちの関心を惹いてやまない、ともいえる。外から来た思想が典範として仰がれるのは、それとしてやむをえない面があるとしても、しかし、外なる典範を前にして内なる思想は頭から価値の劣るものと見なしていいものか。外なる思想に地域や国境を超える普遍性があるとして、内なる思想はそこに統合されてそれで終わるものなのか。内と外という区別は、思想的に意味も根拠もないものなのか。——そういった疑問をわたしたちは（西洋かぶれを自認するわたしでさえも）消しさることができないのだ。内と外との区別を踏まえたそのような内へのこだわりが、日本思想史へと目をむけさせ、日本的なるものへと思考を誘う。普遍的な思想へ、さらなる普遍的な思想へとむかう理性の道とは裏腹の、独自の思想へ、固有の思想へとむかう内在の道である。『古事記』を読み解くことによって「上ツ代」のまことの道と大和心を明らかにしようとした宣長や、仏教的な他界観や霊魂観とは質を異にする日本の常民の祖霊崇拝のさまを追求する柳田國男《やなぎだくにお》や、つぎつぎと外来思想を受容していくその思想態度のうちに、日本人の思考法の通奏底音を聴きとろうとする丸山眞男は、いずれも、内なる固有のものへと歩みを進める思索の人たちだった。

特徴的なのは、「日本的なるもの」が歴史の過去へと可能な限り溯ることによって明らかになると考えられていること、そして、古い日本に見出された——外来の思想や観念に染まらない——純粋に「日本的なるもの」が、外来の思想の押しよせるその後の歴史のなかでも、陰に陽に維持されてきたと考えられていることだ。ということは、「日本的なるもの」が日本人ないし日本思想の独自性を明示するものであるとともに、日本思想の連続性を保証するものでもあることを意味する。一見つながりのなさそうなところに「日本的なるもの」がさがしもとめられ、そうやって見出された「日本的なるもの」によって、思想の過去と現在がつながるのだ。

過去の思想の集大成たる現在という時点に立ち、過去を価値づけ意味づけるという形で過去とのつながりを確かめることのできない日本思想の場合、思想史の連続性を保証するものとしてあえて「日本的なるもの」を追求し顕彰したくなる心事は、よく理解できる。が、あえてさがしもとめられた「日本的なるもの」がわたしたちの現在とうまくつながるかどうかは、また別の問題だ。さきに挙げた宣長の「まことの道」と柳田國男の祖霊崇拝と丸山眞男の通奏底音のなかでは、わたしに限っていえば、柳田の祖霊崇拝をもっとも近しいものに感じ、また現在に大きくつながる思想だと感じるが、それとて、感性レベルの思いをそれほど超えるものではない。それに右の三つはよく話題になるものとしてとりあえず挙げてみたというまでで、思想史の連続性を保証する「日本的なるもの」としては、もっともっと多くの事柄がとりあげられていい。天皇制などもその一つに数えられていいと思う。

いうまでもないことだが、「日本的なるもの」が思想の連続性と密接不可分の関係にある以上、その動向を明らかにする上で、時間の流れにさからって古きをたずねる思考と、時間の流れに沿って進む思考とがともども必要とされる。さきに挙げた宣長、柳田、丸山は古い時代へと溯る思考を特徴とするが、反対に、時代の進むなかで「日本的なるもの」が醸成されてきたとする史的理解の例として、これもとりあえずの挙例というまでだが、鈴木大拙『日本的霊性』の宗教理解と、加藤周一『日本その心とかたち』に述べられた「日本文化の文法」という文化理解を挙げておきたい。日本人の根底をなす霊性は奈良仏教でも平安仏教でも顕現するに至らず、鎌倉仏教（とくに親鸞と道元）において明確に表現された、とするのが『日本的霊性』の核心をなす宗教理解であり、他方、『日本その心とかたち』は、縄文土器から二〇世紀日本の建築と絵画までを追う文化と美術の通史において、安土桃山時代の利休の茶の湯において日本文化の文法――文化の基本的性格――がもっとも典型的にあらわれていると考える。「霊性」や「文法」としてとりだされた日本思想の特質も内容的に見て興味深いが、どの時代のどんな思想にその特質がもっとも鮮明に、典型的にあらわれているかを追求する史眼も、教えられるところが少なくない。

加藤周一の議論にかんしては、もう一つ、工芸品・家具調度や生活習慣のうちに「日本的なるもの」をさぐろうとする姿勢が注目される。世界の総体を相手とする、ことばによって表現された最先端の思想は、外来の宗教や哲学を典範と仰ぐ傾向が強く、内と外との区別が強調されて思想や文化の非連続性が際立つのにたいして、文物や生活習慣は、物質性や便利さや伝統に拘束される面が大きいがゆえに、そこに連続性を見てとりやすい。一個人の内なる観念や思想の動向についても、集団や社会における観念や思想の動向についても、そこにはしばしば断絶や急変が見てとれるのだが、個人の場合も集団や社会の場合も、その暮らしぶりや共同体の約束事や文物となると、はるかに連続性が強い。その連続性は、もとをただせば、庶民大衆の生活と共同体が自然に深く根ざす、安定した生活であり共同体であることから来ている。そのことからすると、柳田民俗学のキーワードともいうべき「常民」は、庶民の生活と共同体の連続性にかなう巧みな呼称といえる。その点ではまた、神ながらの「まことの道」の研究においては『日本書紀』をしりぞけ、もっぱら『古事記』に依拠して議論を進めた本居宣長が、和歌については、万葉歌も古今の歌も新古今の歌もそれぞれによしとしていることが思い合わされる。五・七・五・七・七の音数律の伝統――共同体的・文化的規範――が強い規制力を発揮する和歌の世界では、宣長といえども、漢意《からごころ》による道の攪乱を憂慮する必要がなかったかのごとくだ。

外来の思想を典範として受けいれる傾向がきわめて強く、そこに外なるものと内なるものの截然《せつぜん》たる区別と対立が生じるのだが、そういう思想の流れを相手としつつ、思想や観念の生成消滅の過程の底辺に一貫したなにかをとらえようとする志向が働くとき、その志向が日本思想史という独自の研究領域を切り拓き、「日本的なるもの」の探索へとむかわせる。西洋思想史との比較の上で、わたしたちは日本思想史の特殊性をそのようにとりおさえてきた。

二一世紀の現時点で日本思想史の可能性を考えようとするとき、この枠組みはなお十分に有効であると思う。「日本的なるもの」の探究・発見と、それがどこでどのように形成され、どう変容を遂げ、どう維持されてきたかは、いまなお、日本思想史の大きな課題たりうるのだ。丸山眞男は追求すべき古層として、歴史意識の古層、政治意識の古層、倫理意識の古層の三つを掲げたが、追求すべき「日本的なるもの」はこの三つに限らない。さらに広く、美意識や宗教意識や自然観や秩序観や死生観などについても、「日本的なるもの」が問題とされねばならないだろう。

念のためにいえば、「日本的なるもの」の追求・顕彰が国粋主義に傾く危険性をもつことを忘れてはならない。外来の思想を典範とする発想法は、内なる思想は典範たりえないとする考えと表裏一体をなすから、それ自体が国粋主義への解毒剤ともなりうるが、わたしたちの構想する日本思想史は、外なるものをカッコに入れ、あえて内なるものに内在するという方法を選びとろうとする。内在して「日本的なるもの」をとりだすとき、とりだされた「日本的なるもの」は無意味なもの、無価値なものではありえず、意味あるもの、価値あるものとしてあらわれざるをえない。そして、そこにふくまれる意味や価値が政治性や差別性をもたないという保証はどこにもないから、国粋主義への警戒心はゆるめることができない。自虐にも自讃にも陥ることなく日本思想史を語ることは容易なことではない。そのことを肝に銘じておく必要がある。

「日本的なるもの」の追求・顕彰が自虐や自讃の枠におさまるようなら、日本思想史に未来はない。自立した学問としての日本思想史ではなく、ためにする日本思想史、もしくは、方便としての日本思想史ができあがるだけだ。自虐と自讃の境地を超え出たところで、「日本的なるもの」の連続性と変転を、時代と格闘する思想の歴史として提示しえたとき、はじめて、日本思想史は世界にむかって開かれた独自の思想史たりうると思う。

日本をいつに求めるか——日本的思想の歴史的形成について

吉田一彦

過去が日本的なのか

昔へ昔へと時代をさかのぼっていくと、本源的な日本の文化、思想、精神、あるいは心性に出会うことができるとする考え方は、これまで多くの人によって繰り返し主張されてきた。上古の昔にこそ真実の日本がある。外来の文化や思想によって色づけされる以前の、素朴だが純粋な日本精神が存在する。わが国固有の文化、日本の原型、日本の文化の基層を形づくるものが存在する。真実の日本、わが国の本質がそこにある。それらを探求して、現代人の前に明らかにしなくてはならない。こうした主張がこれまでさまざまに唱えられてきた。そうした論は特殊なものではない。私たちの身近で、ごく普通に語られる考え方の一つであり、今日の日本人たちの多くに、しっかりと刻み込まれた考え方の一つだと思われる。

しかし、過去にどんどん遡っていくと、本当にもともとの日本に出会うことができるのか。また、それは、今日まで連綿と連続しているのか。ここではそうした考え方を批判し、日本的な思想の形成過程について考えてみたい。

一　過去に日本を求める考え方、求めない考え方

本居宣長の「古への正実」

過去に日本の本源を求める考え方はこれまで多くの先人によって述べられてきており、その最初が誰であるのかは必ずしも明らかではない。それでも直ちに脳裏に思い浮かぶのは近世の国学者たちの主張である。その代表と言うべき本居宣長《もとおりのりなが》（一七三〇―一八〇一）は、「漢意《からごころ》」によって修飾される以前の「古意《いにしえごころ》」に価値があり、それを明らかにしなくてはならないと論じた。その「古意」にこそ、大御国（日本のこと）の本来の姿、もともとのあるべき姿が存在すると考えたのである。宣長は、それを『古事記』の表現を用いて「古への正実《まこと》」と呼び、また「上ツ代の実《まこと》」と呼んだ。そして『古事記』や『万葉集』を重視して、その中に漢意によって穢され汚される前の日本の真実の姿を見つけ出そうとした。国学は、その後、日本の学問の一つの潮流を形成し、国史学、国文学などの近代の諸学にも大きな影響を与えていった。

民俗学の「古代」

近代になって成立した日本民俗学も、そうした思考を持っている。柳田國男《やなぎだくにお》（一八七五―一

九六二）にしても、折口信夫《おりくちしのぶ》（一八八七—一九五三）にしても、国学の強い影響を受けており、国学を強く意識してその学問を形づくっていった。柳田は、民間伝承や年中行事、常民の信仰、習俗などを調査、分析し、そこから遠い昔の日本人たちの「根原」的な心性や信仰を明らかにしようとした。折口は、現代に残存する「古代」を発見し、その本来の姿を推定、復元して、古代の文化、精神、生活を明らかにしようと考えた。五来重《ごらいしげる》（一九〇八—九三）などの仏教民俗学は、日本の仏教行事や仏教民俗に見られる非仏教的な要素に着目し、仏教伝来以前の日本人の信仰の特色を明らかにしようと考えた。いずれも、遠い過去に日本人の根源的な心性、信仰が存在すると想定し、その解明を目指している。

村岡典嗣の「日本精神」

近代になって「日本思想史」あるいは「日本精神史」という学問分野が、村岡典嗣《むらおかつねつぐ》（一八八四—一九四六）、津田左右吉《つだそうきち》（一八七三—一九六一）、和辻哲郎《わつじてつろう》（一八八九—一九六〇）などによって創始され、やがてそれは丸山眞男《まるやままさお》（一九一四—九六）へと継承された。

村岡典嗣は本居宣長研究から出発した学者で、[*1]やがて近世の思想史を中核に「日本思想史」という学問分野を構築した。村岡は、国学の学問的成果を高く評価し、宣長については、古文献を客観的、帰納的に解読したと評価する一方、自ら復元した古代人の思想を自ら信仰してしまったとする批判も加えている。

村岡の日本思想史の叙述は羅列的で、その全体像は必ずしもはっきりとはしない。それでも、日本思想史や「日本精神」の歴史を論じるとき、次の二点を強調した。一つは「国体」であり、もう一つは「世界文化の摂取」である。村岡によれば、「日本精神」には、「形式」（「原型」とも言う）と「内容」があるが、その「形式」にあたるのが国体で、それは「万世一系の皇室」を戴く「天皇中心の血族的国家」のことだという。他方、「内容」にあたるのは「世界文化の摂取」で、建国以来、儒教、仏教、西洋文化など世界のすぐれた文化を学得、消化してきたことを指すという。

村岡の日本精神史で注目すべきは、日本精神の内容を世界文化（外来文化）の摂取とすることで、日本の文化、思想の内実を外来文化の混合物のように理解していることである。敗戦直後の講演では、敗戦の原因は世界文化摂取の伝統を忘れ、独善的に相手国の文化を蔑視したところにあったとし、今後は本来の日本精神に基づいて、西洋文化を摂取し、民主主義を実現して、新しい日本を築くべきことを若き学生たちに熱く語っている。[*2]

＊1　村岡典嗣『本居宣長』警醒社、一九一一年。
＊2　村岡典嗣「日本精神を論ず——敗戦の原因」『新編　日本思想史研究——村岡典嗣論文選』前田勉編、平凡社東洋文庫、二〇〇四年。

津田左右吉の「日本の文化」

津田左右吉には、遠い過去に日本思想の根源、原型を求めるようなところはほとんど見られない。それは、彼の『古事記』『日本書紀』研究が史料批判的な研究で、記紀の評価が辛かったからだろう。津田の『日本古典の研究』[*3]をひもとくと、その冒頭、『古事記』『日本書紀』は上代の生活とその発展のありさまを考える上で重要な文献であるが、しかし、そうした研究に入る前に、記紀の記載の性質を研究しておくことが大切で、それは歴史であるのかどうか、どこまで事実の記載として信用できるのか、もし歴史でないとするなら、それは何であるのか、そこに記される風俗や思想はいつの時代のこととして見るべきものなのか、これらをまず研究しなくてはならないとする。津田は、記紀は八世紀初期の文献で、その記述を太古の昔にさかのぼらせることはできないと読解していた。それらは「歴史」が記述されたものとは言えず、むしろ著者たちの思想が記された部分が多く、一見古そうに見える歌謡や神代史の物語にしても、六世紀前半よりも前に遡るものではないと論じた。

津田は、一九三四年、当時声高に主張されていた国家主義的な「日本精神」論を批判して、「日本精神について」[*4]を発表した。それによると、「日本精神」というものがあるとするなら、それは遠い過去に求めるべきではなく、歴史の発展の中に存在するのであって、現代にこそあるとする論を展開している。津田は「人々が日本精神を説くに当ってかかる遠い過去の時代をのみ顧慮」するのは疑問だと批判し、「現代が歴史の頂点」であって、「日本精神は現代において最も旺盛にはたらいている」と論じている。

津田は、その一方、日本には日本民族独自の文化があることを強調し、日本の文化と中国の文化とは全く別個のものだと論じた。日本に独自の文化はなく、「過去においては支那のの模倣に過ぎず現代においては西洋のに追従しているのみである」とする論は誤りで、日本の文化は日本民族の独自の歴史的展開の中で形成されたものだと説いた。[*5] 過去、日本の知識人階層は中国の思想や文化を学び、重んじようとしたが、それらは一般人の実生活とはかけ離れたもので、「儒教の思想とそれにもとづいた礼とは、少しもうけ入れられなかった」という。ただし、仏教については、「日本に入って来た仏教は、シナ化せられてはいるけれども、その根本に世界性」があるため、儒教とは違って、「だんだん日本の民族生活に入りこんで」いったが、それは「仏教によって民族生活が変化をうけるよりも、民族生活によって仏教が変化したというべき」なのだという。[*6]

西洋の文化、特に自然科学をはじめとする科学については、「今日の日本の民族生活のあら

＊3　津田左右吉『日本古典の研究』上下、岩波書店、一九四八年、一九五〇年。
＊4　津田左右吉「日本精神について」（今井修編『津田左右吉歴史論集』再録、岩波文庫、二〇〇六年）。
＊5　津田左右吉『支那思想と日本』初版、まえがき、『津田左右吉歴史論集』再録。
＊6　津田左右吉「日本歴史の特性」『津田左右吉歴史論集』再録。

ゆる方面にゆきわたっ」て、それによって昔とは違った生活が展開することとなり、「その生活から新しい精神も道徳も形づくられ」るようになった。それは科学が「世界性をもっている」からで、これによって日本人の生活は世界に共通なものとなったという。文芸も、この点では科学と同じだともいう。そうした西洋文化受容の様相はかつてのシナ文化の受容とは全く異なり[*7]、現代の科学文化は「西洋の文化でも欧米の文化でもなくして、日本の文化」であって、「源流を欧米に発したものではあるが、それが世界の文化となり、その世界の文化の日本での現われが現代の日本の文化であり、日本の現代の文化は「現代の世界にける日本の文化であり、随ってまたそれにはおのずから日本の文化としての独自性が具わっている」のだという[*9]。

津田は、日本には中国とは異なる日本独自の文化があると説くが、それは遠い過去にあるというより、むしろ歴史の進展の中でしだいに形成されてきたものだと考えている。また、現代の日本文化は世界性を持っているが、しかし独自性を持つ日本の文化であることに変わりなく、現代の日本の文化こそが日本文化あるいは日本精神の発展の頂点にあるものだとも考えている。

津田は、日本の歴史の特性として次の三点を指摘している。第一は、「日本の歴史は日本民族全体のはたらきによって発展して来た」ことだという。第二は、民衆が「社会的にも文化の上にも大なるはたらきをした」ことで、「その根本には、人間性というべきものが政治的社会的または宗教的権威によって抑えつけられなかった、という事実」があるという。家族生活においては、子どもが愛せられて、親の自由になる持ち物のようには考えられず、女性が男性と同じ地位を持ち、婚姻は概して自由で、奴婢はいたものの、品物のように扱われる欧米のような奴隷はなく、人間はほぼ平等に取り扱われ、権力のあるものがないものをひどくおさえつけるようなならわしはなかったという。また、「仏教が入って来ても、人生を苦と観じて解脱を求めるような思想は一般にはうけ入れられず、概していうと、仏は現世の、即ち人間としての、幸福を祈る神として見られていた」と評価している。第三は、日本民族がこれまで他の民族の文化を取り入れ、吸収してきたことだという。ただし、これについては中国文化、インド文化、ヨーロッパ文化の受容に小さくない違いがあることも強調している。津田は、この三点の特性の根本を貫くものに、日本民族が自分たちの生活を豊かにし、高めようと考え、その妨げをするものはしりぞけ、役に立つものは取り入れてきたということがあると説いている。これは、日本の文化や歴史の特性を生活の豊かさを願う「生活の力」に求める論と言えよう。[*10]

私は、遠い過去に日本の根源や価値を求めるのではなく、歴史的発展の中でしだいに日本的

＊7　前掲「日本歴史の特性」。
＊8　前掲「日本精神について」。
＊9　前掲『支那思想と日本』初版、まえがき。
＊10　前掲「日本歴史の特性」。

なものが形成されてきたとする津田の論に共鳴する。ただし、中国文化の受容や東アジア世界の理解については再考すべきところがあるとも考えている。

鈴木大拙の「日本的霊性」

鈴木大拙は、「日本精神」ではなく、「霊性」「日本的霊性」という概念を提起し、それがしだいに覚醒していく歴史として日本思想史を構想した。[*11] 彼の説く「霊性」とは「宗教意識」のことで、精神と物質の両者を包摂するものだという。鈴木によれば、「霊性」は民族がある程度の文化段階に進まないと覚醒するものではなく、日本民族の場合は、鎌倉時代になってはじめてそれが覚醒した。古代の日本には「本当の宗教」は存在せず、平安時代の最澄、空海にしても素地を作ったにすぎず、鎌倉時代になって禅と浄土教によってはじめて「日本的霊性」が覚醒し、「真実の意味での宗教的信仰および思想および情趣」が展開するようになったという。

鈴木は、仏教はもとは外来のものだが、それが日本に落ち着いて「日本的霊性」の洗礼を受けた仏教になったのだから、それは「日本的」なものであり、「日本の仏教」と言うべきものであると結論する。その代表としては禅と浄土教を指摘し、とりわけ親鸞の仏教をとりあげて、これを大変高く評価する。

しかし、私は、鎌倉時代の仏教の根底に「日本的霊性」の覚醒を想定し、日本民族が太古から持つという「日本的霊性」がしだいに目覚めていく歴史として日本仏教史を叙述する構想には疑問を感じる。鎌倉時代に隆盛した禅と念仏は、宋から新たに導入した外来の仏教と評価すべきだからである。鈴木の論も、遠い過去に日本の本質を求め、それが歴史を通じて継続、覚醒するという全体像になっている。また親鸞の仏教を評価の基準とし、それ以外の仏教やそれ以前の仏教を批判するという評価方法には強い党派性が感じられ、宗派の思想に立脚した偏った評価と言わざるをえない。歴史学の立場からすると、宋代の仏教の日本への流入が正しく捉えられていない論と言わざるをえない。

丸山眞男の「古層」

丸山眞男には、有名な「古層」論がある。これは一九七二年に「歴史意識の「古層」」[*12]と題する長編論文で発表されたものであるが、東京大学での講義録を見ると、すでに一九六四〜六七年の講義で説かれていて、丸山思想史の根本構想の一つであることが知られる。

丸山は、最初、これを〈世界像の「原型（プロトタイプ）」〉と表現したが、世界像の中で歴史意識の部分だけを抽出した時には〈歴史意識の「古層」〉と呼び、さらに歴史意識、倫理意識、政治意識の三者を論じた時には「執拗な低音音型」と表現したと自ら述べている。ただ一九五

＊11　鈴木大拙『日本的霊性』岩波文庫再刊、一九七二年。
＊12　丸山眞男『丸山眞男集』第一〇巻、岩波書店、一九九六年。

七年の「日本の思想」[*13]を見ると、「固有信仰」という語が用いられている。当初、「固有」という語を用いていたが、この語を反省、改良して「原型」という語を用いるようになり、さらに「古層」「執拗低音」という用語に落ち着いていったものと思われる。

丸山は『古事記』『日本書紀』を読解して、そこに日本の思想の「古層」を求め、それがその後の日本の思想や歴史を長く規定していったと考えた。具体的には、よく知られているように、記紀に見られる「なる」「つぎ」「いきほひ」という三つの言葉を分析し、これらを「つぎつぎになりゆくいきほひ」として定式化し、こうしたものの考え方が日本の思想や文化の古層を形成したと論じた。

丸山の「古層」論に対しては賛否両論が寄せられている。たとえば、石母田正《いしもだしょう》は「こういう古層の問題と申しますのは、誰しもが日本史をやればみんな感じているわけでありまして、私自身も（中略）この問題を感ずるわけです」と賛成意見を表明している。[*14]石母田は、喧嘩両成敗を例にあげて、こうした考え方の基礎にあるのは「等価の原則」とでも呼ぶべきプリミティブな思考、「未開社会」にも通じる思考だと述べ、「アジア的共同体」では古い共同体が頑固に残るというマルクスの学説（「資本制生産に先行する諸形態」）を紹介して、こうした未開的思考の由来を説明しようとしている。石母田は、日本人の持っている独特の活力（高度経済成長など）は、この「未開的な活力」なのではないかと説いている。

他方、丸山の古層論に対しては多くの批判もある。安丸良夫《やすまるよしお》は、記紀神話を主たる素材として弥生時代の農耕共同体の文化を論じ、それを「原型」として措定して、それがその後の日本社会を規定し続けたとするのは疑問だと批判する。[*15] 末木文美士《すえきふみひこ》は、「〈原型＝古層〉は初めからあるのではなく、それ自体歴史の中で形成されていくものだ」と批判する。[*16]

長谷川宏は、丸山の言う「原型は記紀を中心とする古代の文献の独創的な読解から抽出された面が大きいが、記紀その他の文献が八世紀の国家事業として作成されたという歴史的制約を負っている以上、そこに読みとれる思考様式を「原型」というには、なにをもって「原型」というのかという、もう一歩踏みこんだ説明を要求したくなる（中略）日本人の思考様式にそもそも「原型」というものがありうるのか、あるとすればいかなる形で想定しうるのか」と批判する。[*17]

加藤周一の「雑種文化」

加藤周一は、日本の文化を「雑種文化」だと論じた。[*18] ここの「雑種」には善いとか悪いとか

*13 丸山眞男『日本の思想』再録、岩波新書、一九六一年。
*14 石母田正「歴史学と「日本人論」」『石母田正著作集』第八巻、岩波書店、一九八九年。
*15 安丸良夫「丸山思想史学と思惟様式論」大隅和雄・平石直昭編『丸山眞男論』ぺりかん社、二〇〇二年。
*16 末木文美士「〈原型＝古層〉から世界宗教へ」同前書。
*17 長谷川宏『丸山眞男をどう読むか』講談社現代新書、二〇〇一年。

いう意味はなく、他国の文化に比して日本の文化には多様性が著しく、文化の根本が伝統的な文化と外来の文化の双方によって養われ、成り立っていることを指すという。西洋の文化をこれほど自らの文化の一つとして吸収、活用している国は他になく、仏教の受容にしても、仏教を日本的に変化させて独特の日本仏教を生み出した。このように外来の文化を吸収して、自らの文化に混合、活用させていくのが日本の文化の特質であるという。

その後、加藤は『日本文学史序説』[*19]において、「土着の世界観」なる概念を用いて日本の文化や思想の歴史を論じた。これは、四、五世紀頃までに成立していた日本土着の世界観のことで、歴史を通じて執拗に持続し、外来の文化を「日本化」する働きをなしてきたという。この土着の世界観の特徴は、抽象的・理論的というより具体的・実際的な思考を持ち、また包括的な体系ではなく、個別的なものの特殊性に注目するところにあって、超越的な原理や普遍的な価値は存在しないという。それは祖先信仰、シャーマニズム、アニミズム、多神教の信仰を背景に持つ「非超越的な世界観」であって、それが今日まで長く継続し、仏教、儒教、キリスト教、マルクス主義、あるいは老荘思想、科学思想などの外来の文化や思想が伝来すると、それらを大きく「変化」させ、「日本化」する力となって働いたという。日本の文化は、図式的には、①「外来の世界観」、②「土着の世界観」、③「日本化された外来種の世界観」の三者から理解され、①のベクトルと②のベクトルが合成されて、③のベクトルが生み出されてきたという。

私は日本文化の多様性というのはその通りだと思うし、時間の進展とともに多様性が増大してきたというのもその通りだと思う。だが、加藤が掲げる「土着の世界観」の成立およびその成立時期には疑問を感じる。今日までをも規定する世界観が今から一五〇〇年以上も前に成立し、それが執拗に継続して日本の文化や思想を形成する根本の力となって働いたとするのは一つの仮想にすぎず、歴史的事実に基づく見解とは認められない。加藤の議論は本居宣長や民俗学の思想の影響を受けているようであり、さらに丸山眞男の「原型」「古層」「執拗低音」論に近似するところがある。全体としては遠い過去にその後の日本を規定する文化、思想が成立したと見る論の一つとなっている。

「原型」「古層」「固有」をめぐって

遠い過去に日本の文化や思想の根源、原型を求める論は広く通行している。もちろん、一方で、日本の文化の特質を世界文化の摂取に求めたり、文化の多様性に求めたりする論も唱えられた。だが、そうした考え方は根源や原型を求める論に飲み込まれてしまい、十全に発達することができずに今日に至っている。

日本の文化、思想の根源や原型を求める見解の最大の問題点は、すでに指摘されているよう

＊18　加藤周一『雑種文化——日本の小さな希望』講談社文庫、一九七四年。
＊19　加藤周一『日本文学史序説』上下、筑摩書房、一九七五年、一九八〇年。

に、『古事記』『日本書紀』の評価にあると私は考える。私見では、記紀の記述を遠い過去の日本列島の最初期の文化、思想を伝えるものだとするのは、読解として妥当性を欠く。[*20] 記紀は七世紀末〜八世紀の文化や思想を記述する文献であって、その記述から太古の昔に遡る日本人の思想を復元しようとするのは方法的に成り立たない。

私は、また、「固有」といっても、それらのどれほどが日本列島で内在的に生み出された独自の文化なのか疑っている。それは実際には、「新来の文化」に対して「旧来の文化」「在来の文化」といった意味しか持たないのではないか。末木文美士が述べたように、「原型」「古層」のように見える文化も、歴史の中で少しずつ時間を追って形成されたものと理解すべきだろう。

二　時間と個性

時間の進展の中での個性の形成

日本的な個性は、時間を遡った遠い過去に、「根源」や「原型」として存在するのではなく、過去から現在に至る時間の経過の中でしだいに形成されてきたのではないか。日本的な思想は歴史的に形成されたのではないか。過去にどんどん遡っていくと、むしろ東アジア世界全体に共通する生活文化や神信仰に出会うことになるのではないか。また、中国など外来文化の受容にしても、受容直後の頃は直輸入的、模倣的であったが、時間の進展とともに、しだいに外国文化から枝分かれ、分流して、独自の道を歩むようになっていったのではないか。私は日本的な個性は、時間の経過とともに形成され、今日に近づけば近づくほど、むしろ日本的な文化や思想が形づくられてきたと考えている。

日本語の表記

津田や加藤がこだわった日本語の表記の問題は、今日の研究水準からはどう理解されるだろうか。日本列島に漢字、漢文が伝来した頃の最初期の金石文としては五世紀の「稲荷山古墳出土鉄剣銘文」がある。これは人名表記については字音仮名（万葉仮名）が用いられているものの、他は全くの漢文、すなわち中国文で文章が書かれている。文字を用いはじめた頃、日本列島の先人たちは、言いたいことを漢文で表記しようとした。漢字、漢文を受容した最初の頃は、直輸入的な表記がなされた。

やがてしばらく時間が経過すると、日本的な表記が顔を見せるようになる。七世紀後期には宣命体の表記が出現し、送り仮名のようなものが字音仮名で表記されるようになるし、動詞の語順が非漢文的な日本語的な文章が増えてくる。漢文を日本風に変形して、何とか言いたいことを表記しようとしたのである。

＊20　拙著『日本書紀』の呪縛』集英社新書、二〇一六年。

やがて仮名が成立する。それは九世紀中期あるいは前期のことと見ることができる。藤原良相《ふじわらのよしみ》（八一三～八六七）の邸宅跡から最初期の仮名（ひらがな）が記された墨書土器が出土したのは大きな発見だった。仮名の成立は日本語表記の歴史上、画期的な意義を持った。以後、日本語の表記は漢文から大きく枝分かれして独自の道を歩んでいった。

ところで、金文京の研究によれば、漢文の顚倒読みや語順符（一、二点や返り点など）の使用は、日本だけのことでなく朝鮮半島にも見られ、漢文の訓読は中国周辺の複数の国々で行なわれていたという。また、中国周辺国では、契丹文字、西夏文字、女真文字、パスパ文字、ハングルというようにそれぞれの独自の文字がしだいに創られており、日本の仮名文字もそうした文字の一つとして位置づけ、理解されるという。*21

日本では、以後、中世、近世を通じて日本語の表記が発展し、独自の表記が進展していった。だが、一方で漢文が残存し、また漢文風の表記も根強く残っていった。それが近代になると、漢文および漢文風の表記は急速に後退するところとなり、一般には全く用いられなくなっていった。さらに、ひらがなとカタカナの合理的な使い分けが発達し、日本語は全く独自の表記を確立するに至った。今日の漢字平仮名片仮名交じり文は、日本語表記の一つの到達点と評価されるだろう。日本語の表記は、時代の進展とともに日本化を深めていった。

なお、漢字・漢文が用いられる以前から、日本列島に暮らす人々は日本語を用いていた。だから、以上の話は日本語の歴史ではなく、日本語表記の歴史である。日本語の歴史は、表記の歴史とはまた別である。だが、言語にとって表記の問題は根本問題の一つで、これなくしては言語自身の進歩も、文化、思想の発達もありえない。日本語の表記が漢文からしだいに分離して、日本語にふさわしい日本的な表記へと展開していったことは、重要な歴史的事実と評価されるだろう。

日本の仏教

仏教は外来の宗教として朝鮮半島、次いで中国から日本に伝わった。仏教の伝播はアジア東端の国である日本にとって必然的な歴史であった。やがて七世紀末には、日本列島各地に多数の仏教寺院が建立されるようになり、日本はアジアの仏教国の一つとなった。

日本の六、七世紀の仏教は百済《くだら》や新羅《しらき》の仏教を、八、九世紀の仏教は中国の唐の仏教を導入したもので、大陸の仏教の直輸入、模倣という性格が色濃いものだった。中国では、一〇世紀になると唐が滅び、五代十国を経て宋が成立した。平安時代後期〜鎌倉時代、日本の仏教界は今度は新しい宋の仏教を求め、宋の仏教が波状的に日本に伝えられた。それは禅教律と念仏を中心とする仏教であった。宋の仏教の影響は東アジアの広範な地域におよび、多くの国や地域の仏教が禅や念仏を中心の一つとするものになっていった。

＊21　金文京『漢文と東アジア』岩波新書、二〇一〇年。

日本の僧は、道照、道慈にしても、最澄、空海、円仁、円珍、宗叡にしても、奝然《ちょうねん》にしても、栄西、俊芿《しゅんじょう》、道元にしても、中国に留学して同時代の仏教を日本に伝えた。また中国からは、鑑真や蘭渓道隆《らいけいどうりゅう》のように、仏法東流の思想に従って日本まで教えを伝えに来た僧がいた。仏教は東アジア共通の宗教、文化であり、この時代の日本の仏教は国際性に富んでいた。

日本の仏教は、その後、時間の進展の中でしだいに日本化の道を歩んでいき、やがて一五世紀後期になると、「古典仏教」の時代に代わる「新仏教」の時代をむかえた。かつては「新仏教」は「鎌倉新仏教」と呼ばれ、鎌倉時代に成立し、鎌倉時代に広まったと理解されることが少なくなかった。しかし、歴史学の研究が進展したことにより、「新仏教」は鎌倉時代ではなく、応仁文明の乱以降の戦国時代頃から日本社会に広まっていったことが明らかになった。「古典仏教」(旧仏教、顕密仏教)が荘園に経済基盤を置いていたのに対し、「新仏教」は経済基盤を檀家・門徒に置くところに大きな違いがあり、時代に対応した強みがあった。

新仏教は、それ以前の仏教に比べれば、ずっと日本化された仏教であった。新仏教諸宗派は、近世になると、全体として葬送活動をその中心とし、いわゆる「葬式仏教」になっていった。また戒律の軽視、さらには戒律からの離脱が進み、浄土真宗や修験ばかりでなく、日本の仏教は全体として妻帯世襲仏教という、他国の仏教にほとんど見られない形態へと進展していった。

戦国時代を代表する蓮如の活動は、歴史的にはどう評価されるだろうか。それは古層から隆起してきた伝統的思考に基づく仏教なのだろうか。あるいは日本民族の心底に存在する日本的な霊性が覚醒して現れ出たものなのだろうか。私はそうは理解しない。彼の仏教は古層の思考に立脚するようなものではなく、新時代に対応した新しい仏教と評価すべきだと思う。それは日本で創造されたそれまでにない新たな仏教だった。

私は、日本の仏教は伝来した頃は直輸入的、模倣的性格が色濃く、奈良平安鎌倉時代には大陸の仏教との共通性が高かったが、その後しだいに日本的な個性を形成し始め、時間の経過とともに独自性を強めていった。日本の仏教は、今日に近づけば近づくほど個性を強め、独特の仏教になってきたと考える。それは外来の宗教である仏教が日本に土着する過程であり、その大きな画期は一五世紀後期にあったと考えられる。

江戸時代の評価

日本の文化や思想の歩みにおいて、江戸時代のはたした役割は大変大きい。日本では、江戸時代に他の国や地域には見られないような、日本的な個性を持つ種々の文化が生まれた。かつて、東洋史の内藤湖南《ないとうこなん》（一八六六—一九三四）は、一五世紀後期の応仁の乱を、日本の歴史をその前後で二分するほどの重大な画期だと論じた。[*22] この説は、その後多くの歴史学者の支持を集め、私もこの内藤説を支持している。

＊22　内藤湖南「応仁の乱に就て」『内藤湖南全集』九、筑摩書房、一九六九年。

日本では応仁の乱以降、戦国時代に突入し、長く激しい内戦の末に、織田信長、豊臣秀吉、徳川家康によって天下が統一されて近世日本が成立した。それは日本史を大きく区分するほどの重大な変化であった。今日の日本に直接つながるような社会、国家は、戦国時代以降に形成された部分が多く、文化、思想という面でもこの時代以降のものが今日に多く継続されている。前項で述べたように、仏教という面でも応仁の乱以降に新しい時代が到来し、新仏教の時代をむかえた。

戦国時代からさらに江戸時代へと進むと、平和な世が実現され、その中で種々の個性あふれる文化が花開いた。琳派の絵画、喜多川歌麿《きたがわうたまろ》（一七五三―一八〇六）、葛飾北斎《かつしかほくさい》（一七六〇―一八四九）などの浮世絵、あるいは近松門左衛門《ちかまつもんざえもん》（一六五三―一七二五）や竹本義太夫《たけもとぎだゆう》（一六五一―一七一四）らによる人形浄瑠璃や、鶴屋南北《つるやなんぼく》（四代目、一七五五―一八二九）、市川団十郎などの歌舞伎など、日本にしか見ることのできない個性的な美術、演劇、舞踊、音楽などが創作された。文学の方面でも井原西鶴《いはらさいかく》（一六四二―九三）をはじめとして個性あふれる作品が数多く創作された。

この時代の文化の特色は、江戸の将軍や諸藩の大名、あるいは京都の貴族といった上層階級だけでなく、下級武士、農民、町人などの諸階層を巻き込む形で文化が展開した点にある。それを支えたのは教育の普及であった。江戸時代、各藩では藩校や郷学が発達し、また多様な私塾が各地で独自の教育を展開し、さらに数多くの寺子屋が成立して大衆的な教育が実践された。

思想という点で言っても、現在の「日本の思想」につながるようなものの多くは江戸時代に形成された。その特色は何か。それは戦国の世を生き抜いた人々による、よりよく生き抜くための思想だったように私は思う。津田の論に依拠して言うなら、それは〈暮らしの豊かさ〉を希求する思想とでも言うべきものだと思う。そもそも、徳川家康をはじめとして幕府や藩の統治者たちの思想自体にそうした側面が含まれているように思う。それは儒教とは異なるものであり、仏教でも神祇信仰でもなく、老荘思想でもなく、キリスト教でもない。戦国時代を勝ち抜いた人々による土着の思想だったのではないか。この時代の人々はそれに基づいて新しい世を作ろうとしたように私には思われる。

こうした思想の体現者として、具体的にはたとえば江戸時代に大流行したという石門心学の石田梅岩《いしだばいがん》（一六八五—一七四四）、あるいは農民から身を立てて幕臣になったという二宮尊徳《にのみやそんとく》（一七八七—一八五六）など多くの人物を指摘することができる。そこでは「倹約」「正直」の精神とか、互助の心といった倫理的な教えと、〈暮らしの豊かさ〉という経済的充足の考え方とが結びついた思想が語られ、江戸時代から近代までの多くの日本人に強い影響を与えてきた。そこでは〈暮らしの豊かさ〉が追求され、学びと暮らしとが結びついた勉学が奨励された。たとえば、二〇世紀の田中角栄（一九一八—九三）などもそうした思想の中から立ち上がった人物と見ることができる。

それは通俗的で卑近な人生哲学、社会哲学と言うべきものだから、はたして「思想」の名に値するものなのか躊躇する向きもあるかもしれない。だが、土着の思想は身近で語られるものである。日本は儒教や仏教、近代になると西洋思想を外来思想として取り入れたが、一方でこうした土着の思想を発展させ、両者が相まって今日の日本の思想を形成してきたように思う。

三　日本的思想の歴史的形成について

分流論の構想

私は、日本的な個性は遠い過去に「根源」や「原型」「古層」として存在するものではないと考える。日本的な個性は歴史の中でしだいに形成されていった。

私見を図式的に説明すると次のようになる。川の流れが二つ、三つに分かれ、それがさらなる支流に分かれていくように、人類の文化、思想は分流して歴史を歩んでいった。東アジア地域もまたそうで、日本列島に暮らす人々の文化や思想も、東アジア地域全体の歴史の進展の中でしだいに母集団から枝分かれするようにして形成されていった。ただし、その母集団が現在もどこかに残っているというのではない。母集団は遠い過去に分流、解体し、現在ではすべてが分流となって展開している。枝分かれの最初の頃は、一つ一つの分流はいまだその個性がはっきりしない段階にあったが、時間の経過とともに他とは異なる個性がしだいに明確化していった。その間も、外来の文化は絶え間なく押し寄せてくる。しかし、それはまだ「外来」などと言わなくても、東アジア地域の中での文化の波及の一つにすぎず、日本列島の人々は、それをそのまま受容したり、変化させて受容したり、受容しなかったりして、しだいに地域的な個性を形成していった。

時間軸上の「日本」の基準

そう考えるなら、「日本的」な個性がもっとも強く形成されているのは、過去よりも今現在ということになるだろう。そもそも「日本的」という、その「日本」はいつの日本を基準として「日本」と言っているのか。もし、現在の日本に見られる文化、思想を基準にして「日本的」なる文化、思想を措定するなら、今が一番日本的になるのは当然の帰結であり、トートロジーであるとさえ言える。

問題は、現在の「日本の思想」をどのようなものと捉え、その思想的源流をどのように辿っていくかということになるのだろう。私は、その源流の多くは江戸時代に語られた思想に求められると考えるし、それをさらに遡るものがあったとしても、戦国時代より前にまで遡上するものは多くはないだろうと考えている。

こうした私見は先人の中では津田左右吉の見解にもっとも近い。津田は、日本的な個性は遠い過去にあるのではなく、現代においてもっとも旺盛に働いていると論じた。津田説は大変重要である。また、津田は日本の歴史の根本には、日本人が生活の豊かさを求め、「新しい生活」

を造り出そうとする力が働いていると説いた。先にも述べたように、この「生活の豊かさ」の希求というのは、日本の思想史を考える時、重要な指標の一つとなりうるものだと私は考える。戦後の高度経済成長にせよ、江戸時代の生活水準や文化の発展にせよ、さらには奈良平安時代の生活水準や文化の発展にせよ、こうした思想ぬきにして理解することができない。

ただ私は、〈暮らしの豊かさ〉をどのようなものと捉えるか、どうしたらそれを実現できると考えるかは、時代をおってしだいに変化してきたのではないかと考えている。こうした側面からこの思想の歴史的変遷を明らかにすることは日本思想史の重要な課題となると考えている。

「古層」だけでなく「多層」の全体像を――丸山眞男説をめぐって

丸山眞男の「古層」論について、私は次の二つの疑問を持っている。一つは時間の問題である。丸山は、自らが生きた戦争の時代のなりゆきまかせの思想の源流を遡って『古事記』に辿り着いたが、長谷川宏も本書で批判するように、そんなはるかな遠くにこうした思想の源流を求めるのは無理だと思う。丸山の論は、本居宣長らの説の影響によって生まれたのではないかと私には思われる。

戦争中の政治思想の直接の源流は明治の近代国家の成立に求めるべきだろうし、その背景として江戸時代や戦国時代にまで遡る思想が一部にあったとしても、応仁の乱より前まで遡るものが多くを占めるとは考えられない。「日本とは何か」を過去にばかり求めるべきではない。

もう一つは、同じことかもしれないが、思想の層の累積の問題である。丸山のように日本の思想の時間的展開を「層」にたとえるなら、問題にすべきはその中の一つの層だけでなく、複数の層が累層した、その全体像なのではないか。「古層」と「中層」と「新層」の多層からなるのが日本の思想で、その多層構造の全体像を解明するのが日本思想史なのではないのか。「古層」だけではその一部にすぎず、それが全体を支配するという前提は簡単に認められるものではない。おそらく、「原型」という言葉の言い換えとして「古層」と言いはじめたため、このような偏った論になったものと思われる。

外来思想の受容および変形と内在的思想の発展

大隅和雄は、研究会の中で、これまでの日本思想史研究が、外来の思想をどう受容してきたか、またそれをどう変容してきたかということばかりを論じ、議論がその問題に終始していることを批判した。そして、日本人がこれまで物事をどのように考えてきたか、その歴史こそを明らかにしなければならないと説き、土着の思想の歩み、内在的な思想史とでも呼ぶべき問題設定の必要性を提起した。大隅の言うように内在的な思想史への注目は大変重要で、それこそは日本思想史の骨格の一つとなるべきものだろう。たしかに、これまでの日本思想史は外来思想の受容史に偏っていた。

私は、日本思想史は、①外来思想の受容と変容の歴史、②内在的思想の発展の歴史、の二つを組み合わせて構想すべきものだろうと考えている。①も重要である。それは早く村岡典嗣が指摘したように、世界文化の摂取というところに日本の思想の一つの特色があるからである。しかし、①だけでは車の両輪の片側にしかならない。大隅が説くように②も大変重要であり、私はこの両者を車の両輪のように位置づけて日本思想史を構想したい。もとより①と②は深く関係、連関している。

思想史というと、これまではすぐれた思想を築きあげた政治家、宗教家、芸術家、学者などがとりあげられ、ともすれば、それらをつなぎ合わせることによって日本思想史が語られる傾向があった。だが、それでは①に偏った思想史になってしまう。②の解明をも含みこむなら、日本思想史はそれとは大きく違ったものになるだろう。それは、一般の人々が物事をどのように考えて生きてきたのかというところを包含した思想史になる。そうした問題設定で思想史を再考することに、私は日本思想史の可能性を求めたい。

座談会

日本思想の外来と固有

西洋思想は「普遍」か

大山　最初ですから本書全体にわたる基本的なことを話したいのですが、長谷川さんの冒頭の論文が、実に明快に日本の思想史の特徴と問題点を指摘していますよね。

日本思想史の最大の特徴は、内と外、固有と外来という枠組みにある。日本の文化は外来文化をくり返し受け入れながら成長してきた。それは確かなのだけれど、同時に日本の固有の文化もなんらかの形で想定したい。その辺を具体的にどう考えるかですよね。

それともうひとつ、今年、二〇一八年は明治一五〇年にあたりますよね。ここで、われわれ自身の問題として、この一五〇年間の日本の歴史は、西洋近代の文化・思想を範としてきた、つまり西洋崇拝の歴史だった。そう長谷川さんも言っています。早い話、日本も含めて世界が西洋近代にひざまずいてきた歴史だったということですよね。もちろん、部分的にはいろいろあるけれど。

では、その西洋近代とは何かということになる。ここで、長谷川さんは、ヘーゲル[*1]を踏まえて、世界の思想の潮流の最高の段階に達したのが西洋近代だった、望みうる理性の最高水準とまで言ってますよね。その場合の最高の理性という価値基準の尺度こそ「普遍」あるいは「普遍的理性」の追求とされています。これによって、政治的、経済的、軍事的力ばかりでなく、思想・文化についても西洋近代が世界に君臨しているのだと。

そこで、お聞きしたいのですが、そのヘーゲルの言うヨーロッパ近代が到達した「普遍」とはなんなのか。わかりやすく説明してもらえませんか。西洋以外は「普遍」ではないのか。

長谷川　割り切って大づかみに言うと、「理性」というのが「普遍」だというのは、近代の前にあった、中世の神、普遍的な神が、概念的に「理性」へと移されていって、信仰あるいは宗教の世界から、学問的な、あるいは知的な探究の対象になったという面があると思います。

そのときの近代的な「理性」というのは、大陸の合理論[*2]の系譜においてもイギリスの経験論[*3]の系譜においても、基本的には人間の合理的な思考――まあ、自然科学とか数学で考えるような、誰しもが納得できる合理的なものの考え方――を「理性」だとします。そのように人間の思考が理性的だとされるとともに、大切なのは、その「理性」は世界をも支配していると考えられていることです。

ということは、人間の頭の中で合理的に物事を積み重ねて考えを広げていくと、それは世界という存在の真実に行き着くことになる。そんなこと、どうして証明できるの？　と言われれば、証明なんかできっこないし、誰も証明したとは言ってない。でもそれが西洋近代の合理主義の基本的な信念ないし理念です。

大山　長谷川さんは「ヘーゲルの定式化した西洋合理主義」と言っていますね。

長谷川　ヘーゲルは主観の世界にも客観の世界にも隅々にまで理性が行きわたっていると考えましたからね。

大山　それに対して、たとえば天国と地獄とか、神とかいう考え、あるいはインドの場合だと、輪廻という発想、つまり生命はすべて生まれ変わるという考え方がある。この生まれ変わると

＊1　ゲオルク・ヴィルヘルム・フリードリヒ・ヘーゲル（一七七〇―一八三一）。ドイツの哲学者。ハイデルベルク大学、ベルリン大学教授。ベルリン大学総長。著書に『精神現象学』など。

＊2　合理論。大陸合理論、合理主義とも。西洋哲学の一潮流でヨーロッパ大陸において、フランスのデカルト、オランダのスピノザ、ドイツのライプニッツなどによって説かれた考え方。人間は生まれながら理性を与えられており、基本的概念を有している、あるいは把握する力を持っていると考え、知識の源泉を理性に求める。

＊3　経験論。経験主義とも。西洋哲学の一潮流でイギリスにおいて、ロック、バークリー、ヒュームなどによって説かれた考え方。人間は白紙の状態で生まれ、すべての知識は経験によって得られると考え、知識の源泉を経験に求める。

ですか？

長谷川　遠いとか近いとか簡単には言えないと思う。そういう考えの一つひとつについて普遍的な論理として明らかにできれば普遍的だと言えるというだけのことであって、輪廻転生とか、あの世とこの世というような世界観が普遍的ですか？　と問われれば、それ自体について普遍的だと言えるわけでもないし、普遍的でないと言えるわけでもない。そうじゃなくて、そこにいま言ったような「合理性」というのがちゃんと行きわたるような論理が展開できれば、それは「普遍的」だということになる。世界観としての理性の支配ということと方法論的なものとが重ね合わされたところに「普遍」がある。

大山　難しいな、その説明。

長谷川　論理に矛盾がなく整合的であることは「普遍性」につながると言っていいかな。

大山　もうちょっと下の方のレベルで言うと、たとえば魚でも魚群があって、リーダーっていますよね。象なんかでも、リーダーを必要とするし、必ずそういうようなものが出てくる。人間の社会でもリーダーが要るわけですよ。そこに身分制社会を見ることは可能だと思う。近代ヨーロッパは人間は平等だというけれど、どうも世の中の現実はそうじゃない。もちろん、理念としてはそうあるべきだし、建前としてはわかりますよ。しかし、社会は複雑なんで、あまりに自由・平等を主張すると、現実にそぐわないなという気がするのだけれど。

長谷川　自由とか平等とかは一種の社会思想として出てきたものですね。理性はもっと抽象度の高いもので、それが個々の人間一人ひとりに同じように与えられていると、たとえばデカルト[*4]は考える。その点でさしあたり人間は平等だと考える以外になくて、それがまあ「普遍」という考えにあてはまる人間観になっている。

大山　それは「普遍」というよりも理念とか理想だね。

長谷川　まあ、理想と言ってもいい。それは、ちょうど西洋近代が外に向かって世界征服的な形でどんどん出ていく時期にあたって、そういう考え方を世界全体に広げようとする力が一方にあり、それから歴史的には古代ギリシャ・ローマに遡って理性の網の目を伸ばしていこうとする力がある。もちろん、そこにあるものがすべて理性的だとは言わないのだけれど。

大山　ただ、そういう理想主義的な民主主義とか平等とかを現実に実現した国はイギリスとフランスですよね。マグナカルタやフランス革命がそれを象徴しているわけでしょ。しかし、この両国は世界中を植民地にして、世界中から奪った富で実現したのが民主主義だよね。それに対して、ドイツでもイタリアでもスペインでもね、王制や独裁が続いたし、革命や戦争の繰り返しで、ついにはヒットラーが出てくるわけでしょう。

そう考えると、ギリシャの民主制が奴隷制の上に成り立っていたというのとそうは変わらな

＊4　ルネ・デカルト（一五九六―一六五〇）。フランス出身の哲学者・数学者。著書に『方法序説』『省察』など。

い。その場合、「普遍」というのはどうなるのか、そこを長谷川さんに聞いてみたい。

長谷川　現実世界を見れば、そこに「普遍的」でないものや不合理なものがあるのは否定のしようがない。それを認めた上で、その向こうに「普遍」や「理性」を考えると言えばいいかな。

大山　西洋近代が到達した「普遍」というのも、ある特殊な状況の中で生まれたひとつの思想なんで、それはすばらしい思想だけれども、よそには通用しない。だから、よそに通用するかどうか、実現可能かどうかというところが気になる。

たとえば、われわれの目の前でマルクス主義が崩壊しましたよね。言っていることはすばらしい理想だったことはたしかだけど、やっぱり人間には実現不可能だった。そういうものじゃないのか。そこのところは「普遍」とどうかかわってくるのか。

長谷川　実現不可能とまで言えるのかな。現在の世界の状況で「グローバリズム」の進展ということを考えると、いまは近代的な社会のあり方が世界全体に広がっていく場面だと大きくとらえることもできるかもしれない。

西洋近代の知識人たちはそういうような広がりを持っているものを「普遍」だと考えて、世界が普遍化していくという予感ないし予想を持って、海外雄飛したり、歴史を遡ったり、あるいは新しい社会を構成していこうと考えた。

大山　一九世紀初頭の、そういう時代の話だよね。ヨーロッパがこれからどんどん世界の上に君臨していくと思ってる。

長谷川　そう。それは見方を変えれば、それって帝国主義じゃないの？　と言えるものでもある。そこは僕も全然否定しないけれど。

吉田　それは帝国主義ですよね。

大山　まあ、そういうことですよね。もう、いまはヘーゲルの時代から二〇〇年もたっていますけれど、ヘーゲルの哲学の結論からすれば、今日、近代的理性を実現した、あるいは近いと言えるのは北欧諸国のような気がするのね。みな、小国なんですよ。

これに対して中国やインドはね、巨大な大河の流域全体で社会的にも文化的にも複雑ですよね。僕はインドが好きなんですよ。インドにいるとね、乞食からマハラジャまで、途方もない格差があって、むちゃくちゃ複雑な社会なんだけれども、ここにね、「輪廻」という概念を持ってくると実に落ち着くのね。別に差別を肯定しているわけではないのだけれど、現実を受け入れる気になっちゃう。

つまりね、僕が言いたいのは、西洋近代が追求した普遍的理性をひとつの理想として堅持するというのは正しいと思う。だけど、フランス革命の自由・平等・博愛だって現実には絵に描いた餅だったし、ヘーゲルから生まれたと言ってもよいマルクス[*5]の思想にしても、結局は理想

＊5　カール・マルクス（一八一八—八三）。ドイツ出身の哲学者・経済学者。著書に『共産党宣言』（フリードリヒ・エンゲルスと共著）『資本論』『経済学批判』など。

のまま崩壊した。結局、ギリシャのポリスのようなお互いの顔がわかる世界で実現した民主主義を別の世界で求めても仕方ない。

大体、ヘーゲルもマルクスもアジアを馬鹿にしすぎですよ。アジアにはもう少し別の「普遍」があってもよいのではないかと思う。

吉田　別に、中国が実現しようとしている「普遍」の行き着く先が、ヨーロッパと違って民主主義じゃなくても、中国から見ればなんの問題もないんじゃないですかね？　でも、そうすると世界に普遍が複数存在することになるから、「普遍」という言葉の意味からすると、複数あっちゃまずいのかもしれません（笑）。

大山　みな、近代ヨーロッパを崇拝している。丸山眞男[*6]もだれもかれも。日本は、明治以来一五〇年間全部そういう価値観で来たんだね。

吉田　でも、いまは民主主義の行き着いた先と言うべきか、なれの果てと言うべきか、トランプさんみたいな人が選挙でたくさん当選するような時代になったわけだから。

大山　いや、イスラムの世界だって本当は相当自由な世界だったんだ。『アラビアンナイト[*7]』の世界って。もちろん貧富の差があるけれど。むしろ、中世のヨーロッパの方が因襲が支配していた。なにしろ、ヨーロッパはアリストテレスを必死にイスラム世界に求めていって、その結果、ルネッサンスになるんだ。あの時代はイスラム世界が普遍だったと言ってもいいのかな。

吉田　だからもとは複数の世界があったわけですよね。もともと複数の世界があったのをヨーロッパを中心にしてひとつにまとめて、「世界史」は実はひとつなんだとヘーゲルが言ったから[*8]、われわれもそう思った。

大山　ヘーゲルは、ナポレオン[*9]を見てこれが世界精神だとか言ったんですか？　見に行ったのは事実なんでしょうね。

長谷川　イェーナでナポレオンを見て「馬上の世界精神」と書いているのは嘘じゃない。そういう幻想にとりつかれるところが面白い。

吉田　われわれは高校生になると「世界史」という科目を習うようになりますよね。僕は、「世界史」という概念は存在しうるんだろうとは思うんだけど、高校生のときに実際に習ったのはヨーロッパ史と中国史とその他の組み合わせになっていて、項目ごとに見ていくと、話がかみ

＊6　丸山眞男（一九一四―九六）。政治学・日本政治思想史。東京大学教授。著書に『丸山眞男集』全一七巻、岩波書店、一九九五―九七年など。

＊7　『アラビアンナイト』。『千夜一夜物語』。イスラム世界の説話集。ササン朝ペルシア時代にペルシア語で編纂された説話集がのちにアラビア語に訳されて九世紀頃に原型が成立。

＊8　ヘーゲル『歴史哲学講義』上下（長谷川宏訳、岩波文庫、一九九四年）など。

＊9　ナポレオン・ボナパルト（一七六九―一八二一）。フランスの軍人・政治家。一八〇六年、ナポレオンはプロイセンのイェーナを侵略、制圧した。このときイェーナにいたヘーゲルはそれを見て、世界精神が街を馬に乗って通るのを見たと記している。

合ってなかったりしますよね。

いまのグローバルなひとつの世界という話でも、「普遍」的な精神が世界全体に展開していく過程だと評価できるかもしれないけれど、もう一方では西洋の二、三の国家による帝国主義だとか、富の収奪だとかいうような評価もありえます。

それは、「世界史」をどう書くかという問題でもあって、世界の歴史をひとつの理念の展開として書くことができるのか、それとも複数の理念や地域性の対立と融和といった絡み合いの歩みとして書くのか。ヘーゲルからは事実を並べただけの歴史にすぎないだとか、反省のない歴史だとか批判されるかもしれないけれど、でもヘーゲルの考え方でいけるのか、それは無理なのかという問題だと思います。

外来思想受容の特色

大山　ところで、日本思想史全体の問題としては、くり返し外来思想を受容してきたという歴史ですよね。しかし、その外来思想が、その時点でどのようなものだったのか、また、当時の日本人がどの程度理解できたのか、さらには、日本の固有の思想との軋轢《あつれき》はどうだったのか。たとえば、古代に百済から仏教が入ってきたとき、これを受け入れるかどうかという崇仏・廃仏の対立があったという話が『日本書紀』にありますよね。これがまったくの虚構というか作り話だったことは吉田さんの詳しい研究によって明らかになっています。[*10] だから、外来思想を受け入れたと言っても、本当はどのように受け入れたのかは難しいわけですよね。その点どうですか。

吉田　うーん、受け入れられるものもあれば、受け入れられなかったものもあると考えるしかないんじゃないかなと思いますけど。

大山　その選択はどこで決まってくるんですか。つまり必要なものは受け入れるんでしょ？

吉田　そうです。

大山　嫌なものは受け入れない。面倒なものは、ちょっとひねって、こっちの都合で変えちゃう、というようなことを常にするわけだよね。それは、こっちに主体的な基準というか、方向性が備わってるからでしょ？

大隅　それはやっぱり主体性はあるんだと思いますね。

長谷川　日本の側にですか？

大山　日本側になきゃ、取捨選択はできないですよ。

吉田　大隅さんは、よく日本の外来文化受容は「選択的受容」だったと言ってますよね。

大隅　たとえばね、水墨画みたいなものが日本に入ってくるでしょ。でも、中国では別に水墨

＊10　吉田一彦『仏教伝来の研究』吉川弘文館、二〇一二年。

画は主流の絵じゃないんですよ。皇帝とか上層の大官僚のまわりにいるような絵描きたちが描いたような絵じゃないのが日本に入ってきて、それが受け入れられている。それが大事にされて日本によく残ってて、中国ではもうあんまり残ってない。そういう受け入れ方ですよね。仏教の受容だってそういう面があるんですよ。だから、選択した主体、というのか何か知らないけど、日本人の好みというのは、美術史の方面ではいろんな人が言っている。だけど、思想の方面ではあんまり考えられてこなかった。

それからね、思想として完成されたものだけを見てて、それが形成される段階はあまり見ようとしてこなかった。儒教が入ってきたというと、完成された儒教を考えてしまうけれど、実際はその形成途上の段階だったり、そのうちの断片みたいなものだったりするわけですよ。そういうところを見てこなかったのは問題ですね。

これは、儒教ばかりじゃなくて、キリスト教がどういうふうに形成されたのか。ヨーロッパだって広いですから、いろんな国があって、いろんなとこでキリスト教がいろんなあり方をしてるのに、そういう実際のキリスト教じゃなくて、何か抽象的というか完成されたキリスト教というのを想定して、それと日本の宗教と比較してしまう。それで「日本はだめだ」ってくるわけでしょう。だから、そこはやっぱり日本思想の研究者の怠慢だと思うんですね。

大山　長谷川さんも、日本は新しく外来思想を受け入れても、また別なのが来ると、古いものを簡単に捨てて乗りかえちゃって、だから思想の連続性がないと言ってますよね。外来思想というのは、やはり異なる文化ですから理解すること自体が難しいわけですよね。ところが、新しいのを見るたびに前のものがわかっていないのに飛びついちゃう。

そういうようなのを直接僕らが体験したのは哲学で、実存主義の全盛時代はなんでもサルトル。[*11]ところが、最近のフランスでは構造主義だよとだれかが言うとそっちに飛びつく。前のものを忘れて〈構造主義とは何か〉なんてテーマの本を読みはじめる。そのうち、今度はフーコー[*12]だよと言うとまた……。

長谷川　そう、そのとおりだな。

大山　結局、本当は何も考えてない。大体、哲学とか思想というのは、特定の社会や時代の矛盾に即して生まれるわけで、よそから簡単に理解できるわけないんだ。

吉田　だから、日本に受け入れられるものと受け入れられないものとあって、受け入れられるものは、受け入れるんですよ。たとえば、道教そのものはやっぱり受け入れなかったと思うんですよね。ただ、道教的な神を受け入れるというのは、してますよね。それから、儒教も大事

＊11　ジャン・ポール・サルトル（一九〇五―八〇）。フランスの哲学者、小説家。著書に『サルトル全集』全三八巻、人文書院、一九五〇―七七年など。

＊12　ミッシェル・フーコー（一九二六―八四）。フランスの哲学者。コレージュ・ド・フランス教授。著書に『言葉と物』『監獄の誕生』『性の歴史（一―三）』など。

なところはやっぱり受け入れてない。

大山　道教の教団のことを言ってるんだよね。

吉田　そうです。宗教集団としての道教は受け入れなかったけれど、道教の神とか、あるいはもっと民間信仰に根差した中国の神々——「鬼神」の信仰ですよね、これは受け入れています。たとえば疫病をまきちらす鬼神とか、それを制圧する鬼神です。疫神とか、牛頭天王《ごずてんのう》とかに対する信仰は受け入れています。それから道饗祭《みちのあえのまつり》＊13とか追儺《ついな》＊14のような中国の鬼神の祭も受け入れました。だけど、道教の道観とか、道士と女冠、つまり道教集団は受け入れなかった。

大山　道教的なものなんかは日本にいっぱいあるわけだから。

吉田　仏教は世界宗教で、だからどこの地域に行ってもそれなりにやっていける宗教なんですよ。仏教自体に自ら変わっていけるだけの柔軟性があります。だから仏教はアジアの広い地域に受け入れられて、日本も仏教を受け入れました。だけど、儒教は、仏教とは違って、それ自体それほど柔軟性を持っていないので、日本の場合でも簡単には受け入れられなかったんじゃないかと思います。

　だから日本側に明確な主体性があって、受け入れるときに、こう変えて受け入れようというような強い意志的なものがあったかどうかというと、場面場面で違いがあったと思いますけれども、たしかになんかあるんですよね、好みが。

大山　儒教は受け入れてないというけれど、『論語』はみな読んでいるし、「忠」とか「孝」とかっていうのもみな、常識的に理解できるわけでしょう。問題は皇帝なんで、中国の皇帝は出自は問わない。商人でもヤクザでもいいんです、戦略さえあれば。いったん皇帝になって天命を受けたと称すれば、士大夫階級全体が官僚として支える。失敗するまで支える。失敗すれば交替する。「易姓革命」ですよ。そういう中国的な思想は理解不能だった。だから、儒教は、断片というか枝葉末節がたくさん入ってきただけだったと思う。

吉田　日本は中国の皇帝制度から「天命思想」の部分をとりのぞいて、「天」から「命」が下るという思想を排除しました。本当はそれが皇帝制度の根幹の思想なんだけど。それで、その代わりとして、天上の神の血筋を引く子孫が代々の君主になると変えたんですね。こうしてアマテラスの子孫が天皇になるとする思想が『日本書紀』で創られて、これが日本の天皇制度の思想になりました。

大隅　日本は「易姓革命」みたいなものは入れてないし、それに輪廻転生なんかでも天皇の説明はできないじゃないですか。天皇は前世でいいことをやったから天皇に生まれたという話じゃない。系譜上で天皇の皇子として生まれたから天皇になっているだけの話で、「十善の君」[*15]

＊13　道饗祭。奈良時代以来の儀式。鬼神が宮中に入るのを防ぐため、道に御馳走を用意し鬼神に饗応してそこからお帰りいただくという行事。六月、一二月の恒例の行事のほか疫病流行の際に臨時の祭として実施された。

＊14　追儺。奈良時代以来の宮中の儀式。年末に宮中で悪鬼を駆逐する年中行事。

とかなんとか言うけれど、そんなものは言葉だけでしょ。
長谷川　そういう議論そのものはあるんですかね、いまの大隅さんが言っているような議論は。輪廻転生と天皇を比較するというのはとても面白い発想だけど。
大隅　ないですよね。
大山　まあ、いいことしたから天皇に生まれてきたというわけじゃないからね。
吉田　地獄に堕ちた天皇に会うという話はありますね。道賢という僧が地獄をめぐって、地獄の責め苦にさいなまれている醍醐天皇に会うという話ですね。*16
大隅　でも、それはやっぱり特別の天皇の話でしょ？　どの天皇もみな、地獄に堕ちたり、極楽に行ったりはしないですよね。天皇は、どっかの御陵にずっと隠れてるだけで、やっぱり神様になってるから死なないんじゃないですか。
吉田　それはそのとおりですね。
大山　やはり、神という概念が問題ですよね。祭祀、神祇というか。中国の皇帝は天と地と先祖をまつるんですよね。もうひとつ、まつるとすれば孔子。釈奠*17ですよね。日本は、統治技術としては律令をまるごと受け入れたはずですよね。
吉田　受け入れてませんよ、日本は。儒教的礼制だって、律令だって。
大山　そう、神祇令はまったく違うの。全部農耕儀礼にしちゃったんですね。中国とまったく違う。だって農業をやってる人は少なくはないけれど一部だからね。

吉田　天皇制度を作るときに、日本は中国の皇帝祭祀はとり入れなかった。金子修一さんが論じたように[*18]、漢代以降、皇帝は南郊壇なんかで天をまつる郊祀と宗廟で先祖をまつる宗廟祭祀をやりました。これが儒教的礼制の根幹です。だけど日本は天命思想を排除したからそれを受け入れられなかった。代わりに伊勢神宮を創ってアマテラスをまつったんだと思います。

天や地をまつる祭祀のほかに日本が儒教で受け入れなかったのは、祖先祭祀と、それから官僚制と結びついた科挙。この二つは中国の儒教の根本なんですけれど、そこは受け入れていない。

大山　森三樹三郎の『中国古代神話』[*19]によるとね、中国には神話なんてない。神話は、そりゃ、

---

*15　「十善の君」。前世で十の善を行なった結果として現世で王に生まれたとする思想。仏教経典『仁王経』などに説かれる。

*16　「道賢上人冥途記」。これについては、大隅和雄編『大系　仏教と日本人　四　因果と輪廻』の「総論——因果と輪廻をめぐる日本人の宗教意識」（大隅和雄）、春秋社、一九八六年。

*17　釈奠。「せきてん」また「しゃくてん」。孔子をまつる儀式。奈良平安時代には大学寮で行なわれた。応仁の乱で廃絶したが、江戸時代に復活して昌平黌や藩校で実施された。

*18　金子修一（一九四九—）。東洋史。山梨大学・國學院大學教授。著書に、『古代中国と皇帝祭祀』汲古書院、二〇〇一年。『中国古代皇帝祭祀の研究』岩波書店、二〇〇六年。

*19　森三樹三郎『支那古代神話』大雅堂、一九四四年（のち改題して『中国古代神話』清水弘文堂書房、一九六九年再刊）。

もちろん世俗にはあるけれど、中国は士大夫階級が皇帝の絶対的な権力を支えている。士大夫階級の世界こそ儒教の世界です。あとの下々は全部もう庶民です。この民衆を支配する論理が儒教で、その支配する側の連中が一番嫌いなのが神秘思想なんだという。鬼神とか怪力乱神とかいうものは一切だめ。正しい政治をして、徳をもって治めて、礼をもって君子に仕えて、そういうようなものでなければだめなんだと。

津田左右吉[*20]に言わせると、そういうのは全部自己保身だけで、儒教というのは自己保身を美化して「礼」とか言ってるだけだ、というのも正しいかもしれないけれど、ともかくそういう中国社会があるでしょ。その中心にあるのが唯一絶対の皇帝なんですね。

「天」があって皇帝は「天子」というけれども、もちろん天の子どもじゃない。血はつながっていない。天は抽象的な最高の理念という意味なんで、それの意を受けたのが「天子」で、天からおまえがやっていいよと許可を与えられたのが天子であって、天は、民衆が従っているかどうかよく見て、民衆が従っていないと思ったら次に替えるよということをやる。

そういう儒教を見て、藤原氏は太政官を作って牛耳るときに、天皇に、天命思想とか、仏教の輪廻とかいろんなものが入ってきちゃ困る。ずっと血がつながっていて、しかも藤原氏が全部丸がかえしているような天皇でなきゃ困るという、そういうシステムを作った。

吉田　そうですよね。

大山　だから影響は受けているけれども根本は受け入れないんだよ。根本は何かっていうと、そこに天皇制がかかわるんだよね。

「固有」か、「土着」か

大山　都合のいいところだけ受容したんだとすると、それで外来思想を受け入れたということになるのかどうかだよ。

大隅　そうそう。それが重要ですね。

大山　キリスト教がギリシャに伝わるときも、豚肉を食べてよいかどうかが問題だった。もとはユダヤ教だからいけないわけだけれど、ギリシャに布教するんだったら豚肉を認めないとだめですよと皆で議論して、結局、豚肉を許すということになるわけでしょ。だからキリスト教だって、場合によってはどんどん戒律を変えているんですよ。

吉田　仏教も、インドから他の国や地域に広く流通していって、その伝わっていく過程でどんどん変わっていった。それで、枝分かれするように次々に変化をとげてアジア各地に展開して

＊20　津田左右吉（一八七三―一九六一）。歴史学。早稲田大学教授。文学作品を用いた日本思想史研究や、『日本書紀』『古事記』の史料批判を重視した新研究などで知られる。著書に『津田左右吉全集』全二八巻・別冊五巻・補巻二巻、岩波書店、一九六三―六六年など。

いったから、国や地域ごとに違いがあります。

そう考えると、いまの仏教は、どこの国の仏教だって〈真の仏教〉かと言えば、〈真の仏教〉とは言えないのかもしれないけれど、でも「真」とは何かって難しいじゃないですか。いまから二五〇〇年前に釈迦が説いた教えが〈真の仏教〉で、それ以外は全部曲がった仏教だとすれば、現在残っている仏教はすべて曲がった仏教ということになるから、〈真の仏教〉はなくなった、つまり極論すると仏教は滅びたということになりますよ。でも、世界各地に「仏教」の名のもとにある宗教が現に存在していて、日本にもそのひとつがすごく個性的な形で展開しているることはたしかです。だから、時間の経過の中での変化とか地域的展開の中での変化を認めて、その実相を明らかにしないと、世界宗教としての「仏教」というものはわからない。その変化を明確化することが大事だと思うんです。

大山　日本の場合、島国というのは、だれにも見られていないから、中で身内で決めちゃえばなんだって通っちゃうんじゃないですかね。戒律に対して面倒だからここはやめとこうとか。

長谷川　うん、島国というのは大きいよ。島国だから外から来るものがすぐれているとか、高いとかって思うわけでしょ。みなそれで飛びつく。自分もそうやって西洋近代に飛びついた面が小さくないけれど、それが専門の研究分野になって。そこにどういう思想的問題が潜在しているのかと考えると、ただ島国というだけじゃ済まない話ですよね。外から来るものをなんとなくありがたいものに思う心性はどうやって作られたのか。

大山　それは外から来るものはレベルが全然違うからじゃないの？　てっとり早い例としては、仏教が入ってきたというのは、漢字の仏典はもちろん、仏像や仏具は金属工芸だし、建築とか、さまざまな技術が全部一括で入ってくる。瓦なんて、中国ではずっと昔からあった。だけど、日本には初めてだった。レベルが違う。

吉田　だから瓦は、すぐに日本に定着した。

大山　いいものはどんどん受け入れる。面倒なものは……。

大隅　だから戦争はしないけれど、なんか島国の対外意識、対抗意識みたいなのが独特で、とっても強いわけでしょう。だから『日本書紀』みたいなものを作るんでね。天皇制だって、中国を意識しなかったらできないわけでしょう。

大山　そこですよね。

吉田　外来か固有かというのも、時間がたつとよくわかんなくなっちゃう場合がある。われわれが固有だと思っているものだって、よく調べてみると外来だったりするものがたくさんあるじゃないですか。第一、そもそも論で言えば、人間そのものが外から日本列島に移動してやってきたことがあるわけだから、外来か固有かというのは、本当はよくわからない。

むしろ、僕は「土着」という概念が重要だと思う。この日本列島で生まれたものにも定着したものと消えていったものとがあって、外から来たものでも定着したものと受け入れなかったものがある。だから外来か固有かというのは重要な問題なんだけれど、「固有」かどうかじゃなくて、「土着」したかどうかということで考えると、日本の思想というものを明らかにできるんじゃないか。

　この国の中で生まれたものでも定着したものもあれば、消えていったものもある。外来のものでも、受け入れたものもあれば、受け入れなかったものもある。定着に三〇〇年かかったり、五〇〇年かかったり、千年かかったりするものもあれば、一度定着したけれどしばらくたったら消えてしまったものもあるというように考えると、思想の歴史が追えるんじゃないかなと思うんですけど。

大山　そのとおりだね。

長谷川　普通だと、「土着」と「固有」とを一緒に考えてしまうことが多いからね。

大隅　「土着」という言葉はイメージが悪いから。戦前の人は「土着」なんて言わなくて「固有」と言ったんですよ。「固有」の方がなんとなく国粋主義的な感じに近いでしょ。だから「固有信仰」とか「固有文化」とかっていうのを戦前の日本史学者はいっぱい使ったんですね。

吉田　なんか元気が出てきました。僕は「固有」ではなく「土着」という概念を使って考えたいですね。

日本語の問題の重要性

大隅　それから、僕は、やっぱり日本語の問題が重要だと思いますね。だって、仏教の経典を読んでもね、日本語に訳せないんですよ。日本には仏教を訳すような語彙がないんだもん。だから漢訳の言葉でしか仏教は語れない。チベットだと、チベット語の語彙で経典が訳せたんですよ。だから膨大な訳経があって、チベットの大蔵経は日本の人でも研究してるでしょう。だから、そういう語彙がね、現代の日本語でもなかなかないです。

長谷川　現代でもなかなかないということですか？

大隅　じゃないですか。いまそういうのを日本語に訳すんでもね。だから長谷川さんのヘーゲル訳は、僕は名訳で画期的だと思うんだけど。だって、日本みたいに千年以上も同じ三一文字の詩の形が続いている国なんてほかにないじゃないですか。やっぱり日本語の問題というのは大きいと思いますね。思想の問題を考えるときにはそこが基本で、そこから何か考える方法を見つけなきゃ。僕は、だから信心信仰のレベルで宗教を考えたいと思うんで、教義でやってたら絶対だめですよ。教義の言葉はみな、漢語で外来語なんだもん。

大山　そりゃ、そうですね。なかなか日本語にならないよ。

長谷川　いまに至っても？

大隅　ええ。だから道元だって全部日本語で書いたというけれど、あれは戦前の旧制高校生みたいなドイツ語半分で語ったような文章ですよ。伊豆公夫[*21]という人がそう書いています。

長谷川　そう言われるとそうですね。

大隅　エッセンしたとか、デンケンしたとかいうやつね。ほんとに道元の文章って旧制高校生のドイツ語まじりの日本語と同じですよ。

大山　長谷川さんの訳はわかりやすくて、とってもすばらしい日本語だから読んでて全然違和感ない。そうやってちゃんと読んでよく考えるとヘーゲルは難しいね。

大隅　そういうところでほんとに格闘した結果、あのような名訳ができたんですね。

長谷川　言葉の問題がとっても重要で難しいというのは、よくわかります。だけど、そうすると、中世ぐらいから、いやもっと前からずっと、空海でも最澄でもみな、大体は漢文で書くわけですね。それがだんだん日本語化していくような努力の過程というのは、あんまり見えないもんなんですか？

大隅　それは簡単ではないんじゃないですかね。戦争中なんか、国粋主義の哲学者が「なるほどの哲学」[*22]とかなんとかって言って、変な大和言葉を使って哲学を語ろうとしたでしょう。あいう変てこな格好になっちゃうというのがね。

長谷川　僕は、それはあんまりちゃんと考えていなかったけど、大問題だ。たしかにね。

大隅　だから、思想の問題を考えるときに言葉の問題を抜きにしては考えられませんよ。

大山　逆に、宣長[*23]のものを中国語には訳せないですよね？　大和言葉だけでいろいろ意味を考えてるんだから。じゃあ、外来文化の受容というのは、そういう限界の範囲内でしか受容できないということになりますか。

生活と思想

大山　長谷川さんの論文の最後の方に日本の思想は生活の中で続いてると言ってるね。それは今度の本[＊24]でも日本のそういう精神史に対して、かなり好意的な書き方だよね。そういう日本的なものがやっぱり生活に根差してあるわけでしょ。それは日本の風土とかそういうことなの？

長谷川　思想史とか精神史というのは、基本的には特権的な階級が主導しているものとしてやっていくのがずっとあった。だけども、『日本精神史』をやってて面白かったのは、それが少しずつ大衆化されるというか、普通の人の生活の中に組み込まれ、活かされて、その人たちの生活の豊かさにつながるような場面があって、それはきちんと評価したい。それ自体を、なんの思想だとかきちんと決められないとしてもね。

＊21　伊豆公夫『日本史学史』日曜書房、一九四七年。

＊22　「なるほどの哲学」。紀《き》平正美《ひらただよし》（一八七四—一九四九）。哲学者。学習院教授。国民精神文化研究所所員。ヘーゲル哲学を研究。戦後、公職追放。著書に『なるほどの哲学』（国民精神文化研究所、一九四一年）など。

＊23　本居宣長（一七三〇—一八〇一）。国学者・医者。著書に『本居宣長全集』全二〇巻・別巻三巻。筑摩書房、一九六八—七七年など。

＊24　長谷川宏『日本精神史』上下、講談社、二〇一五年。

大山　時代が変わっても、連続性はやっぱりあるんだよね。

長谷川　それはある。生活の中でそれなりに大切にされていた文化や思想が急になくなるとかそんなことはありえないわけだから。生活そのものがそもそも連続したものだからね。

吉田　でも僕はね、よくわからないところはあるんですけど、応仁の乱の前と後で生活レベルでも発想が変化した部分があって、それは小さくは評価できないんじゃないかという気がするんですよ。ただ、一つひとつはよくわからないことだらけで。大体、奈良時代や平安時代の一般民衆が何を考えていたかなんて、なかなかわからない。

けれど、応仁の乱、戦国時代と来て、江戸時代になって、そこで日本的なものがたくさん新しく再構成されて、新バージョンができて、それが結局いまに続いている。そういう部分がたくさんあって、その生活レベルの考え方みたいなものの中には、応仁の乱より前までいけるものもあるんだろうけれど、いけないものの方が多いような気がするんですよね。

長谷川　そこまではなんとも言えないよな。

大山　吉田さんの考えでは、いまが日本の思想の頂点だということですよね。ここまでたどり着いたということですかね。いまが頂点だということを、この「日本をいつに求めるか」という論文で、特に津田左右吉の議論を使って言ってるわけですけれど、津田論文の読み方もいろいろ問題あると思うんだけど、たしかに社会経済史的に見れば、そりゃ、応仁の乱の前と後じゃずいぶん違うと思うんだけれども、思想っていうのは、そういうもんじゃないいんじゃない？

『万葉集』が後世におよぼした影響は大きいし、芭蕉は西行を慕うし、そもそも相当離れていても、たとえばルネッサンスは古代ギリシャがあってこそでしょう。もちろん、ルネッサンスみたいなものは別な形でありえただろうけれども、ギリシャの民主制があったからルネッサンスがあったわけで、そこから西洋近代が生まれた。そうすると、思想の歴史というのを、どっかで区切って、内藤湖南[*25]みたいに応仁の乱より以前は外国と同じなんだというような議論は違うんじゃないかなって思うね。

吉田　いや、だから継続している部分ももちろんある。だけど変化した部分もあって、そこがまだきちんとわれわれの学問の水準では弁別できていない。本当は、そこをやるのが研究者の責務なんだと思うけど、残念ながらまだできていない。今後の課題というか、これから研究して明らかにしていかなくちゃいけないことがたくさんありますよね。だから、日本思想史はまだまだ伸びしろというか、可能性があるテーマなんだと思います。

＊25　内藤湖南（一八六六―一九三四）。東洋史。京都帝国大学教授。著書に『内藤湖南全集』全一四巻、筑摩書房、一九六九―七六年など。「応仁の乱に就て」において、日本の歴史を応仁の乱で大きく二分する時期区分を述べている。

第I章　天皇制の成立とその政治思想

天皇制とは何か

大山誠一

はじめに

日本に哲学なしか

明治三四年、喉頭癌で余命一年半と宣告された中江兆民は、日本の政治・社会・文化を罵倒する『一年有半』、さらに『続一年有半』を執筆するが、そこで「我日本古より今に至る迄哲学無し」、「我邦人は利害に明にして理義に暗らし、事に従ふことを好みて考ふることを好まず」と断じた。日本人の哲学など、せいぜい中国・西洋の思想を中途半端に模倣しているにすぎないとも言っている。

兆民以来、こうした感想はほとんど常識となっていると言ってよく、実際、そう言われてみると反論の余地はなさそうである。どうしてそうなのかと考えてみるに、唐突かもしれないが、日本の自然が変化に富み美しすぎるからではないか。移りゆく季節に追われ、刹那的に過ぎゆく自然を、せいぜい三十一文字《みそひともじ》か五七五《ごしちご》の短句にひねっているようでは深く人生を考える哲学は無理だろう。たった一週間しかもたない桜に喜怒哀楽のすべてを注ぎ込んでいては哲学する余裕はないだろう。

ところがである。そうでもないぞと思うようになった。天皇制という政治システム、その背後にある思想は、当然のことながら日本独自のものである。その天皇制こそ、哲学とは言えないにしても、日本人が生み出した唯一の思想と言ってよいのではないかということに気づいたのである。ただし、ここで私が考えている天皇制とは、従来の日本人が考えてきたものとは異なっている。

従来の理解

これまで、一般に考えられてきた天皇という存在は、次のようなものではないだろうか。

日本の王権は、古墳時代の初め、三世紀中葉に大和盆地東南部の三輪山山麓の纒向《まきむく》に成立し、以後、大和から河内へ、さらには畿内一帯に勢力を拡大しつつ、五世紀には日本列島全体の盟主として治天下大王の称号を名乗った。以後、その王権は連綿と続き、大化改新と壬申の乱を経た七世紀末には中国の律令制度を模倣し、同時に天皇の呼称も受容し、七〇一年の大宝律令、七一〇年の平城京の完成により、天皇は名実ともに中国的中央集権国家の中心にして頂点としての役割を果たすこととなった。

いささか粗雑ではあるが、一応、このようなものとした場合、何が問題かと言えば、古い「大王」と呼ばれた時代から「天皇」への変化を、連続的かつ発展的なものと考えていることである。中国法の受容により統治の形態は進化したが、「大王」と「天皇」の性格自体には連続性があるという理解である。確かに、記紀においては、神武以来の歴代の大王をすべて「天皇」と呼んでいる。加えて、記紀神話を前提にして「大王」から「天皇」へと一系の系譜があったという先入観もある。いわゆる万世一系である。しかし、これらは、学問的には根拠があるものではなく、記紀、特に『日本書紀』編者の政治的意図により創作されたものと考えるのがむしろ普通であろう。

また、中国の「皇帝」と日本の「天皇」との関係も問題である。両者を比較した場合、名称は確かに中国の模倣であるが中身は違うのではないか。両者は、基礎となる歴史も文化もまったく異なっている。模倣しても、それは呼称だけだったのかもしれない。とすれば、あらためて天皇とは何か。さらには天皇制という政治システムの特徴を考える必要があるのではなかろうか。

天皇制と効能

もしも、天皇制が単に日本の王権として、国土を統一したのち、中国の制度を模倣して中国的古代国家を作ったということであれば、中国の周辺にはそのような国家を作った民族は少なくなかったはずである。けれども、それらどの国においても、どの王家も必ず滅び、代わって新しい王家が登場した。それを繰り返してきた。そもそも、中国の王朝自体が交替を繰り返してきたのである。ところが、日本の天皇家だけが連綿として続いている。そこには、決して滅びない仕掛けがあったからに違いない。それは、何なのか。世界史上、何とも特異な政治システムにして政治思想だったと言うしかあるまい。ただ、そういう天皇制のお陰で、日本の歴史は比較的ではあるが平和だったことは確かであろう。

たとえばである。奈良時代から平安時代まで藤原氏中心の貴族政治が五〇〇年もの間続いたが、その中心に天皇がいた。かくも長い平和と安定はきわめてまれであろう。武家政権が成立してからも、鎌倉・室町・江戸のどの幕府も、最終的権威を天皇に求めている。そういう三代の幕府のうち、もっとも強大だったのが徳川幕府だった。しかし、その徳川幕府もついには崩壊する。問題は誰が倒したのかである。もちろん、誰もが薩摩・長州などの西南雄藩と言うであろうし、あるいは司馬遼太郎風に坂本龍馬が新しい時代を作ったのだと考える人がいるかもしれない。しかし、そう簡単ではなかったのではないか。二百数十年の徳川幕藩体制の力は強大だったからである。ところが、形式論にしろ、征夷大将軍という幕府の正当性の根拠は朝廷による任命であった。だから、朝廷のある京都は、政治秩序の上で、幕府が所在する江戸を上回っていたことになる。薩長を中心とする討幕運動が成功したのは、その京都を拠点にして、そこから全国に向けて倒幕の世論の形成に成功したからではないか。京都に朝廷があり、その中心に天皇がいる。その存在感が徳川幕府を滅亡させたと言っても過言ではあるまい。このように、天皇制は、平時には目には見えなくとも、時代の変わり目にはいつも決定的な役割を果たすのである。あの悲惨な第二次大戦末期の混乱も、昭和天皇の終戦の詔があると、翌日からは戦後の平和の日常が始まっていた。そう聞いている。天皇という存在には、人々に、無駄な犠牲を回避させ、時代の行く末を確信させる力があったのである。

つまり、歴史上、どのように強大な王権も必ず滅びている。日本の天皇家だけが例外である。ということは、日本の天皇は王権ではなかったのではないか。少なくとも普通の王権ではなかったことは確かである。時代の変化を越えて生き続けてきたということは、それぞれの時代の覇者に身を任せてきたからであろう。問題は、逆に、いつの時代の覇者も天皇を必要としたという事実かもしれない。だからこそ、天皇制は続いてきたのである。私は、そこにこそ思想があると考える。では、その思想とは何か。また、その前に、そもそも天皇制とはなんなのかを考えてみたい。

一　天皇制とは何か

天皇制をたどると奈良時代

先に、一般的に考えられてきた天皇制の理解には問題があると述べた。天皇制は王権とは異なる存在ではないかとも述べた。では、天皇とは、また、天皇を中心とする政治システムとしての天皇制とはどのようなものなのか。まずは、可能な範囲内で概念を固めておかなくては、学問になるまい。

今日の天皇制を遡った場合、一応、同じ天皇制だなと思えるのは、奈良時代頃まででである。では、それ以前はどうか……。それがわからない。

ものの本では、奈良時代の一〇〇年も前に聖徳太子が出現して古代国家の理想を示し、それをうけて中大兄王と中臣鎌足が大化改新を断行し、その後壬申の乱で勝利した天武天皇が専制君主となり中央集権国家を確立した、というような説明がなされている。天武天皇のあとを継いだ持統天皇もそこそこ偉大で、藤原不比等を登用して立派な政治をした。その結果、奈良の都が咲く花の匂うがごとく栄えることになったというのである。

しかし、こういう歴史観はでたらめである。事実ではない。言うまでもなく、聖徳太子は実在しないし、もちろん、憲法十七条に象徴される聖徳太子の理想も『日本書紀』の編者の作りものである。実は、大化改新に関しても『日本書紀』に記されている内容はほとんどが事実とは言えない。それについては機会をあらためて述べることにするが、実は、歴史を子細に検討すると、天智も天武も凡庸であった。持統は元来政治家とは言えない。だから、このような人たちによって天皇制が成立したのではないのである。

ともかく、天皇制は奈良時代までは遡ることができる。しかし、奈良時代より前の歴史は、『日本書紀』の信憑性に問題があり、今日までの歴史学ではわずかしか解明されていないと言ってよい。とすれば、いったん奈良時代で踏みとどまって、この時点での天皇制をきちんと理解することが重要ということになろう。

天皇制の特徴は三つ

奈良時代は、制度的には、七〇一年に制定された大宝令の時代である。大宝令そのものは残存していないが、七一八年の養老令を参考にしてかなりな程度復元されている。しかし、これによっても、天皇制を解明することは難しい。天皇についての規定はほとんどないし、官僚機構の構造は一応記されているが、政治そのものの決定とその運用に関しては不明な点が多く、制度をいくら丁寧に研究しても天皇の役割はほとんどわからないのである。ただ、そうは言っても、奈良時代の政治過程は『続日本紀』に比較的詳しく残されており、基本的な諸法令なども残存している。それらによって天皇という存在を推測することは必ずしも不可能ではないと思う。

そこで、以下、奈良時代の政治過程から知ることができる天皇制の特徴について述べておくことにしたい。実は、その特徴は、奈良時代だけではなく、今日までの全時代の天皇制に当てはまるので、説明を分かりやすくするために、奈良時代以後の歴史を先取りした記述もあることをお断りしておく。
天皇制の特徴は次の三点にまとめることができる。

天皇は政治権力を持たない

特徴の第一は、大宝令においては、機構上、政治の実質は有力貴族の合議の場である太政官にあり、天皇は、その国家意志決定の場から排除されていることである。その結果、天皇は、事実上、政治権力を持たないことになる。これは重大な問題である。なぜ、天皇が合議に参加していないのか。本来なら合議を主宰するはずと考えるのが常識であろう。そうなのである、天皇制とは非常識なシステムなのである。この点を冷静に確認しておくことこそ研究の出発点でなければならない。

もともと、大宝令も含めて古代の律令制は中国（唐）の制度の模倣である。だから、丸写しに近い条文も少なくない。その場合、中国の皇帝に対応するのが日本の天皇であることは自明であろう。ところが、両者は、その実質がまったく異なっている。もちろん、形式上、ともに至高の存在とされていることは同じであるが、両者の政策決定へのかかわり方がまったく異なっているのである。

そこで、両者を比較してみると、中国の皇帝の場合、王朝の初代の人物は、固有の人脈と軍事力を背景に前王朝を征服し、新たに専制君主として全人民の支配者となった人物であり、歴代皇帝はその子孫である。皇帝の権力は武力を背景にした唯一絶対と言うべき強大なもので、皇帝の意志は国家意志そのものと言うことができる。その支配も、全人民を統治するためのシステムとして官僚と軍隊を整備しつつも、それとは別に、皇帝に固有の、言わば私的な軍事的・経済的基盤をも有している。今日流に言えば、公私混同のオーナー社長のようなものであるが、世界史上、どの王朝もそういうものである。皇帝は、国家を超越した存在だったのである。もちろん、皇帝を排除して国政を審議する太政官などというものはあり得るはずもない。

ところが、日本の場合、大宝令においては、国政の中心にあるのは明らかに太政官である。この太政官は、太政大臣、左右大臣と大納言（定員は四人）からなる有力貴族の合議体であり（のちに中納言・参議が加わる）、「太政」の語が「国家の政治」を意味しているとおり国政審議の最高機関であった。その太政官の直接の管轄下に八省からなる中央官制と全国の地方行政があったのである。これに対し、天皇には固有の人的・軍事的・経済的な、つまり権力的な基盤がなかった。天皇が大王と呼ばれていた古い時代には、その時代の大王家も一つの豪族として国家から独立した家政機関を所有していたはずであるが、律令制下においては、皇室の家政機関は中務省と宮内省という二つの省に編成され、太政官の管理下に置かれていたのである。これにより、天皇は、中国の皇帝のような国家から自立した存在ではなくなってしまったことになる。オーナー社長の中国皇帝とはまったく異なっていると言えよう。天皇のあり方に対しては、戦前において天皇機関説があり、戦後は象徴天皇という評価がなされているが、すでに大宝令の段階でそれに近いものとなっていたのである。われわれ日本人は、長い間、こういう皇室のあり方に慣れてしまっているが、世界史の普遍的な王権から見ると、きわめて奇異なあり方と言わねばならない。

ただし、天皇が発する詔勅は国家の最高意志を意味し、太政官符の発布に際しても、原則として天皇に奏上し裁可を経ることになっていた。もちろん、一定以上の官僚の位階・官職の叙任権も天皇にあった。少なくとも法制度の形式の上では、天皇の至高性は明確であったと言ってよい。だから、その点を強調して、日本の天皇も中国の皇帝と同じく専制君主であると考えることもできる。しかし、政策決定の場は、官僚機構を支配下に置く太政官であり、天皇はその外側にいて、政策を遂行する実務官人たちとは、形式的な報告を受ける以上の接点は存在しなかった。現実には、太政官の決定を追認する以上の行為は不可能だったのである。

それ故、天皇制を冷静に観察すれば、天皇は至高の存在でありながら、法の運用過程において、国家意志の決定のシステムから明確かつ巧妙に排除されていたということになろう。はっきり言えば、天皇は、国家の統治機構の外側に置かれていたのである。考えてみれば、そのことが、長い日本の歴史の中で、現実の政治権力の変遷とは一線を画する形で天皇制が存続してきた理由だったと言えそうである。

大王とは別もの

ところで、歴史を遡れば、七世紀頃までの大王（外国文献では倭王）は決して無力だったわけではない。五世紀の『宋書』倭国伝では、倭王は中国南朝に対する上表文の中で「自昔祖禰。躬環甲冑。跋渉山川。不遑寧処。東征毛人五十五国。西服衆夷六十六国。渡平海北九十五国。」と述べている。強大な武力を持った大王の姿が彷彿される。事実、この時代には大王の権力を象徴する巨大な前方後円墳が次々に築造されている。また、七世紀前半に編纂された『隋書』倭国伝によれば、六〇〇年に倭国から派遣された使者は「倭王以天為兄。以日為弟。天未明時。出聴政。跏趺坐。日出便停理務。云委我弟。」と述べ、さらに「王妻号雞弥。後宮有女六七百人。」とも言っている。この倭王が誰かは今は問わないとしても、ともかく、政治の中心におり、絶大な権力を持っていたことは間違いないであろう。そういう大王の時代があったのである。

ところが、天皇制の時代になってからは権力がなくなっている。これは、日本の歴史上きわめて重大な事件と言ってよいはずである。しかも、その天皇制は、今日まで、千数百年も続いている。世界史上でも稀有なことである。

いわゆる外戚政策

第二に、政治の実質が太政官にあるとすれば、現実の政治過程で重要なのは、太政官を構成する有力貴族たちの力関係ということになる。ところが、現実の政治過程を見ると、そこでは、天皇との親近性、特に姻戚関係が決定的な意味を持っていることがわかる。娘を後宮に入れ、生まれた子を即位させるという、いわゆる外戚関係であるが、驚くべきことに、そういう関係は、天皇制成立以来一貫して藤原氏に握られていたのである。その最初が、藤原不比等が草壁皇子を擁立し、その後、不比等の娘の宮子が草壁の子にあたる軽皇子（文武）の妃となったことに始まる。以来、藤原氏は、天皇との姻戚関係という律令官僚制の秩序を超越した権威を手に入れ、これにより太政官の合議を牛耳り続けることになったのである。

草壁系の系図

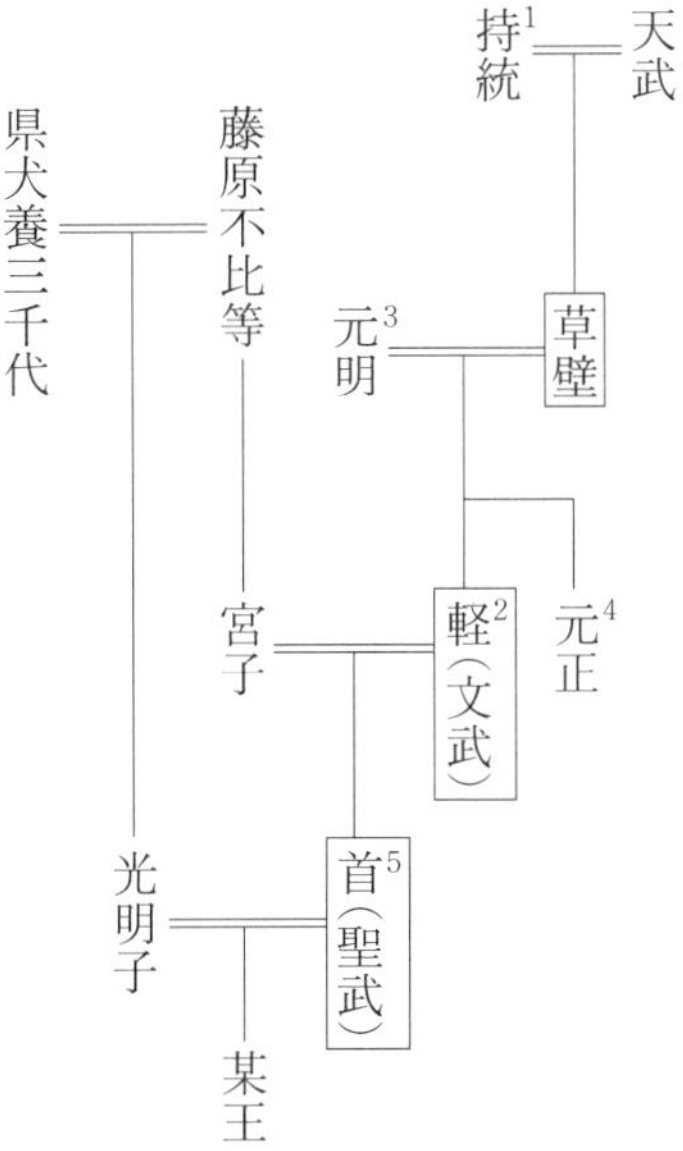

（数字は即位順）

ここで問題が生ずる。先に、私は、天皇は政治権力を持たないと述べておいた。とすると、藤原氏は、無力な天皇の外戚となることによって権力を掌握したことになるが、そこに論理矛盾はないのか。

しかし、これについて私は次のように考えている。天皇には、元来、法制度の上では、詔勅を発する権限とか、貴族層に対する位階・官職の叙任権などの権限が備わっていた。にもかかわらず無力だったのは、天皇が実際の統治機構から切り離されており、そういう権限を行使する主体たり得なかったからである。だから、いくら絶大な権限であっても、それは名目だけの言わば潜在的な権限にすぎなかったのである。ところが、藤原氏が外戚となり、天皇の後ろ盾となれば話は別である。簡単に言えば、外戚関係により、天皇と藤原氏が一体となったことにより、天皇の潜在的な権限が藤原氏の手によって顕在化することになったのである。その場合、天皇自身は権力としての実体を失っているから、当然にも、天皇の権限は藤原氏が代行することになる。それこそが、藤原氏の権力の源泉だったのである。

つまり、天皇の潜在的な権限を、天皇の外戚となった藤原氏が利用して権力を掌握する。これこそが天皇制の重要な一側面であったということである。天皇制というのは、実は、天皇のためのものではなく、藤原氏のためのものだったのである。

なお、以上のように考えてくると、平安時代に成立した摂関政治こそ、天皇制の典型的ないし究極的姿であることに気づくであろう。分かりやすく言えば、天皇制というのは、形式的には天皇を中心とした政治秩序と言えるが、実質は天皇を利用した藤原氏のためのものであった。権力の中心にいるのは藤原氏である。だから、摂関政治において実質的権力として世襲されているのは摂関あるいは藤原氏の〝氏の長者〟の地位であって天皇ではない。天皇は、〝氏の長者〟の地位を得る手段として、その都度利用され、不要になれば容易に交替させられたのである。言わば、使い捨てにされたのである。だから、摂政を天皇が幼少の時の代行であるとか、関白を天皇の補佐役のように考えるのは、本当は正しくない。天皇制の実質上の中心は藤原氏だったからである。

天皇の神格化

さて、これまで、天皇は政治権力を持たないが、法制度上の権限はあり、それを藤原氏が代わって行使したと述べた。しかし、問題は、その法制度上の権限が中国法を形式的に模倣したものにすぎず、古い大王の時代の伝統に由来するものではないこと、しかも、その模倣したはずの権限でさえ、現実には、太政官の決定を追認する以上のものではなかったことである。これでは、天皇の存在感があまりにも小さく、藤原氏が依拠した外戚政策そのものも説得力を失うことになるのではないか、という疑問が生ずることになろう。

そこで、第三に、天皇という存在に、政治権力とは異なる、むしろ権力の根源となるような価値を持たせることが必要となる。そういうものとして考えられるのは、政治権力とは異質の一種宗教的な権威ないし尊厳であろう。天皇を神に近づける、つまり神格化である。もし、天皇が生まれながらに神ということになれば、目前の権力は持たなくとも、中国法からの借り物の権限であっても、そんなことは問題ではない。神としての権威と尊厳に抗うものはなく、その権威は、外戚としての藤原氏の権力を十分に保証することになる。まさしく、そのために構想されたのが記紀の神話、具体的には高天原・天孫降臨・万世一系の神話だったことは言うまでもあるまい。天皇は、高天原に光り輝く太陽、つまりアマテラスの血を引く子孫であり、藤原氏の娘が、代々、その神の子を産み続けるということになれば、藤原氏自身も神格化されることになるわけである。それ故、天皇制の第三の特徴として、記紀神話による天皇の神格化をあげることができるのである。

結局、ここにおいても、記紀神話も、実は天皇自身のためではなく、むしろ藤原氏のために構想されたものだったことになる。それ故、天皇制という政治システムは、そもそもの構想段階から、藤原氏による相当複雑な仕掛けが施されたものであった、そのことを十分自覚して扱わねばならないであろう。

藤原不比等の構想だった

ともかくも、天皇制の特徴は以上の三点であった。もう一度まとめておけば次のとおりである。第一に、国政の中心は太政官にあり、天皇は実質的権力を持たない。第二に、藤原氏は外戚政策により天皇と特別な関係を築き、それにより天皇が潜在的に有する法制度上の権限を掌握して太政官における覇権を確立した。そして第三に、神話により天皇を神格化し、それにより藤原氏の外戚政策をも正当化したというものである。ここで重要なことは、一見して明らかなごとく、これらの三つの特徴がバラバラのものではなく、相互に分かちがたく結びつき、三位一体となって、結果として藤原氏の権力を正当化する構造になっていたことである。そして、この天皇制の原理は、様々な変遷はあってもその後長く今日まで存続しているのである。結局、天皇制の目的は藤原氏の覇権だった。だから、それを藤原氏の政治哲学と称すべきかもしれない。とすれば、この天皇制を構想した人物も自ずから明らかであろう。藤原氏にして、外戚政策を始めた人物。もちろん、藤原不比等である。彼こそ、大宝令編纂の中心人物であり、若くして草壁皇子の舎人《とねり》となり、皇子を擁して新たな時代を模索し、皇子は早世したが、今度は持統を中継ぎに利用しつつ草壁の遺児軽皇子の擁立に奔走し、軽（文武）の即位と同時に娘の宮子をその夫人として外戚政策を確立した人物である。そして、晩年には、宮子が生んだ首皇子の即位への道を開き、外戚政策を完成させている。その間、天皇の神格化のために記紀神話をも構想している。まことに、天皇制は、藤原不比等によって形成されたのである。それ故、上山春平氏は、かつて、これを藤原ダイナスティと称したのである。（上山春平『埋もれた巨像』）

二　天皇制の成立

成立は六八一年

では、天皇制の成立はいつのことか。実は、不比等らの構想が明確となり、国家レベルでその実現に向かって歩み始めたのは天武十年（六八一）のことであった。『日本書紀』の天武十年条には次のような記事がある。

二月庚子朔甲子、天皇々后、共居于大極殿、以喚親王諸王及諸臣、詔之曰、(a)朕今更欲定律令改法式。故倶修是事。然頓就是務、公事有欠。分人応行。(b)是日、立草壁皇子尊、為皇太子。因以令摂万機。

（三月）丙戌、天皇御于大極殿、以(c)詔川嶋皇子・忍壁皇子・広瀬王・竹田王・桑田王・三野王・大錦下上毛野君三千・小錦中忌部連首・小錦下阿曇連稲敷・難波連大形・大山上中臣連大嶋・大山下平群臣子首、令記定帝紀及上古諸事。大嶋・子首、親執筆以録焉。

簡単に言えば、天武十年（六八一）の二月二五日に(a)律令の編纂が命じられ、その同日に(b)草壁皇子が皇太子となり、そして三月の一七日に(c)歴史書の編纂が命じられたということであるが、実は、文中で傍線を引いた(a)・(b)・(c)三つの記事が、先に見た天皇制の三つの特徴に対応しているのである。以下、簡単に説明しておこう。

(a)は、律令の制定を命じたものである。直接には八年後の持統三年（六八九）六月に諸司に頒布した令一部二十二巻、すなわち飛鳥浄御原令を指しているが、この令はまったく伝わっておらず、編纂者も内容も知ることができない。しかし、その次に編纂された大宝令は大宝元年（七〇一）の完成であり、その間わずか一〇年あまりにすぎず、また『続日本紀』大宝元年八月条に「大略以浄御原朝庭為准正」と見えることからも、大宝令と浄御原令とは内容的に近いことが推測される。とすれば、藤原不比等が浄御原令段階で編纂メンバーの一員となり、その経験を踏まえて大宝令編纂の事実上の責任者となったと考えることができるのではないか。そして、先に述べたとおり、その大宝令においては、国政の中心が太政官にあり、天皇は国家意志の決定の場にいないこと。さらに、天皇の公私両面の生活を支えるはずの家政機関も、太政官の被管の中務省と宮内省に編成されており、まさしく、天皇は、政治権力ばかりか、自立した生活の基盤すら持っていなかったのである。これこそ、天皇が無力であるという天皇制の特徴の第一に相当すると言うことができよう。

(b)は、草壁皇子を皇太子とするという記事であるが、その当時、不比等が草壁の舎人であったことは確かで、その後の政治過程を考えれば、この立太子の背後に、不比等の政治力を想定することは十分可能である。ただ、この当時は浄御原令以前であるから、皇太子制はまだ成立していなかった可能性が高い。しかし、それでも、草壁が事実上の皇位後継者となったこと自体は認めてよいであろう。また、草壁本人は、持統三年（六八九）に亡くなるが、以後、不比等の絶大な政治力により、草壁直系の子孫が皇位を継ぐことになり、その結果、藤原氏の外戚政策が実現することになる。とすれば、やはりこの草壁立太子の記事をもって、藤原氏の外戚政策の原点、あるいは事実上の出発点と見なしてよいであろう。先の天皇制の特徴の第二に相当していると言ってよい。

(c)は、歴史書の編纂を命じた記事である。これが、結果として『古事記』と『日本書紀』となることは自明であろう。そして、その記紀の冒頭部分に、歴史書としては異例に長大な神話が記されており、それにより天皇の神格化がなされているのである。すなわち、天皇制の特徴の第三がこれなのである。

つまりは、先に見た天皇制の三つの特徴が、この天武十年の(a)・(b)・(c)の詔に対応しているということであるが、このことは、藤原不比等が構想した政治理念としての天皇制がついに実現に向けて前進することになったということである。それは、表面的には草壁を初代とする新王朝の設立の宣言であったが、実質は、草壁を利用した不比等の政権掌握の宣言であった。ここにおいて、私は、日本の歴史の時代区分として、天武十年（六八一）からを天皇制の時代、それ以前を天皇制以前あるいは大王の時代と称すことにしたい。

天皇制形成の手順1　律令の編纂

天武十年の(a)・(b)・(c)の三つの詔が、天皇制の実現のためのものであったとすれば、それはどのようになされたのであろうか。以下、天皇制を構想したと思われる藤原不比等らの立場に立って具体的に考えてみよう。

まず、(a)の律令の編纂であるが、これにはさほどの困難はなかったはずである。中国法という手本があり、それを日本の国情に合わせながら模倣すればよかったからである。ここで特に重要なのは、唯一絶対の皇帝を頂点とする中国法に対し、無力な日本の天皇を対置することであったが、次のように考えればよい。まず、中国皇帝の権力の実質を、日本令では太政官に置き換える。その上で、形式上至高の存在である天皇と実務官僚との接点を奪い、天皇と太政官との連絡は少納言を含む侍従らに任せればよい。これにより、天皇は至高のまま政治権力から切り離され、実質上無力になるからである。ただ、法制度の上では、中国法を下敷きにしているから、それと類似の規定があることは事実であるが、それが天皇の政治権力として有効に機能する条件が欠如していたのである。

ただし、このような政治システムが、不比等の段階で突然構想されたと考えることは現実的ではないであろう。先に述べたとおり、『宋書』や『隋書』の倭国伝が記す倭王すなわち大王はみな偉大な権力者であった。ところが天皇制の時代になると、天皇は無力となってしまった。これには、そうなるべくしてなった歴史的背景さらには何らかの必然性があったはずである。おそらく、不比等はそういう時代の変化を的確につかみ、それを利用してみずからの政治理念の実現に結びつけたのであろう。

天皇制形成の手順2　草壁立太子

次に、(b)の草壁立太子であるが、言うまでもなく、草壁皇子が、天武の皇子たちの間の皇位継承をめぐる争いの勝者だったということではない。そうではなく、不比等を中心とする政治集団の覇権が確立し、彼らが草壁を必要としたということである。なぜ草壁が選ばれたかであるが、最大の理由は、草壁がもともと不比等の政治集団に属していたからである。というのは、草壁の母持統の名は鸕野讃良《うののさらら》皇女であるが、それは養育氏族が鸕野馬飼、讃良馬飼であったことによる。同様に、草壁皇子の場合も、草香部（日下部・草壁とも書く）吉士が養育氏族であったためと思われるが、これらの氏族はみな河内北部に盤踞する渡来人であった。鸕野馬飼、讃良馬飼は巨大な河内馬飼集団に属し、かつて継体大王を擁立した勢力であり、草香部吉士は難波津を舞台に半島外交に活躍した氏族である。実は、草壁皇子を直接養育した人物は草香部吉《き》士《し》大形《おおかた》と思われるが、彼は草壁の立太子の直前の天武十年正月に難波連の姓を賜っており、その後、『日本書紀』編纂にも参加して縦横に活躍した人物である。活躍といえば立派だが、実際には史実とは無縁の記事の捏造であった。たとえば、任那《みなま》の滅亡後、新羅が日本に任那之調を貢納したことにし、それを外交上の手柄としているが、任那之調は実在せず単なる作り話である。また、一族の氏寺の四天王寺を、物部守屋追討の際の厩戸王の発願の物語に提供している。もちろん、これも作り話である。実は、これ以外にも大形の捏造した記事は数多いのであるが、それらは不比等らの構想に基づきつつ、さらに彼の一族の利益を思ってのものであった。言ってみれば、『日本書紀』という書物は、一面においてではあるが、こういう歴史の捏造の集大成の書と言うこともできるのである。

　ところで、これら渡来人たちが居住した地は、外ならぬ中臣氏の根拠地に近接していた。地図を見れば一目瞭然であるが、この地は淀川の下流域、河内湖が広がる地であったが、淀川の

古墳時代の淀川下流域の地図

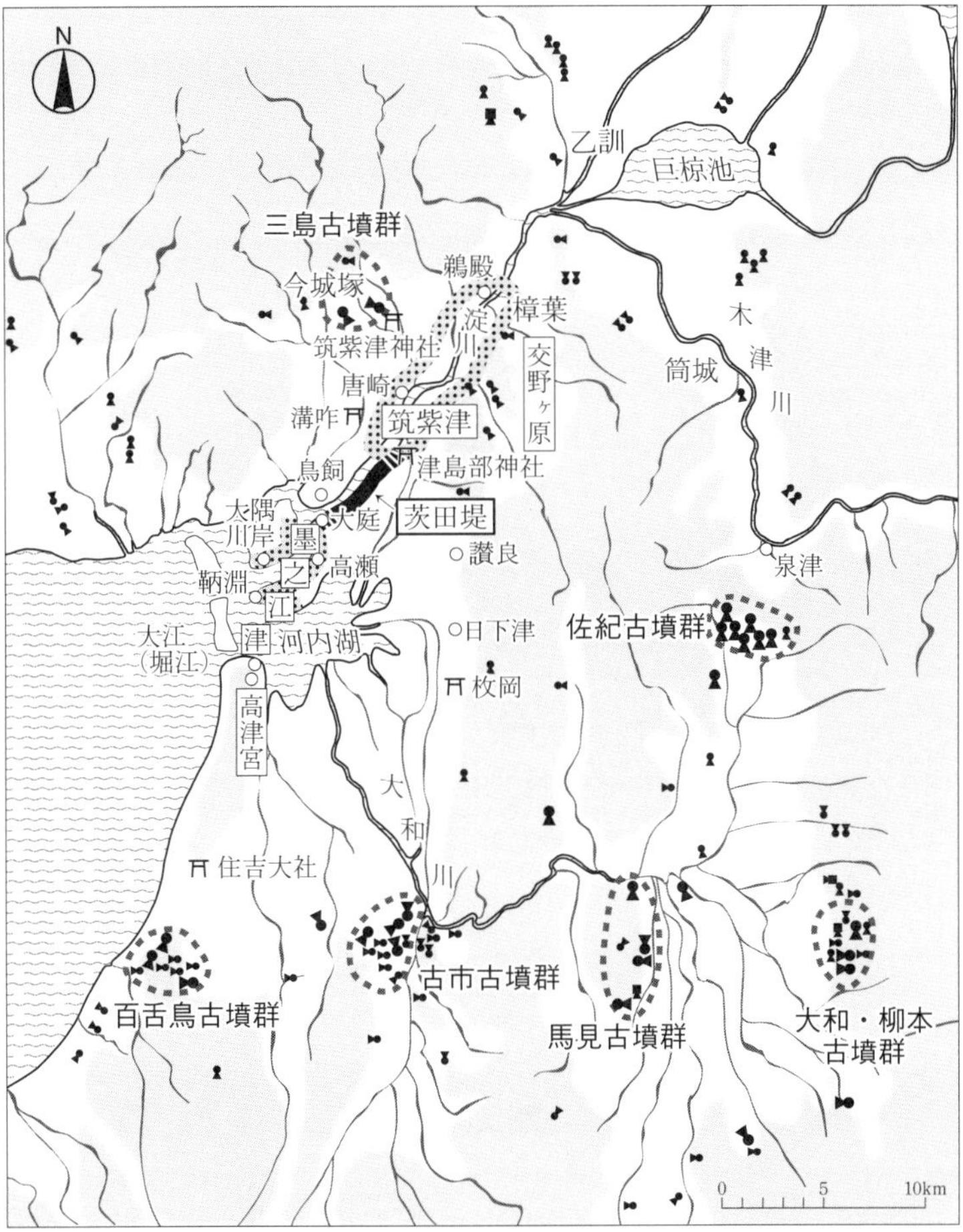

（『三島と古代淀川水運』高槻市立今城塚古代歴史館、I・II所収、森田克行氏作成の地図を合成）

北側は摂津国三島で、そこに児屋郷《こやのさと》があり、こここそ中臣氏の本拠地であった。中臣氏の氏神の天児屋命《あやのこやねのみこと》の名はこの地名に由来するし、中臣鎌足の墓とされる阿武山古墳もこの近くである。また、ここには継体の陵墓とされる今城塚もある。ということは、中臣氏が継体新王朝の成立に重要な役割を果たしたことを意味していると考えてよいであろう。『日本書紀』は、継体を直接擁立した人物として河内馬飼首荒籠をあげているが、そうだとすれば、中臣氏と河内馬飼集団とは古くから緊密な関係を持っていたと考えることができよう。

　また、草香部吉士が本拠とした日下津に接して天児屋命を祭る枚岡《ひらおか》神社があるが、もちろんここも中臣氏の重要な拠点であった。後年、奈良に春日神社が成立するが祭神の一つの天児屋命はここから遷されたものである。

　このように見てくれれば、淀川下流域には古くから中臣氏を中心とする政治勢力が存在し、彼らが継体新王朝、さらには息長王家の成立に重要な役割を果たしたと考えられるのである。そして、七世紀の末葉段階において、そういった人脈の中心にいたのが藤原不比等であり、持統・草壁の母子もこの中で養育されていたのである。とすれば、草壁立太子というのは、こういった政治勢力、就中《なかんずく》藤原不比等の政治的勝利を象徴するものであったということになろう。ただ、皮肉にも、草壁立太子が実現すれば、草壁新王朝の成立は時間の問題のはずであったが、実際には、即位しないまま六八九年に早世してしまう。ここから歴史は複雑な展開を見せることになるが、それは、その時点での問題とすることにしよう。

天皇制形成の手順3　歴史書の編纂

最後に、天皇制の形成にあって、もっとも重要でありかつ困難な課題は(c)歴史書の編纂、とりわけ神話の構想であった。なぜなら、神話は所詮架空の物語でありながら、あり得べき天皇像を描くことにより、現実の支配者が誰であるかを示し、かつ過去の歴史を清算し、そして、その支配を未来へつなげるという役割を果たすからである。

この困難な作業を、不比等を中心とする政治集団はどのように成し遂げたのであろうか。言うまでもなく、われわれは、その結果としての『日本書紀』と『古事記』を手にしているのであるから、そこから逆算して歴史書編纂の概略を述べておくことにしたい。

これまで私は、歴史書の編纂を天皇の神格化と称してきたが、先に述べておいたように、七世紀以前の「大王」は神でも神の子孫でもなかった。『隋書』倭国伝では「倭王は天を以て兄と為し、日を以て弟と為す。」とあるが、ここには高天原もアマテラスもそれらしきものも登場しない。「後宮に女六七百人有り。」とも記されているから現実に絶大な権力者だったはずである。要するに、我々が普通に考える王だったのである。不比等らは、この倭王を無力にした上で神格化したのである。なぜなのか。

おそらく、政治の安定を願って、それと不比等自身の覇権を実現するためであろう。『日本書紀』は蘇我・物部戦争や乙巳の変、さらには壬申の乱について、信憑性はともかく詳細に伝えているが、これらは王権をめぐる争いであった。加えて、長い交流のあった百済や高句麗は権力争いにより弱体化し、ついには唐によって滅ぼされている。

だから、避けるべきは王権をめぐる争いである。なぜ争いが起こるかと言えば、王権に利権が集中しているからであろう。とすれば、政治の安定のためには、王権から権力を切り離すしかあるまい。国家意志の決定のためには、有力貴族たちが衆知を結集する場を設ければよい。それが太政官である。同時に、権力を持たない大王には「天皇」という中国的呼称と不可侵な権威を与えられ、国家を代表することになる。事実上の天皇機関説である。そして、その不可侵の権威を示すために創作されることになったのが記紀の高天原・天孫降臨・万世一系の神話だったわけである。こうして、天皇は神と直結することになり、時に現人神と称されることになったのである。これにより、藤原不比等主導の天皇制が完成したことになる。

現人神か有徳か

この天皇神話の成立は、実は重大な意味を持っていた。元来、律令はもとより記紀そのものも中国思想の強い影響下にあった。もちろん、当時の為政者たちは中国思想を熟知していたはずである。その中国思想では、地上の覇者は天命を受けて天子と称し王朝を起こす。それが皇帝である。皇帝は、天の命ずるまま徳をもって万民を支配する。徳を失えば滅び、代わって新たな覇者が登場する。天命思想、徳治主義、易姓革命、これこそが中国思想である。

ところが、この天皇神話には、超越的な天も天命もなく、革命も想定されていない。代わりに高天原という正体不明の空間を想定し、そこに太陽を意味するアマテラスという不可解な神を創造し、天皇はそこから一系で伝わる子孫であると主張している。紙数の都合で説明は省くが、そういう「高天原・天孫降臨・万世一系」の神話を前提として、天皇みずからが「明御神と大八嶋国知らしめる天皇」と初めて称したのは文武元年（六九七）八月の文武即位の詔においてであった。

この結果、日本の天皇の資格は一系の血筋だけとなった。とすれば、これを掌握するためには外戚政策によりその血筋を取り込むしかない。天命も革命もなく、徳治主義も原理的には不要となる。では、高天原のアマテラスは、至上の存在である〝天〟に代わることができるのか。血筋だけが条件なら徳のない天皇の存在を否定できなくなる。それでよいのか。結局、これこそが日本思想史の最大の問題となったのである。

もちろん、中国思想の圧倒的な影響の下で、中国思想の正統たる儒教の徳治主義を完全に無視することなどできるはずもない。結局、荒唐無稽の天皇神話を奉じながらも、それとなく徳治主義をまとわねばならなかった。『日本書紀』において、素朴ながら仁徳を聖帝に描き、ついには大胆な時代錯誤を侵して「聖徳太子」像を捏造したのはそのためであった。そういう努力は、その後の多くの思想家にも受け継がれ、神話の中のアマテラスの言葉（いわゆる「天壌無窮の神勅」）や即位儀礼の中で使われた三種の神器に徳を含意させようとしたり、さらには神話に登場する神そのものに徳を内在させようともした。そういう努力は近代にもおよび、明治の教育勅語では儒教から借りてきた徳目をあからさまに列挙したのである。

そして、第二次大戦の敗北の結果、天皇の人間宣言と新憲法により、狂気の軍国主義と皇国史観は一応封じられた、はずであった。しかし、私の個人的感想では、現在の天皇は奈良時代以来の歴代天皇と根本的には変わっていないような気がする。たしかに、戦前の超国家主義の母体となった明治憲法は異常であった。無力なはずの天皇に権威も権力も預けっぱなしにして、古代の太政官のような責任ある権力主体を構想しなかったのだから無責任体制は必然であった。それを政治システムとしての設計ミスと言ってもよい。しかし、そういう無責任かつ恣意的な論理に天皇が利用されたのは、天皇制自体の正当性の根拠が天命のような普遍的なものではなく、記紀神話という怪しげなものだったからではないか。だから、二度と皇国史観の再来を招かないために必要なのは、記紀神話の正体とその成立過程を赤裸々に示した上で、その有効範囲をきちんと確定しておくことではなかろうか。その際の議論の核心にあるのは藤原不比等という人物とその時代であろう。

座談会

天皇制の成立とその政治思想

◇大山誠一「天皇制とは何か」要旨

日本思想史上の最大の論点である「天皇制」とは何か。天皇制の特徴は三点あり、第一は政治権力は太政官にあり、天皇は無力なこと。第二は無力の天皇を神話により神格化したこと。そして、第三に藤原氏がその神格化された天皇の外戚となって太政官を支配したこと。これら三点は一体のもので、藤原不比等が中心となって構想し、理念的には六八一年に成立したものと考えられる。

かつて上山春平氏が注目したように、藤原不比等の果たした役割はきわめて大きく、彼によって新しい国家のあり方が構想されたものと考えられる。藤原不比等は草香部吉士大形や忌部首首を協力者としてとり込んで、『日本書紀』の神話を作り、そこで天皇の系譜の一系性を創作して、いわゆる「万世一系」の神話を作りあげた。こうして、天皇自身は権力を持たず、藤原氏が政治を担当するという「天皇制」が成立し、このシステムがその後長く、今日まで続いている。これが諸外国の王朝とはまったく異なる日本の「天皇制」の特徴である。

ここに誕生した「天皇」は、政治権力を持たないという点で「治天下大王」と呼ばれた過去の「大王」とは性格を異にしており、「大王」から「天皇」への変化は、新しい政治制度の誕生と評価しなければならない。また、軍事力により前王朝を倒して成立する中国の皇帝とも根本的に異なっている。中国皇帝は「天命」により支配を正当化されるが、その天命は皇帝の失政により容易に変わる。革命である。日本の天皇は、そういう天命思想を慎重に排除し、「天孫降臨」「万世一系」神話により永続性を主張している。

このシステムはよく考えられて作られており、中江兆民が言ったように、日本には深く考え抜かれた〈思想〉の名に値するものはほとんどないのだろうが、唯一「天皇制」は日本の思想と評価してよいのではないか。

藤原不比等の構想

大山　ここで、「天皇制」という語を使っていますが、その意味は、七世紀の末頃に成立した天皇を中心とする政治システム全体を指しています。天皇という存在は、原稿でも書きましたが、そういう政治システムの中心にいることはたしかなのですが、現実の政治権力に注目した場合は、国政を発議し審議するのは太政官であり、実質的権力は太政官を支配する藤原氏にある。天皇は、むしろその外側にいて、藤原氏に利用されているだけなのです。

長谷川　僕は個々の具体的事実についての反論とか疑問というのは考えてこなくて、大山さんの話となんとか接点が見つからないかということを考えてきました。僕は古代史の七〇〇年前後のことについては通り一遍の知識しかないから、『日本書紀』は藤原不比等[*1]が主導したものだと言われてもどうやってそう判断するのだろうと思わざるをえないし、『古事記』と『日本書紀』とは系統が違うという議論もあって、そこは大山さんの議論だとどうなるんだろうとも思います。

＊1　藤原不比等（六五九―七二〇）。父は中臣鎌足、母は車持国子の娘。右大臣。正二位。子に武智麻呂、房前、宇合、麻呂、宮子、光明子などがいる。「大宝律令」の撰修など多くの政治的業績で知られる。

それから、上山春平[*2]の本も昔読んだことがあって、今度も『埋もれた巨像』[*3]を一応読んできたのですけど、僕の藤原不比等のイメージがそれほど明確ではないことがあって、『埋もれた巨像』もいまの大山さんの説も全体として藤原不比等の一人芝居という印象を持った。それが歴史の事実に合っているのかいないのか、ちょっと判断がつかないところがある。天才的な政治家であったとか、そういう制度が待望されていたとかいうのは、人々の思いを探るとそう言えるのかもしれないけど、もう少し詳しく説明してほしい気がする。

大山　天皇制でまず重要なのは、それ以前の「大王」との違いなんですね。「大王」の場合は普通の国王なんですよ。それはどこにでもいる国王なんだけど、「天皇」というのは、藤原不比等が大王の段階の権力を全部剝ぎ取って無力にした上で、これを神格化したものなんです。もちろん、それによって利用価値が生じたわけです。

ただ、神格化するときに新たな権力が備わるとまずい。だから、〈天孫降臨[*4]〉といっても遠い天上の話だし、それから伊勢と出雲も大和から遠いところだし、〈聖徳太子〉は架空の作りものだし。そういうふうに、天皇そのものを神格化するのではなくて、遠く周辺から神格化するんですね。だから、天皇は、自分のことかどうかよくわからないうちに神様にされちゃう。それは、草壁から文武、最終的には聖武の即位を見すえた時代ですよ。そういう天皇を利用して権力を掌握するのが藤原不比等およびその後の藤原氏で、そういうシステムが天皇制なんです。

吉田　政治の決定が「太政官」でされ、天皇はその意志決定の場から排除されてしまい、政治的決定権を持たないというのは独特のシステムですよね。「太政官」で決定がされれば、天皇は何も決められなくなります。

大山　藤原不比等以前から天皇制の形成は進んでいたはずなんですが、かれらは無力な天皇に代わって実質的な政治をする太政官という権力装置をちゃんと構築しているわけです。天皇は、その中でのヘゲモニーを握るために利用されているだけなんですね。

「太政官」というのは、有力貴族の合議体、卑俗な言い方をすれば談合の場なんです。そこで主導権を握るのが藤原氏で、のちには摂関家[*5]ですが、これは談合を裏で牛耳る黒幕ですよ。つまり談合と黒幕、これを有機的に組み合わせた政治システムが天皇制というわけです。

吉田　古代史の世界では、天皇を専制君主とする人がまだ少なくないですよね。あれはなぜで

＊2　上山春平（一九二一―二〇一二）。哲学。京都大学教授。京都市立芸術大学学長。著書に『上山春平著作集』全一〇巻、法蔵館、一九九四―九六年など。

＊3　上山春平『埋もれた巨像――国家論の試み』岩波書店、一九七七年。

＊4　天孫降臨。記紀神話で、アマテラスの孫のニニギノミコトが高天原からこの地上世界（葦原中国）に降ったとする出来事、またはその神話を指す。その子孫が初代天皇の神武天皇になったと語られる。

＊5　摂関家。摂籙の家とも。摂政・関白になる家柄。藤原北家のうち良房の家系が摂政・関白を務める家となって定着し、鎌倉時代になるとその中から五摂家が誕生した。

すか。

大山　中国の皇帝は、前王朝を武力で倒した実力者です。もちろん専制君主です。だから、国家意志は皇帝のものです。律令は、その皇帝の命令を官僚機構を通じて実現するシステムです。ところが、日本の場合は、国家意志は天皇から太政官に移されています。太政という語は国家のマツリゴトを指す言葉です。その太政官の下に全官僚機構が整備されているのです。ところが、律令を模倣する際に、そういう太政官と天皇の役割を明確に区別しないで曖昧なままにしておいた。天皇を形式上中国の皇帝になぞらえた方が都合がよかったからでしょうね。だから、律令の条文だけで政治の仕組みを考えると中国と区別がなくなるわけです。しかし、六国史にしろ『大鏡』にしろ読んでみれば、天皇は専制君主ではないとわかるはずですよ。

大隅　『愚管抄』[*6]はそういう天皇のあり方を書いた本です。

大山　藤原不比等の論理をまっすぐ伸ばせば、その先に摂関政治があるということですね。不比等にとって、どの程度現実のことと考えていたかは不明ですが、摂関政治のようなものを理想形と考えていたでしょうね。

藤原不比等の政治グループ

大隅　藤原不比等の仲間というか、政治グループはわからないのですか。

大山　『日本書紀』を編纂したのは、王族を除くと六人です。そのうちの二人は、忌部首《いむべのおびと》首《おびと》と難波連《なにわのむらじ》大形《おおかた》（もとは草香《くさか》部《べの》吉士大形）で、あとは上毛野君三千《かみつけのきみみちぢ》がいます。この上毛野君というのは不比等の母方の車持君《くるまもちのきみ》の一族です。それと阿曇連《あずみのむらじ》稲敷《いなしき》がいて、これは淡路島で海人を管轄する氏族ですからイザナキ・イザナミの話の伝承者です。あとは中臣連大嶋《なかとみのむらじおおしま》がいて、もちろん彼は不比等の同族です。それから平群臣子首《へぐりのおみこびと》がいて、紀氏と密接な関係のある人物です。これらは『日本書紀』に記される『日本書紀』の編纂メンバーなんですけど、みな不比等の側近で、それぞれ課題を与えられて参加したのだと思います。だから、『日本書紀』は不比等の主導で作られたものと言えます。彼らは『日本書紀』を編纂する理念を共有していたはずです。

それと、「大宝令」の編纂メンバーが二〇人くらいいます。「大宝令」の編纂は不比等が中心だけれども、実質的な作業の中心は下毛野朝臣古麻呂《しもつけののあそんこまろ》で、これも東国の上毛野君の一族で、中心人物なんですね。あとは自分の養父だった田辺史《たなべのふひと》などの渡来人が大変多い。

結局、渡来人と地方豪族、それから薩弘恪《さつこうかく》のような外国人、さらに粟田朝臣真人《あわたのあそんまひと》などの中・下級貴族です。だから、上級貴族の、たとえば石上《いそのかみ》氏（物部氏）とか大伴氏とか石川氏（蘇我氏）という連中は彼の人脈には入ってこないんです。下の方の連中で優秀なのを集めて、シンクタ

＊6　『愚管抄』。七巻。歴史書。慈円著。一二二〇年成立。承久の変の後に増補。神武天皇から順徳天皇までの歴史を仮名文で述べる。現代語訳は、大隅和雄訳『愚管抄　全現代語訳』講談社学術文庫、二〇一二年。

ンクみたいのをいくつも作った。そう思います。

今日配った地図ですが（本書一〇五頁）、淀川下流に河内湖があります。かつては巨大で難波《なにわの》海《うみ》と呼ばれていましたが、五世紀に難波堀江《ほりえ》が開削され、水位が低下して広大な干拓地が生まれました。この地に、各地から多くの人々が移住してきたのです。日下津《くさかつ》という地がありますが、草壁皇子[7]の養育氏族の草香部吉士の本拠地です。その北側にある讃良《さらら》というところは持統天皇[8]の養育氏族の鸕野讃良馬飼の本拠地です。その南の枚岡というのが中臣氏の氏神の天児屋命《あめのこやねのみこと》をまつっています。淀川の北側の継体陵とされる今城塚《いましろづか》古墳[9]のあるところが児屋郷《こやのさと》と言って、これこそが中臣氏の本拠地です。中臣氏の祖神は天児屋命ですから。そのすぐそばに鎌足の墓、いわゆる阿武山《あぶやま》古墳[10]があります。また、日下津の南の枚岡も中臣氏の本拠地のひとつです。ここにも天児屋命がまつられ、奈良の春日神社の祭神のひとつの天児屋命はここから移されたものです。こういう北河内こそ、近江から継体や中臣氏が、秦氏や馬飼集団など多くの渡来人が、さらには全国各地から人々が移住してきた場所なのです。こういうさまざまな人々の交流の中で、天下を経営する人脈が成立し、新たな構想が練られていたのだろうと思います。

『竹取物語』の中に、かぐや姫に言い寄る人物がいますが、阿部御主人《あべのみうし》とか、大伴御行《みゆき》、石上麻呂とかが実名で出てきますが、その中に車持皇子というのがいます。不比等の母方は車持氏ですから、この皇子は不比等だと言われています。もともとは群馬県の上毛野氏の出身で、それが摂津の三島あたりに本拠地を移したのです。そういう淀川の下流域の難波の海の湾の内側の世界というのが重要な意味があるんです。

藤原氏の始祖説話

大隅　藤原不比等は、藤原氏の権威づけのために、いろいろなことを言わなかったのですか。

大山　もちろん、不比等にとって、天皇制とは、単に天皇を神格化すればよいというものではない。彼の直接の目的は、藤原氏自身を特別な氏族に仕立てることです。具体的には、父鎌足[*11]を特別な英雄にすることでした。だれでも知っていると思いますが、皇室をないがしろにする

＊7　草壁皇子（六六二―六八九）。天武天皇の皇子。母は持統天皇。皇位継承予定者だったが、即位をまたず早世した。

＊8　持統天皇（六四五―七〇二）。古代の女帝。父は天智。母は蘇我遠智姫。名は鸕野讃良皇女。天武天皇の皇后。夫の死後は即位して天皇となった。孫の文武天皇を即位させると太上天皇として活動した。

＊9　今城塚古墳。大阪府高槻市郡家新町にある前方後円墳。史跡。継体陵とする説が有力。

＊10　阿武山古墳。大阪府高槻市奈佐原・茨木市安威にある古墳。史跡。鎌足墓とする説が有力。

＊11　中臣鎌足（六一四―六六九）。藤原鎌足とも。『日本書紀』は中大兄皇子とともに「乙巳の変」を行なったとし、臨終の床において天智から大織冠と内大臣の位と「藤原氏」の姓を賜ったと記す。

蘇我入鹿を滅ぼして皇権を立て直し、その後ただちに大化改新という政治改革を断行して律令国家の基礎を築いたという話。その功績により、のちに、天智天皇から大織冠と内大臣の位、それに藤原の姓をもらったというものですが、実は、そのほとんどが『日本書紀』の作り話なんです。

藤原姓の授与なんていうものは、その頃ではありえない。「姓」というシステムがまだ成立していない。内大臣なんてものもありません。すべて『日本書紀』のフィクションです。その前に、皇権の衰えを憂える鎌足が、蹴鞠の場で中大兄皇子と出会う話がありますが、これは新羅の金春秋（武烈王）と金庾信のエピソードの模倣です。パクリというか。大体、大化改新という政治改革自体も、事実はどのようなものだったのか問題なのです。なにしろ、改新の詔は大宝令の知識で作られているのですから。

ともかく、『日本書紀』の記す鎌足像というのは信用できない。作り話なんです。神話を作るのと同じやり方で、鎌足像によって中臣氏を特別な存在とする。そして、中臣氏の中から、鎌足を「藤原」姓にしてしまうのがミソなんです。藤原氏は鎌足という偉大な英雄から始まったことにする。それを不比等が利用する。本当は、持統朝に藤原不比等が初めて藤原姓を名乗ったのです。

しかもですね、これだけではないのです。この鎌足を明らかにモデルとして武内宿禰という人物像を創作するのです。たぐいまれなる忠臣で、景行朝に生まれ、成務・仲哀・神功（皇后）・

応神・仁徳に仕えたとされる人物です。この人は、一般には、蘇我氏をはじめとする葛城の豪族たちの共通の祖先と考えられているのですが、そうではないのです。もう半世紀以上も前に岸俊男[*12]さんが詳しく論じているとおり、鎌足の分身として創作されたのです[*13]。実は、文武の死の直前、慶雲四年（七〇七）に詔が出まして、鎌足の功績は武内宿禰に等しい。だから、その子の不比等に封五千戸を賜うとされたのです。つまり、不比等は鎌足を英雄に仕立てて利用する。計画的なんです。

吉田　自分の家の始祖の説話を作って『日本書紀』に書き込み、それをもって藤原氏の始まりとし、これは特別な氏なんだとしたということ？

大山　そうです。それは上山春平さんに言わせると、不比等自身は出てこないけれども、埋もれてしまうけれども、自分でお膳立てしたものが全部後世に残っていったというのが上山さんの言い方で、それは見事だと思いますけどね。

長谷川　そうすると「藤原」姓も天智が賜ったものではない？

＊12　岸俊男（一九二〇―一九八七）。日本古代史。京都大学教授。奈良県立橿原考古学研究所所長。著書に『日本古代政治史研究』塙書房、一九六六年。『日本古代籍帳の研究』塙書房、一九七三年など。

＊13　岸俊男「たまきはる内の朝臣――建内宿禰伝承成立試論」日本歴史学会編『歴史と人物』、一九六四年（『日本古代政治史研究』塙書房、一九六六年に収録）。

大山　その頃、そんなものはありえない。「姓」という概念がまだないんです。

長谷川　あとから『日本書紀』でそういう話が作られたということだね。

大山　そうですよ。その頃「藤原」なんていう姓を与えるわけがないですよ。「藤原宮」*14という宮、これを「藤原」の宮と呼ばせるというのも彼の画策なんです。それは土橋寛《つちはしゆたか》さん*15がかなりていねいに言ってます。

鎌足の頃は天智朝ですから都は近江です。飛鳥から近江に行くときには大変な反対があったのをおして行ったわけですよ。それで、鎌足は近江のすぐ近くの山科に住みます。山科に住んでいるのだから「山科」と名乗ればいいと思うけど――飛鳥の藤原で産湯をつかったとかいう話を作って藤原を名乗るとするわけです。事実は、持統朝に不比等が藤原にいたから名乗ったのです。藤原宮は最初は「新益宮《あらましのみや》」と言いました。新益宮というのは、新しく増やした、飛鳥の延長上に作った宮ということで、それを「藤原宮」と呼ばせたときが、不比等が中臣から藤原と名乗ったときなのです。

「姓」というのは氏とカバネで、氏は「庚午年籍《こうごのねんじゃく》」*16で、カバネは「八色の姓《やくさのかばね》」*17で成立しました。そうやって持統朝までに「姓」を完成させるんですけれども、自分より立派な姓は認めたくないので、蘇我と物部を消しちゃうんです。蘇我は「石川」に、物部は「石上」にして、自分は藤原を名乗ります。そして新しい都を「藤原宮」と呼ばせるんです。それは全部、不比等がやったことで、そういう意味で、何かこう人間を全部あやつって新しい秩序というか世界を創ったのですね。

奈良時代の政治史と藤原氏

大隅　あと藤原良房《よしふさ》[*18]とか基経《もとつね》[*19]が出るまでの間、奈良時代の藤原氏についてはどうですか。

大山　不比等は草壁皇子だけをとりだして、草壁の直系に自分の娘をあてがって、その後、そ

*14　藤原宮。日本最初の中国風都城である藤原京が飛鳥の地に造営された。『日本書紀』には「新益京」と記される。条坊制によって区画され、中央部に藤原宮が設置された。六九四年より用いられ、持統・文武・元明天皇三代の都となった。

*15　土橋寛（一九〇九―九八）。国文学。奈良学芸大学・同志社大学教授。著書に、『土橋寛論文集』上中下、塙書房、一九八八―八九年。『持統天皇と藤原不比等』中公新書、一九九四年など。

*16　庚午年籍。庚午の年（六七〇）に作られた戸籍。日本最初の国家的戸籍。氏姓を記す基本帳簿として永久保存とされたが、平安時代に散逸し、現存しない。

*17　八色の姓。天武一三年（六八四）に定められた八種のカバネ。真人、朝臣、宿禰、忌寸、道師、臣、連、稲置。

*18　藤原良房（八〇四―八七二）。父は冬嗣。従一位。太政大臣。娘明子の生んだ孫の惟仁親王を生後八ヶ月で皇太子とし、九歳で即位させ（清和天皇）、政治を担当した。

*19　藤原基経（八三六―八九一）。父は長良。叔父の良房の養子となる。従一位。太政大臣。良房の死後、清和・陽成・光孝・宇多の四代の天皇の時代の政治を担当した。

の系統を連綿と続けていくつもりでいました。ところが草壁がすぐ死んでしまうから、草壁直系を守るために女帝を立てます。女帝というのは、別にその頃女性の地位が高かったとかではなくて、草壁直系を守るために、ほかの皇族に天皇の地位を与えたらそっちに権力が移っちゃうから、利権を守るためなんです。

ところが、不比等が死んでからですけれども、失敗するわけですよ。光明皇后[*20]に後継者の男の子がなかなか生まれなかった。もう三〇歳近いのに。ただ、二七歳のときに男の子が生まれていて、正式には名前がなく「某王（基王）」ですが、藤原氏は大喜びで、一ヶ月後にはもう立太子させちゃうのね。それで、もうこの子がいるから、つまり次の天皇は確保したんだから、もう聖武は要らないという態度を露骨に示すわけです。聖武は、男の子が生まれたおかげで、自分はもう不要とされ、ないがしろにされてしまった。ところが、その子がたちまちのうちに、満一歳になるかならないかのときに死んでしまう。この子が死んでから聖武の復讐が始まるんですよ。もう光明皇后にはサービスしなくなっちゃう。藤原氏としては、光明皇后でだめならって、もっと若い武智麻呂の娘と房前の娘で、一〇代半ばくらいのを後宮に入れるんですけども聖武は手をつけない。サボタージュするわけですよ。それで、事実上この血統が断絶しちゃうわけです。

それで、光明皇后が生んだ女の子を無理やり即位させて時間を稼ぐわけです。孝謙天皇[*21]（称徳天皇）です。でも、独身の女性天皇ですから先の見通しが立たない。それにつけ込んで道鏡[*22]

が登場するわけです。これに対して、藤原氏は危機感から反乱を起こすことになる。恵美押勝《えみのおしかつ》（藤原仲麻呂）*23の乱です。これ以後は大混乱ですよ。

この混乱を藤原百川《ももかわ》*24らが治めて、最終的には藤原冬嗣《ふゆつぐ》*25あたりで安定した権力をもう一回作り直すわけです。無難な皇族を呼んできて、要するに光仁を天皇にして、そのあとだいぶもめるけど、その子の桓武が即位した頃から、まわりを藤原氏の娘で固めて、外戚政策を作り直すわ

＊20　光明皇后（七〇一―七六〇）。安宿媛。聖武天皇の皇后。父は藤原不比等、母は県犬養橘三千代。通称に光明子、藤三娘。長屋王の変後の七二九年に皇后となり、種々の政策を立案、実施した。

＊21　孝謙天皇（七一八―七七〇）。奈良時代の女帝。称徳天皇、宝字称徳孝謙皇帝、高野天皇とも。父は聖武天皇、母は光明皇后。一度皇位を淳仁天皇に譲るが、まもなく淳仁を退位させ、天皇に重祚した。道鏡を寵愛、重用したことでも知られる。

＊22　道鏡（?―七七二）。奈良時代の僧。藤原仲麻呂の乱後、太政大臣禅師、次いで法王として権力を握ったが、称徳天皇の死後、造下野薬師寺別当として下野薬師寺に左遷された。

＊23　藤原仲麻呂（七〇六―七六四）。父は武智麻呂。正一位。大師（太政大臣に相当）。政治の中枢に立ったが、七六四年乱を起こし、斬に処された。

＊24　藤原百川（七三二―七七九）。父は宇合。従三位。参議。称徳天皇の死後、藤原永手、良継らとともに光仁天皇の擁立に尽力した。

＊25　藤原冬嗣（七七五―八二六）。父は内麻呂。母は百済永継。正二位。左大臣。嵯峨天皇の信任を得て活躍した。娘の順子は仁明天皇の妃となり、文徳天皇を生んだ。

藤原氏の系図

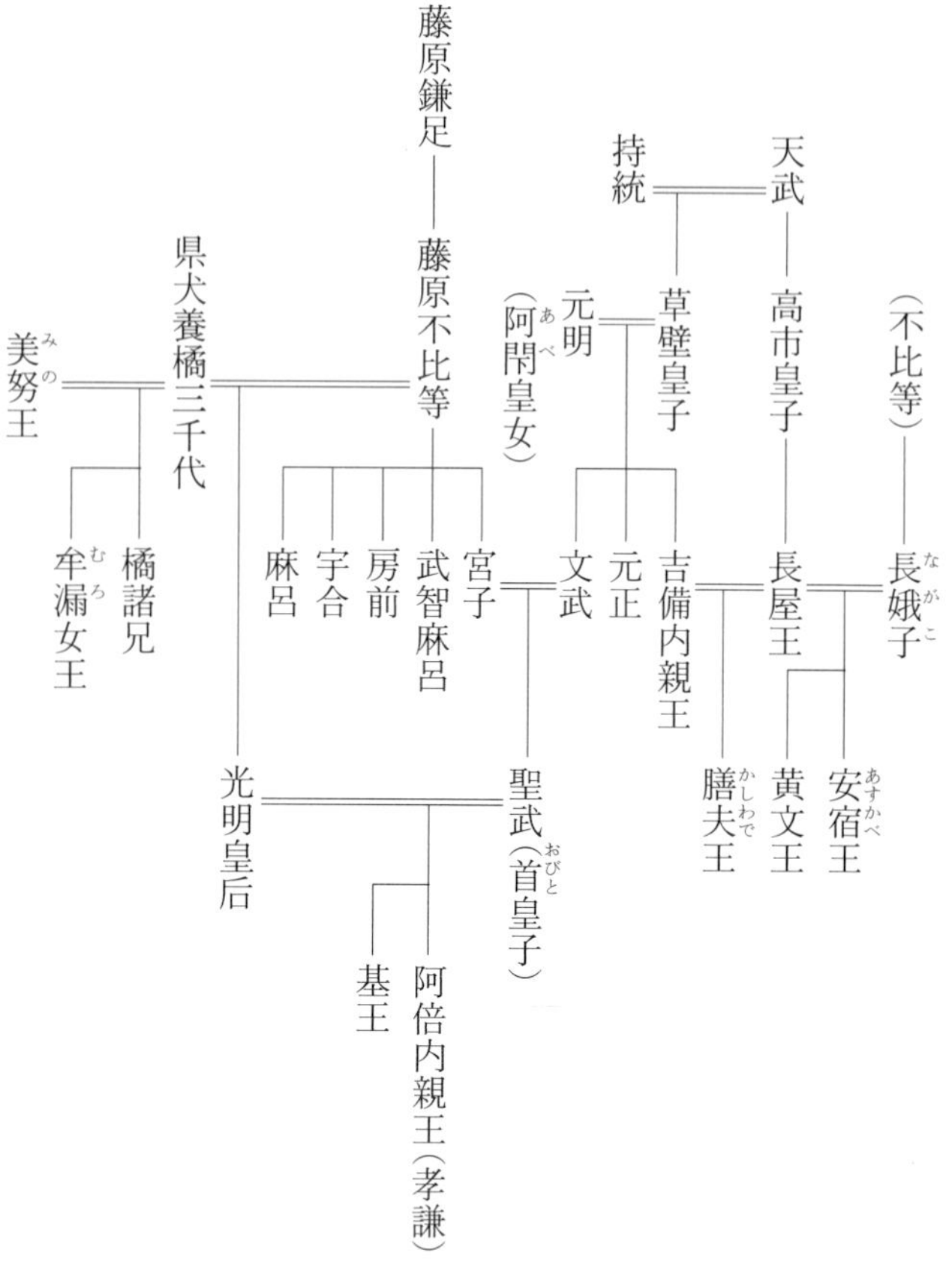
天武
持統
高市皇子
草壁皇子
元明（阿閇《あべ》皇女）
（不比等）
長娥子《ながこ》
長屋王
吉備内親王
元正
文武
安宿《あすかべ》王
黄文王
膳夫《かしわで》王
藤原鎌足
藤原不比等
宮子
武智麻呂
房前
宇合
麻呂
聖武（首《おびと》皇子）
県犬養橘三千代
美努《みの》王
橘諸兄
牟漏《むろ》女王
光明皇后
阿倍内親王（孝謙）
基王

けです。

それでもいろんな事件が起きる。藤原種継《たねつぐ》事件[*26]もそうですが、いろんな事件が起こるので、それに懲りて天皇に対する扱いをゆるめる。藤原氏の娘に男の子を必ず産ませさえすれば、あとは管理をゆるめる。こうして本格的な後宮が平安宮に整備されてくるわけです。後釜さえいれば自己主張するような天皇はもう要らないから、適当なところで退位させて、次々に後釜のスペアを用意するようなシステムを構築していくわけです。

というように、奈良時代の後半以後の政治史はかなりきわどかったわけです。いったんは外戚政策が破綻している。その危機を乗り越えたのが光明皇后だったのですよ。光明皇后は自分が皇后だなんて思ってない。署名は「藤三娘」で、要するに「藤原不比等の三女」と署名している。別に皇后なんてどうでもいい。不比等の娘なのよ、私は。それで、いわゆる藤原ダイナスティを守り抜いたという、そういう経験の上に、冬嗣から良房まで出てくるということだと思います。

大隅　「皇后」という署名はあるんですか。

大山　呼称としては藤原夫人、藤皇后ですよ。皇后という地位にはあるんだけども、自分で私

＊26　藤原種継事件。七八五年長岡京遷都を推進した種継が暗殺された事件。種継（七三七―七八五）は宇合の孫、清成の子。藤原仲成、薬子の父。正三位。中納言。

的に署名するときは「藤三娘」なの。

大隅　それは女はみなそうですよ。平政子（北条政子）も源政子とは書かない。父系の出自を名乗ります。

天皇制の継続をめぐって

大隅　始まりは不比等が作って、そこで天皇制の枠ができたというのは、そう言われればそうかなと思いますが、問題はやっぱりそのあとずっと天皇制が続いたということだと思うんですね。勅撰和歌集[*27]が二一代まで続くなど、天皇は文化的なものの権威の源泉であり続けた。現代まで続いているわけですから。どうして続いたのかということを知りたい。

長谷川　そうですね。不比等の構想がたしかに摂関政治のところで、ある完成型を見るというのはわかるけれども、それがずっと持続して、それ以降も続いてきたとなると、それから外れるような例をどういうふうにこの図式にうまくおさめるかが問題になる気がします。

院政なんかはうまく枠内におさまるのだろうけど、たとえば平将門[*28]とか源頼朝は違うのではないかとか、いろいろなことが問題になって、天皇制全体としてはそれらをどうおさえるのかというのは案外難しい問題だと思います。不比等の構想に天皇制の思想を見るとして、不比等の構想とそれからのズレとか、逸脱とか、あるいは構想と構造的に違っているものをどう考えるかが問題になるのではないか。

吉田　長い歴史の中で外れる事例もあるけれど、それをどう理解するか、という話ですね。

大山　いや、院政も、寺社も、武家政権も、結局は天皇を擁する朝廷を補完するものなんで、それでむしろ天皇制が永続化した。

貴族って、明治維新まで、「五摂家」[*29]もそうだけども、全部本来は藤原氏なんですよ。その中で、天皇というのを脈々と守り抜いてきたんです。それを明治維新のとき、そういう朝廷からたったひとり天皇を江戸城にかっさらっちゃうんです。それまでは藤原氏は天皇を手放さなかった。ほかに鎌倉幕府ができようがなんだろうが。

長谷川　武家政権の時代の天皇はどう？

大山　中世になると、やはり武士階級が考える天皇像が出現しますよね。中国の皇帝のように軍事力を持って天下に号令する、そういうイメージを描きます。最初は平将門ですよね。将門

＊27　勅撰和歌集。天皇または上皇の命によって編纂された和歌集。『古今和歌集』に始まり、室町時代の『新続古今和歌集』まで二一代の歌集が編まれた。

＊28　平将門（？―九四〇）。桓武天皇の子孫。高望王の子の平良将の子。一族の内紛から始まり、常陸国府を焼き払い、下野・上野の国府を襲撃して、「新皇」と称した。九四〇年、平貞盛、藤原秀郷に討たれて敗死。

＊29　五摂家。摂政・関白を務めるべき五つの家。藤原忠通の家系から鎌倉時代に成立した。近衛、鷹司、九条、二条、一条の五家。

は挙兵して「新皇」と称した。そういうような中国的皇帝像をイメージとして引きずって院政を起こしたのが白河上皇[*30]なんだけども、それは本人が誤解しているんで、実は母方は全部藤原氏だから藤原氏の中の特別なエリートが出現しただけなんですよ。その後、本当に自分は「皇帝」だというように考えたのは後鳥羽[*31]と後醍醐[*32]かもしれませんが、これもやはり勘違いですね。武士階級の対立の中で利用されただけだったわけです。だから両方ともすぐつぶれました。もともと無力だけど特殊な神性があるというのが天皇の特徴なのだから、その原点を離れてはいけないわけです。

長谷川　不比等の構想に合っていれば天皇制は持続し、合っていなければうまくいかない、ということですか。大山説は不比等にこだわりすぎてる気がする。

大山　天皇制というのは、藤原不比等が構想したものだということは何度も説明しましたが、要するに、天皇を神話によって神格化してその権威を利用するというものです。近代の場合、幕藩体制を倒すときにね、薩長たちは京都あるいは朝廷を利用しまくりました。しかも、明治政府になっても天皇を利用し続けるわけです。それに対して、藤原氏は天皇をずっと握り続けました。天皇という存在の利用価値、簡単に言うとブランドなのですね。これを知り抜いている。朝廷の外側から藤原氏を無視して天皇を利用するというのが幕府的発想でしたが、これは、逆に藤原氏から無視されてしまった。武家政権の最終段階で天皇を藤原氏から完全に切り離して把握し直したのが薩長の明治政府ですね。新しく、神というより絶対君主に仕立てて利用したのです。

吉田　近代の天皇の問題ですね。

大山　幕藩体制を倒すときにね、薩長たちは京都あるいは朝廷を利用しまくるわけですよ。しかも明治政府になっても天皇を利用し続けるわけです。おまけに薩長土肥が分裂して自由民権運動が起こったときにも、これをつぶすために天皇を利用する。それは伊藤博文が有名なヨーロッパから岩倉具視に宛てた手紙で書いてるように、ヨーロッパの「王権神授説[*33]」を利用するわけです。国王を絶対的な権力者ということにしちゃえば国民のどんな権利もつぶせるんだという、そういうふうに天皇を利用する。そのときに荒唐無稽ではあるけれど、神話でも何でも

＊30　白河上皇（一〇五三―一一二九）。父は後三条天皇。母は藤原茂子。一〇七二年即位して天皇。一〇八六年の譲位後に、上皇として院政を行なった。

＊31　後鳥羽上皇（一一八〇―一二三九）。父は高倉天皇。母は藤原殖子。院政を行なった。一二二一年北条義時追討の院宣を下して戦いを開始したが、鎌倉幕府の大軍に敗れ、隠岐島に配流された。

＊32　後醍醐天皇（一二八八―一三三九）。父は後宇多天皇。母は藤原忠子。鎌倉幕府倒幕に成功したが、足利高氏（尊氏）と離反。吉野に朝廷を設置し、京都の北朝と吉野の南朝が併存する南北朝時代が始まった。

＊33　王権神授説。王権は神から与えられたものであるとするヨーロッパの政治思想の一つ。フランスの司教・神学者のジャック・ベニーニュ・ボシュエ、イングランドの政治思想家ロバート・フィルマーなどによって唱えられて発展した。

使えるものは使って天皇を絶対化、神格化したわけです。「神聖にして侵すべからず」[*34]ですよね。だから藤原不比等も、伊藤博文も、それからその周辺にいた支配階級も、こんなのは嘘なんだ、フィクションだということはわかってるわけです。あたりまえですよね。天皇を利用するために、そういう神話を作ったのですから。ところが国民に対しては、これは本当の歴史なんだというふうに徹底的に洗脳した。で、いつの日か国民は、天皇は神様だと、気がついたらみな思ってるわけです。

天皇制と日本の文化

大隅　勅撰和歌集など文化というのは全部天皇制ですよね。

大山　歴史的に見ると天皇の役割は、常に文化の中心にいたことですね。

手工業技術だろうと、芸能だろうと、たいてい始まりは聖徳太子にしてしまう。お花は有名だけど、そのほかの芸能も聖徳太子ですよ。社会からあぶれたようなのも、排除されたのも、さまざまな職業の人たちが天皇や皇室と関係がある寺社とつながってくる。皇族の中にも悲劇的な人もいるから利用するのは簡単です。こうして、日本の文化全体が、何もかも天皇制に吸い込まれている。征服王朝とかがあれば、全体がご破算になったかもしれないけど、日本の文化は天皇中心のまま続いてきた。

大隅　結局、奈良時代は、中国の文化を圧倒的に受け入れた。だけど中国語で政治をやっていたわけではない。藤原氏と『万葉集』とのかかわりは少ないですよね。藤原氏の社交は漢詩文です。それが、のちにだんだん変わっていって平安時代になりますが、それは全部、天皇がかかわっていくわけです。

大山　『万葉集』の巻一、巻二は一番最初に雄略天皇の歌があって、巻二では磐之媛の歌がありますけど、それは事実ではないから、それを除けば、一番古いのは舒明の歌になります。ただ、舒明の歌も本人の歌ではなくて、昔から伝えられてきたような国見の儀式的な歌ですから、そうすると本当の最初は斉明とか天智の時代からになります。それもこの二人が自身で詠んだのではなく、額田王《ぬかたのおおきみ》とかそのあたりの家庭教師が詠んだものでしょう。その和歌たるや、ほとんどが『日本書紀』の事件にかかわるもので、有間皇子の事件[*35]、大津皇子の事件[*36]、それから壬申の乱とか、白村江の戦いの際の額田王の熟田津《にきたつ》の歌[*37]とかです。そうだとすると、『万葉集』

＊34　『大日本帝国憲法』第三条に「天皇ハ神聖ニシテ侵スヘカラス」。

＊35　有間皇子の事件。『日本書紀』斉明四年（六五八）十一月条に、有間皇子（六四〇―六五八）は蘇我赤兄にはかられて謀反を企てたが失敗し、藤白坂で「絞」の死刑に処されたと記される。

＊36　大津皇子の事件。大津皇子（六六三―六八六）は、天武天皇の子。六八六年九月に父の天武が亡くなると、一〇月には謀反発覚とされて逮捕され、死を賜った。

＊37　『万葉集』巻一、八「熟田津に船乗りせむと月待てば潮もかなひぬ今は漕ぎ出でな」。

の歌は『日本書紀』のストーリーを追ってあとから作った歌じゃないかという気がしてくるのです。

大隅　『万葉集』の成立は大伴家持《やかもち》*38が中心だとすれば、藤原氏につぶされた連中ですよ。壬申の乱の負け組です。

大山　たしかに、すぐれた文学は藤原氏ではないですね。でも、鎌足のお母さんは大伴氏で、大伴吹負《ふけい》*39とか大伴馬来田ら壬申の乱で活躍した連中と兄弟です。大伴御行や大伴安麻呂《やすまろ》*40と中臣鎌足はいとこです。そういう意味ではつながっていますが、やはり文化というか、人間の機微に触れるような繊細というか屈折した表現は敗者のものでしょうね。ただ、政治的なものもあるわけで、不比等は『万葉集』も『風土記』も含めて、天皇制に即した文化を作ろうとしている。『常陸国風土記』には藤原宇合《うまかい》*41が関与している。それから出雲に関しては、忌部首を利用して出雲大社や「出雲国造神賀詞《いずものくにのみやつこかむよごと》」*42なんかを作っているんですよ。そういう文化事業まで不比等の人脈がかかわっています。そこのところをもっとていねいにこれから調べたいと思ってるんですけどね。

大隅　僕は奈良時代までの和歌の世界というのは藤原氏じゃないような気がしますが。

大山　『万葉集』の巻一と巻二は、『日本書紀』に即したものなんです。『日本書紀』の登場人物の皇族と、鎌足、額田王が中心なんです。歌の内容も『日本書紀』の編纂を補う形になっているように見える。だから、『日本書紀』をもとにして物語作者がストーリーを考えて作った歌なんだろうと思います。

たとえば、大津皇子が伊勢まで行ってお姉さんの大来皇女《おおくのひめみこ》[*43]と会うときの歌があるでしょ。それはその場で考えたとしても書き取る余裕もないでしょう。第一、罪に問われて処刑されるというときに、歌なんて考えてる場合じゃないでしょう。でも、あとから物語作者が『日本書紀』を読んで、その場面を想像して、ここでこういう歌をこの人に詠ませたいというんだったら書けると思う。

そういうふうに作ったものだとすると、『万葉集』の巻一と巻二に大伴氏はわずかです。安麻呂の歌がひとつだけ巻二にありますが、旅人と家持は巻三以後になり、本格的な歌人となる

＊38　大伴家持（七一八？—七八五）。父は旅人。祖父は安麻呂。従三位。中納言。『万葉集』の編纂に重要な役割を果たした人物で作歌も多い。

＊39　大伴吹負（？—六八三）。小吹負、男吹負とも。父は咋子。兄に長徳、馬来田。子に牛養。壬申の乱で大海人皇子方の将軍として活躍した。

＊40　大伴安麻呂（？—七一四）。父は長徳。子に旅人など。壬申の乱では大海人皇子方として活動した。兄の御行の死後、参議となって政界の中枢で活躍した。正三位。大納言。

＊41　藤原宇合（六九四—七三七）。父は不比等。正三位。参議。兄武智麻呂らとともに権力を手にしたが、七三七年大流行した疫瘡（天然痘）に罹って死去した。

＊42　出雲国造神賀詞。新任の出雲の国造が天皇に申し上げる賀詞。『延喜式』にその文章が残る。

＊43　大来皇女（六六一—七〇一）。父は天武、母は大田皇女。大津皇子は同母弟。

と、家持とその周辺の女性たちということになります。その段階では、大伴氏はもう政治権力を失っているから、政治権力を失うと文学に関心を持ち始めるんじゃないですか。

不比等の評価の後世への伝承

長谷川　歌と政治の関係は一筋縄ではいかないと思いますが、それはそれとして大山さんに聞きたいのは、藤原氏の一族やその周辺で不比等がどう扱われたかということです。『愚管抄』を読んで強く印象に残るのは、藤原氏の祖先の天児屋命という神と、天皇家の祖先の神が、ペアになって政治を動かすという話です。慈円[*44]は藤原氏の一族の中で伝わってきたようなことをもとにして書いているところがあって、そこがなかなか面白いと思ったんだけど、いまの大山さんの議論で言う、不比等をこれだけの大きなプロジェクトの主人公にするような話は藤原一族のあいだに伝わってきているんですか。それとも、藤原家の中では不比等の存在というのはそれほど大きくなくて、埋もれた存在だったのか、その辺はどうだったんだろう。不比等がやったということは、上山春平とか大山誠一の議論の中で初めて大きくとりあげられたことなのか、それとも歴史のある時代には、それに近いような議論があったのかということです。

大山　慈円の段階で言うと、おそらく延喜・天暦以後の世界しか認識はないんじゃないの？　知識は多少あったとは思うけども。基本は、醍醐天皇[*45]からあとで。それ以前は伝説の世界ですね。

吉田　さっきの大山さんの話で言うと、始祖は鎌足だというふうに不比等がしたというのが非常に大きいんですかね。

長谷川　鎌足が始祖だという話がそのまま後世にも受け継がれていったと。

大山　鎌足が神格化されたんだから。

吉田　うちは藤原氏の末裔だと言うときに、「不比等から」とは言わないですよね。

大山　言わないね。鎌足が初代です。そういう『日本書紀』のフィクションを、不比等はあらゆるところに張りめぐらせているんだよ。

吉田　『日本書紀』についての僕の理解と大山さんの理解に共通点は多いんです。でも、僕は、持統天皇を大きく評価していて、持統天皇と藤原不比等はコンビを組んでいると思っています。だから二つの家が一つになっていて絡み合いながら進んでいくシステムだと思っています。

こういうのは、家族史の用語で言うと、「父系制」とか「母系制」とか「双系制」という言

＊44　慈円（一一五五―一二二五）。僧。天台座主。父は藤原忠通。兄は九条兼実。『愚管抄』の著者。歌人としても知られ、歌集に『拾玉抄』がある。

＊45　醍醐天皇（八八五―九三〇）。父は宇多天皇。母は藤原胤子。後世、その治世は理想的な時代とされ、村上天皇の治世とともに「延喜天暦の治」と呼ばれるようになった。

葉があるんですけれども、大山さんの天皇理解というのは母系制的な理解だと思うんです。僕は大山さんよりももう少し双系制的に理解していて、藤原氏と天皇家というのはひとつの家で、ちょうどＤＮＡの二重螺旋構造みたいに、二つが絡み合ってひとつを作っていて、二つが一体になっていると思うんです。

大山　僕は、母系制的だとは全然思ってない。藤原氏の権力はもちろん男系ですよね。娘たちは手段として利用されているにすぎない。一方の天皇家の側も、天皇の地位は男系でなきゃだめなんだ。けれど、それを維持するためには藤原氏の娘を媒介にしないといけないわけで、天皇も、それから藤原氏の娘も、両方とも使い捨てなんです。

上山さんの場合は、たしかに持統天皇が十分に有力で、それに藤原不比等がとり入ろうとして、それがうまくいって権力を作っていくというように考えていて、一般の人はそう考えているのだろうけれど、僕は違う。持統も草壁も、不比等の人脈の中で育てられたのだと考えている。

戦後の時代の天皇に対する感覚

長谷川　自分にとっては天皇制はそんなに身近なものではないけれど、体験的にはいろんな場面で天皇や天皇制を意識してきていて、けっして遠いとは言えない。戦後、自分たちが天皇というものとどういうふうに接し、天皇制をどう思ってきたか。田舎にいた少年が戦後になって日本がそれまでのファシズム体制から変わっていったときにどのように考えたかということを、簡単にいくつか言っておこうと思います。

ひとつは、僕は昭和天皇の御真影を開いて儀式をやるというのに参加しているんですね。戦争中、幼稚園児のときに講堂で御真影を開いた儀式があって、そのときに御真影の置かれた場所を何か不思議な場所、特別の場所として意識させられた。それが戦後になって、小学校の二年生か三年生のときに、放課後にね、そこをいたずらでそっと開けてみたら、ガラクタが詰め込んであって、ああーと思った。不思議な何とも言えない変な感じだった。こんなになっているんだと思いました。もうありがたいものは何も、もちろん御真影もなくて。

吉田　それは昭和二一年ぐらいですか？

長谷川　二二年とか二三年とかだったと思います。それから、島根に天皇が巡幸で二二年だか二三年だかに回ってきてるんです。そのときは旗を持たされて、自分の家から延々二キロくらい離れた国道に学校全体で連れていかれた。いまでも覚えているのだけれど、あずき色の車が通ったときに旗を振りなさいと言われた。だけど、車の形や色なんかよくわからないし、通ったのかどうかも知らないままに、まわりが「ワッー」って言うから「ワッー」って言って、万歳なんかも言ったのかなあ。まあ徒労の思いで、遠くまで行って帰ってきたという経験をしているのですね。

小学校の高学年になると、「大日本帝国憲法」と「日本国憲法」の比較がいろいろあって、「万世一系の天皇、これを統治す」[*46]とか、「天皇は神聖にして侵すべからず」というのから、日本国と日本国民の象徴になったとか、また、終戦の次の年の元日には天皇の「人間宣言」があってとか、そういうような話を聞いて、ああ、そういうふうにして変わってきたんだと思い、それこそが民主主義というか、新しい国家イメージだと思いました。

大隅　僕は昭和一四年に小学校に入学して、だから昭和二〇年に国民学校を卒業なんですね。さっき言われた御真影とかは「奉安殿」というところに入ってたんですよね。「教育勅語」を奉安殿から持ってきて、みなの前で読むというようなことも。

長谷川　「教育勅語」の読み上げは記憶にないんです。

大隅　だから奉安殿が戦後、物置になってたと思うのです。もうひとつ、お召し列車というのは見たことはありませんが、新聞には写真が載りました。

長谷川　鉄道はあっても、天皇は列車に乗って前を通ったのではない。僕の住んでいたところは宍道湖の北側で、国鉄は宍道湖の南側を通っていたけど、天皇は列車じゃなくて自動車で来た。それがあずき色の乗用車だという。

大隅　天皇の自動車はあずき色でしたよね。

長谷川　ああ、そうですか。見たことないなあ。あずき色の車って。

大隅　宮内庁の車庫に、歴代の車が並んでいますよ。

長谷川　そういう少年時代の天皇体験の延長線上に大学での天皇制に関する読書体験がある。今日もここに来る前に自分の書棚を眺めながら、あの頃どういうものを読んでいたんだろうと思い出していました。僕は一九五八年に大学入学です。五八年から一〇年くらいのあいだに、天皇制として特に意識して読んだものとしては、丸山眞男『現代政治の思想と行動』[*47]とか、橋川文三の編集した『現代日本思想大系　超国家主義』[*48]があります。橋川編集の本はファシズム時代の右翼的な人間たちが、天皇とか超国家主義、国家を超えるものをどういうふうに考えてきたかということをまとめたもので、もちろん橋川文三が編者ですから非常に批判的ですが、そのときには面白く読んでいるんですよ。それから藤田省三の『天皇制国家の支配原理』[*49]とか。

自分は、大山さんとは全然違うところから天皇制に入ってるから、わざと強調する気持ちもあっていまこういうことを言っているのですが、たとえば、神山茂夫の『天皇制に関する理論的諸問題』[*50]なんていうのも、僕は共産党というのはそんなに近しいとは思っていないんですけ

＊46　「大日本帝国憲法」第一条に「大日本帝国ハ万世一系ノ天皇之ヲ統治ス」。
＊47　丸山眞男『現代政治の思想と行動』上下、未来社、一九五六―五七年。
＊48　橋川文三編集・解説『現代日本思想大系 31　超国家主義』筑摩書房、一九六四年。
＊49　藤田省三『天皇制国家の支配原理』未来社、一九六六年。
＊50　神山茂夫『天皇制に関する理論的諸問題』民主評論社、一九四七年。のち三一書房、一九七〇年再刊。

れども、やっぱり読まなきゃと思って読んでるんです。手元にあったのはずいぶんあとの三一書房のですけど、その前に間違いなく読んでいます。

また、上山春平の『埋もれた巨像』とか、中公新書の『神々の体系』[*51]も読んでいます。戦後民主主義の中で、いつも気持ちは、天皇制に対して警戒しなければいけないぞとか、批判的な位置を持たなきゃとか、こういうものが封建制度につながってるんだというような意識を持っていましたが、それから言うと、上山春平の本はずいぶん違う感じで、冷静にイデオロギー色を払拭して書こうとしているなという印象を持ちました。まあ、学問的な著作といえば言えるかな、と。それは、冷静だからいいというような肯定の感じよりは、ちょっと物足りない感じがしたんだけど、ただ印象にはやっぱり残っています。

結局、そのときも含めて、天皇制というのは一体何が問題なんだろうかということを実際にていねいに調べていくというようなことはなくて、自分はそんなには深入りしてこなかったなと思うんです。『古事記』『日本書紀』の神話そのものが大体もう皇国史観で固めたものだというこことがその頃からさんざん言われてきましたから、そういう虚偽とかだましというのは、基本的に権力構造の中ではどこでもあって、そこから天皇制に切り込む気はしなかった。いまでもたとえば、アメリカがイラクを攻めるときに大量破壊兵器があるなんて言っても、本当はなかったりするようなもので、虚偽やだましは権力機構にはつきものですからね。

ただ、だまされないようにするにはどういうことが必要かということと、それから、だましのテクニックとか、だましの構造とかと、普通の人々がそれを信じるという、その中での絡み合いはどういうふうになっているかというのは大きな問題だといまでも思わないではないのですが。

天皇制の解明と記紀の研究

長谷川　それから、〈万世一系〉とか〈天孫降臨〉といった神話的なものというのをどう考えるかという問題がある。〈万世一系〉について言うと、〈万世一系〉というのは、僕の青少年期のごく普通の田舎暮らしの感覚からすると、田舎が遅れていて前近代的だと言うとき、いつも「家柄」とか、「門地」とか、そういう何か連綿と続いてるような、僕の感じで言うと〈万世一系〉の天皇制につながるような、そういうものに対する強い批判の気持ちがいまでもあるんです。それをいまの議論の中でどういうふうに考えるべきだろうか。大山さんの議論に即しながら、そこのところを改めて考えてみたい。

たとえば天皇は苗字を持たないとか、とんでもなく広い場所に住んでるというような、ごく素朴な違和感というか、まあ、不快感と言ってもいいかな。そういうようなものは自分として

＊51　上山春平『神々の体系――深層文化の試掘』中公新書、一九七二年。

は到底消せそうにないものです。それといまの大山さんの議論とはそんなに簡単につながる話ではないけれど、自分の中にある違和感ないし不快感を失わないようにしながら議論が進めばいいかなと思います。大山天皇制論と自分の天皇制観とはなかなかかみ合わないかもしれないけど、なんとかかみ合うようになればと思う。

吉田　それは学問的に日本史を研究して、大山さんが上山春平説を発展させてこんなことを言ってきたという話と、自分が実際に体験してきたり、戦後、丸山眞男とか橋川文三とかがいろいろ言っていたときの議論や、もっと言うと普通の人々の天皇に対する思いみたいなのとどういう接点があるのかという話ですかね。

長谷川　そういうことですね。接点を見つけるのは難しくて、僕はだから自分の体験にある程度こだわったことしか言えないけどね。

大山　先ほど、長谷川さんが、上山さんの研究についてイデオロギー的ではなく学問的だというふうに言われたのですが、たしかに、古代史の世界に入ってきて、天皇制の成立そのものを真っ正面から論じているのだから学問的と言えばそうですよね。でも、イデオロギー的というのは近代天皇制を批判的に論ずることだけではないと思うのですよ。上山さんのように、天皇制というのはなんなのか、その根拠はなんなのだと問いかけて、ついにそれを神話と見極めて強引に解明しようとする。そういうのもね。具体的には、『日本書紀』の天孫降臨神話についてですが、それは、太古から伝えられたものではなく、藤原不比等が創作したのだと断定している。これはすごいですよ。もちろん、記紀の神話は伝承されたものではなく、宮廷で人為的に作られたものだという理解は戦前の津田左右吉の研究にあったのですが、レベルが違う。津田の研究は時局的には大変な勇気を要したものだったことはたしかですが、それを具体的に展開することはしなかった。上山さんは、やはり、戦争中、人間魚雷に乗せられて死にかけているのですね。それは天皇陛下の命令ですよね。もちろん天皇自身は無関係だろうけども、天皇の命令で死にかけている。だから、天皇制に対して貸し借りがある、ただじゃ済まさないという気があるのではないですか。まあ、イデオロギー以上ですよ。上山さんがここまで天皇制の正体の解明をやってくれて、僕も目が覚めましたよ。

上山さんは、天孫降臨神話ばかりでなく、その背後にある神々の体系まで奥深く踏み込もうとしている。伊勢も出雲もほかの神々も、そういう神々の根底に藤原不比等というか藤原氏の思惑がおよんでいる。それを言っているのですね。ただ、まだ、成功していない。方向性は正しいと思うのだけれど、やはり、記紀を読み込むのは難しい。僕は、これから時間をかけてやるつもりです。ほかにだれもやらないしね。

吉田　要するに、学問的に天皇の歴史を明らかにするはずの日本史研究者もなんらかの理由でそれをやらなかったり、できなかったりしてきたのを全部明らかにするということですね。

大山　どうもね。だれもやらない。できないんだよ。天皇の正体を論ずること自体できないんだよ。左翼と言われる人たちもね。でも、僕は面と向かって剝がしちゃった。上山さんを引き継いでいるわけですよ。もちろん、純粋に、天皇とはなんなのか、いつからいるのか、その由来を知りたいということですよ。別に天皇に個人的なうらみはないですよ。藤原不比等らが、何のために、どうやって天皇制を作ったかですよね。

天皇の「人間宣言」の重要性

大山　また長谷川さんの話で、丸山眞男、橋川文三、神山茂夫らが天皇制に批判的なことを言っていたということですが、戦前のファシズムの時代に対する戦後の風潮ですよね。神山茂夫は共産革命そのものだからちょっと別にしても、問題は、多かれ少なかれ、そうした議論が丸山の一九四六年の衝撃の論文「超国家主義の論理と心理」[*52]から始まったということですよね。

その議論の中身というのは、近代天皇制の上になぜファシズムがあんなに巨大化してしまったのか。なんでばかばかしい天皇の神話に日本国民は洗脳されちゃったのか。その洗脳された理由としては、日本人はまだ「個」として自立していない、自分で考える知性がないんだとか、前近代的な、あるいは共同体的な、講座派的に言えば半封建的な、そういう近代とは違うマイナスイメージを次々と並べていって、それでファシズムにやられちゃったんだと言っていたわけですよ。

ところが、ここで重要なのは、そもそも丸山論文より前の一九四六年の元旦に、天皇が「人間宣言」をしている事実ですよ。「人間宣言」とは何かと言えば、戦前、天皇は自分を神だと思わせていたけども、それは本当は事実ではない。端的に言えば嘘でしたと言っているのです。本来なら、国民のみなさんをだましていてごめんなさいという趣旨の「人間宣言」だったはずなんですよ。

ところが、そこのところを丸山一派は知っているのに問わないんだ。だから、戦後もずっと洗脳から逃れていない、というより洗脳された振りを続けている。天皇は権威と権力の実体そのものだったなんて言ってる。

吉田　それは天皇本人だって、まわりだって、本当は人間だということをみな知っていたけど、天皇が神というのは嘘だとは言えなかっただけなんだと思う。

大山　そこまでは言えなかったということですか。もちろん、戦前だって権力者たちは知ってたんだよ。あたりまえだ。大体、藤原不比等や伊藤博文らはでっち上げた本人だし、あとは彼らの仲間なんだから。もし、天皇の態度が気に食わなかったら天皇を替えちゃえばいいという、そういう言い方はいつでもあったんだ。ところが、庶民はね、困っていたと思うよ。多くの人は信じていたと言っている。実は、信じてると言わなかったらまずいということだけど、そこ

＊52　丸山眞男「超国家主義の論理と心理」『世界』一九四六年五月号。のち『丸山眞男集』三、岩波書店、一九九五年。のち『超国家主義の論理と心理　他八編』岩波文庫、二〇一五年。

まで突き詰めなかった。要するに怖かったのだと思う。戦後になって、あとから考えれば、そりゃ嘘に決まってるだろうとだれもが言うんだけども、でもそうとも思っていなかったのだ。戦後になっても、三島由紀夫や吉本隆明だけじゃない、丸山でさえ天皇が神だという嘘を突き詰めようとしないんだよ。だから本当にはまだ覚めてない。覚める気が足りないということかもしれないけど。要するに、および腰だったのだ。

ところがね、上山春平が偉いのは、正直にこれは嘘なんだと言う。その嘘をだれがどうやって作ったのかというところを丹念にかき分けて調べ始めるわけですよ。そうやって天皇制を構想した藤原不比等の正体に迫ろうとした。〈古代史〉を本気で始めたんだね。丸山たちは〈古代史〉を全然やらなかった。通り一遍に『古事記』を読んだだけなんだね。これじゃわからないよ。上山は戦後否定された神話を、その成立に遡って学問的に問題としている。対して、丸山たちは天皇の「人間宣言」の意味を徹底して考えようとしなかった。みな、洗脳されてたんだと思うね。だから、極論すればね、こうなったのは、結局なりゆきだったとしか言っていない。

せっかく天皇自身が神だというのは嘘でしたと言ってるのに、なぜその嘘を解明して責めようとしないのか。天皇に対してというのではなく、天皇を利用した連中に対してですよね。ここで踏ん張らなければならなかったはずなのに、どうして洗脳から覚めようとしなかったのか。歴史家ではないからでよいのか。こういうことが大事なんですよ。

吉田　僕が天皇制度でイメージしているのは、真ん中に穴があいている座布団とか、ドーナッツで、中心の空白部に天皇がいて、それをとりまくように権力を担う人々がいるというものです。「人間宣言」の話って、それにたとえて言うと、真ん中の穴のところに天皇がいるということを「神」という概念を使って説明したということで、それが『日本書紀』の巻一、巻二の神話のコンセプトなんじゃないかなと思います。天皇自身はもちろん人間だけど。

大山　要するに、『日本書紀』というか、天皇制を作ろうとしたときに不比等らは考えたわけだよ。永続的でなきゃいけない。だれもが納得できるものでないといけない。

そのときに、天照の子孫で、高天原から来た天皇家というものを〈万世一系〉の王家だとした。これだけだと荒唐無稽に見えるけれど、「神」という概念を作る。その神と現実の天皇を〈天孫降臨〉と〈万世一系〉の論理でつなげる。高天原を上とすれば空間的に垂直でもあるけど、同時に時間軸でもあるわけで、これを縦軸とする。

次に、伊勢と出雲を設定する。それまで伊勢と出雲なんて関係はまったくないですよ。だけれど、伊勢にアマテラス、出雲にスサノヲの子のオホナムチ（大国主）をまつる。こういう東西の軸を作って、真ん中に天皇がいる。真ん中の天皇が座標軸の原点ということになる。原点というのはゼロなんですよ。不比等はそのゼロを定めたというのを僕は言いたいわけ。これは、偉大なことなので、ゼロだけど、ここを基準にすべての価値が始まるんだね。

吉田　大山さんのゼロという表現はかっこいいですね（笑）。

古代史研究の歩みと「天皇」の研究

吉田　『日本書紀』はとても重い本で、「歴史」というのは『日本書紀』に書いてあるとされ、天皇というのは神武天皇から始まって、そこから歴代天皇がずっと続いてきたんだとされてきた。それは江戸時代の学者でも本当にそれを信じてたかどうかはよくわからないんですけれど、明治以降の学者は、心の中ではこんなのは絶対に真実ではないと思っていたんじゃないかと思いますけど、でもそういうもんなんだと。

大山　信じるとかなんとかの問題じゃなくて、そうなんだと。要するに思考停止ですね。

吉田　明治国家ができて、明治、大正、昭和前期と続く中で、帝国大学の国史学科の教授たちは国家のイデオロギーを支える役割がありますから、心の中ではこれはだれかが作った作り話だろうと思っても、自分が国定教科書にかかわるようなときには、神武天皇からずっと書いていくわけですよ。そういう書き方しかありえない。

ところが、心の奥底では、いや、でも本当はどうも天智天皇や天武天皇ぐらいから新たな時代になるとしか考えられない。その新たな時代になるというのを「律令制」とか「律令国家」という用語であらわして、まあごまかして表現して、「天皇制」というのは遠い過去から続いてきたなんだかわからないものだけれども、七世紀中頃か末ぐらいに「天皇制」じゃなくって

「律令制」が成立するということで、この国は新しい国家体制に入ったんだという形を説明図式として作り上げたということかなというふうに二〇世紀の学説史をとらえたらどうかなと思うんです。

大山　そのときの天皇はなんなのかですよね。国家のシステムが律令制で運用されているけれど、その「律令」を読んでも天皇ってわからない。というか、天皇の定義ってないよね。

逆に言うと、『日本書紀』が定義というか、根拠なんだ。しかも現実に天皇に会う人なんて、藤原氏のほんの周辺の一部の人だけですからね。大極殿*53で大勢の前に出てくるのは一年に一回、元旦だけ。しかも遠くから見る。侍従とか、あるいは仲間内ですっかり隔離しちゃって。だれも、天皇を知らない。だから、不比等らは神話を流布させようとして、神話の神々を各地にまつったり、『風土記』を作ったりしたのだと思うね。

吉田　僕も『日本書紀』は天皇制度の思想を神話と歴史という形で説明したものだと思います。新しくできたばかりの天皇制度の考え方を明示するために作られた本ですね。

それから、今日の大山さんの話でいうと、日本の君主は、「大王」から「天皇」に変わったということ自体が、研究史的には二〇世紀末ぐらいからようやくきちんと言われ始めて、渡辺

---

*53　大極殿。都城の宮城の正殿。内部に高御座《たかみくら》が設置され、天皇の即位儀礼や正月元日の朝賀などの国家儀礼の場となった。現在、平城宮の大極殿が平城宮址に復元されている。

茂論文[54]と東野治之論文[55]が出て、天皇制度というのは、どうも唐の高宗[56]の「天皇」号の導入から始まったということになった。

大山　天皇号の成立は重要だね。

吉田　中国で君主号としての「天皇」が唐の上元元年（六七四）に始まって、それが日本に取り入れられて日本の天皇号が開始されたと言われるようになりました。でも、まあ、それはまだ天皇制度の成立ではなくて、天皇号の始まりにすぎなかった。

大山　いや、僕が学生のときに井上さん（井上光貞[57]）に、天皇号っていつ成立したのかやりたいと言ったんだ。でも、いや、なかなかわからないよとかいろいろ言われた。金石文を全部ひろっていって、それを全部史料批判すれば答えが出てくる可能性あるけど、ただ「天寿国繡帳[58]」が難しくてなかなかわかんないよって言われたんだ。だから、問題意識はあったけど、聖徳太子という大きな壁があったんだ。

吉田　二〇世紀末になると、天皇号の成立というのは、まあ天武、持統朝のことで間違いなかろうということになり、持統の最初からか、あるいは天武の途中からこの君主号が始まったと確定されたんですが、それを新たな政治制度の始まりだととらえるところまではみな、踏み込めなかった。なんとなく名前が変わった程度という話でずっと来てたのを、やっと二一世紀になって、さてこの変化をどう考えましょうか？　という議論にやっとなってきたという感じですかね。

僕の意見では、「大王」から「天皇」へというのは単なる名称変更ではない。大王から天皇へというのは政治制度の変更であって、つまり天皇制度の開始なんだけど、それは中国の皇帝制度を日本風に変えながら導入するものであると思います。中国の皇帝制度を導入するから、皇帝の住むような都城を作らなければいけない。こうして藤原京や平城京を作る。皇帝制度を導入するんだから銭貨も作らなきゃいけない。「律令」も作らなきゃいけないとなるわけです。

大隅　いまの教科書は天皇の成立を七世紀末で書いているのですか。

吉田　教科書は全体としてはそこまで明確には書かれてませんね。一番多くの高校が使っている山川出版社の『詳説　日本史B』は、天武天皇のところの脚注に、それまでの「大王」に代わってこの頃「天皇」という称号が用いられるようになったと書いてるのは画期的です。でも、

＊54　渡辺茂「古代君主の称号に関する二、三の試論」『史流』八、一九六七年。

＊55　東野治之「天皇号の成立年代について」『続日本紀研究』一四四・一四五、一九六九年。のち『正倉院文書と木簡の研究』塙書房、一九七七年。

＊56　高宗（六二八―六八三）。唐の皇帝。父は太宗。母は長孫無忌の妹の文徳長孫皇后。皇后は武則天。『旧唐書』上元元年八月条に「皇帝称天皇、皇后称天后」とあり、「天皇」と号したことが知られる。

＊57　井上光貞（一九一七―八三）。日本古代史。東京大学教授。国立歴史民俗博物館館長。著書に『井上光貞著作集』全一一巻、岩波書店、一九八五―八六年など。

＊58　天寿国繍帳。中宮寺に伝わる刺繍。銘文があり、そこに「天皇」の語などが見える。国宝。

まだ扱いが小さいし、称号の問題として書いています。五世紀末から六世紀のヤマト政権の君主は「大王」と明記されているから、全体としては「大王から天皇へ」という展開で書かれていて、だから少しずつ教科書も変わってきているとは言えると思います。

それでも高校の教科書はだいぶ変わってるんですけれども、機会があって、このあいだ、小学校の教科書を買ったら、僕が習った頃の小学校の教科書をうんと薄めた形にしていて、「聖徳太子の理想」「聖武天皇、大仏をつくる」「藤原道長と貴族の暮らし」という感じで、高校の教科書と違って非常にオールドファッションな理解がいまでも骨格をなしていて。しかも、ゆとり路線で教える分量を減らしたもんですから隙間だらけで、聖徳太子、聖武天皇、藤原道長というような語り方になっていました。

長谷川　中学の教科書もまあそうだね。

吉田　清水書院の中学の教科書『新中学校　歴史』なんかは、聖徳太子についてのコラムを作ってるんですよね。そこで、聖徳太子についての最近の歴史の研究の進展を紹介しています。それから、山川の『詳説　日本史B』は、「聖徳太子」ではなく、「厩戸王（聖徳太子）」という人名表記で書いていて、肩書も推古天皇の「甥」としています。これは「厩戸王」が太字になっていて、「聖徳太子」は括弧書きで太字になっていません。肩書は、もはや「皇太子」とも「摂政」とも書けないので、「甥」にしてあるのだと思います。「三経義疏」も記述が消えています。それから脚注で法隆寺の再建・非再建論争[*59]が紹介されていて、現在の法隆寺は焼失後の再建だと書かれています。ただ、「憲法十七条」の記述はまだ残っていて、そこはまだ根強いですね。

たしかに大山さんの気持ちになって言えば、何十年もこの業界に身を寄せていても、少しも進みはしない。みな、隠蔽側に回っているじゃないか。自分が初めて聖徳太子を架空の人物だとした[*60]、次は天皇制度のベールを剝ぐぞという気持ちになるのかもしれない。それは、丸山眞男さんとか、戦後の昭和二〇年代、三〇年代ぐらいの空気とは、どうもあんまりリンクしないんですかね。

長谷川　いや、しないというより、僕はリンクできるかもしれないと思いながら、自分の中でまだうまく整理ができていない。

大隅　僕は昭和二〇年に国民学校の卒業ですから一番完成体の軍国主義の教育を受けました。だけどまわりの大人は、あんまりそういうのは信じていなかったと思うんですね。少なくとも僕のまわりでは。僕が入った中学校の先生もね、戦争はもう続ける力がないのだからいずれ負

＊59　法隆寺再建・非再建論争。現在の法隆寺が建立当初のものか、それとも天智朝に一度全焼して再建したものなのかをめぐる論争。喜田貞吉と平子鐸嶺・関野貞らの間で激しい論争が行なわれた。その後、発掘調査によって当初の法隆寺（斑鳩寺）の遺構・遺物が確認され、現在の法隆寺が再建のものであることが確定された。

＊60　大山誠一「「聖徳太子」研究の再検討」『国史研究』一〇〇・一〇一、一九九六年（のち『長屋王家木簡と金石文』吉川弘文館、一九九八年）。『〈聖徳太子〉の誕生』吉川弘文館、一九九九年。

けるということを教室で平気で言うような雰囲気でしたから、そういうショックはあまりなかった。

戦後、新聞ではっきり覚えているのは羽仁五郎《はにごろう》ですね[*61]。ずっと連載していて、天皇の系譜をたどると暴虐きわまりない天皇がいたというような記事がありました。それで初めは興味を持ったのですが、おしまいにはもうあきあきして、違和感を持ったんです。どうしてそういうことを隠してあんな国史の教科書を作ったのかと思いました。中学一年の秋です。

昭和二六年に大学に入ったんですけど、その頃、天皇については、「朕はたらふく食ってる。汝臣民は飢えて死ね」というメーデーのプラカードのような話はしょっちゅう出ていましたが、天皇制自体を議論するのはあんまりなかった。羽仁五郎の弟子にあたる井上清[*62]の本が出てから天皇制の歴史が話題になるようになりました。それより講座派をめぐる議論にみんな関心を持っていて、天皇制の歴史そのものにはあまり関心がなかった。あの頃の僕の世代は皆そうじゃないかという気がします。

大山　僕たちの世代でもね、結局、古代史というと、マルクスの「アジア的生産様式[*63]」というのをどう日本にあてはめるかと。

長谷川　その呪縛は強いよね。

大山　そういう立場と、もうひとつは制度を中国法に遡って、日本の「養老律令」について詳しく、何のためとかそういうことは考えないで、詳しく制度史を調べる。坂本太郎[*64]とかその門下生の時代には、まだ大きな歴史の問題意識があって、それに応じてテーマで考えるというのがあったんだけど、いまみたいにその下請けの時代になっちゃうとさ。もう細分化し、何言ってんの？　というような研究しかなくなっちゃう。ただ、そのあとね、考古学の進歩があって、これが大きかった。考古学に応えられないような歴史学じゃ、みっともない。ということでどんどん発展しましたね、戦後の古代史は。埼玉県の稲荷山古墳の鉄剣の銘文[*65]とか、長屋王家木簡[*66]の発見なんか決定的でしたね。こういう発見があって、古代史研究は飛躍的な発展をしたと思います。僕自身もそうですけどね。稲荷山鉄剣、長屋王家木簡、これを古代史の側からどう読むのか、どう解釈するのか。生の資料ですからね。興奮しましたよ。

＊61　羽仁五郎（一九〇一―八三）。歴史家。日本大学教授。参議院議員。著書に『羽仁五郎歴史論著作集』全四巻、青木書店、一九六七年。『都市の論理』勁草書房、一九六八年など。

＊62　井上清（一九一三―二〇〇一）。日本近代史。女性史。京都大学教授。著書に『日本の歴史』全三巻、岩波新書、一九六三―六六年。『井上清史論集』全四巻。岩波現代文庫。二〇〇三―〇四年など。

＊63　アジア的生産様式。カール・マルクス（一八一八―八三）が『経済学批判』（一八五九）の序文で用いた用語。資本主義の生産様式以前の生産様式の一つ。この用語の解釈をめぐって種々の議論が起こった。

＊64　坂本太郎（一九〇一―八七）。日本古代史。東京大学、國學院大學教授。著書に『大化改新の研究』至文堂、一九三八年。『坂本太郎著作集』全一二巻、吉川弘文館、一九八八―八九年など。

＊65　埼玉県行田市の稲荷山古墳から一九六八年、鉄剣が出土した。その表裏には一一五文字の漢字で記された銘文があり、「大王」「左治天下」などの語が記されていた。国宝。

長谷川　専門外の人間にはそこはわかってない。鉄剣や木簡はマスコミで大きくとりあげられたから、自分でも関心を持ったけど、でもそれがそんなに歴史の理解を大きく揺るがしたとまでは思わなかった。実際に日本史を論じてる人たちは、そこまではっきりわかってたかしらね。

大山　わかってたよ、もちろん。何しろ実物が地中から出てきたんだからびっくりした。だって、それまでは『日本書紀』『古事記』という八世紀に作られたものを見て何世紀も前の時代を論じてたんだからね。

吉田　「戦後古代史研究」という言葉があって、それはたぶん、戦後歴史学の花形分野だったんですよね。井上光貞先生とか岸俊男先生とかがスター学者だったけれども、それより前にも「三王朝交替説[*67]」とか「河内王朝説」とかいろいろな説が出るわけですよ。それは天皇制のベールを剝ぐ、みたいなものがメインテーマだったんだろうと思います。

だから長谷川さんがさっきおっしゃった、御真影のところをのぞいてみたらガラクタだったという話と、戦後古代史ブームというのは、どっかでつながっていたんだろうと思うんです。昭和三〇年代、四〇年代、まあ五〇年代ぐらいまではそうなのかもしれない。

でも、それがある段階で変わっていって、古代史研究は大山さんが言うような下請けみたいな細かい制度史の議論をやるようになって、そういう中で、かつて熱気を持っていた戦後歴史学の古代史ブームは雲散霧消していった。で、困った出版社さんが網野善彦[*68]先生を立てて中世史をやろうとなって、そういう時代がやって来るんですが、これもまもなく雲散霧消してしまうという状況で二一世紀を迎えたのかなといま思ってるんですけども。

大隅　高校のときの友だちで、東京に来て大学に入った数人で、毎月一緒に食事してて、僕はあまり世間のことを知らなかったから、会社員とか官僚とかの話を聞くのも面白いのでいまに至ってるんですけど、その連中は日本歴史といえば古代史にかかわる本ばかり読んでいて。飛鳥時代の政治史や光明皇后と聖武天皇の関係とか、そういうことに興味を持っている。僕は一応職業上、これはどうだって聞かれて、もう毎回閉口しています。古代史人気はとても盛んですよ。

＊66　長屋王家木簡。奈良県奈良市の平城宮址に近接する地から、一九八六―八九年に出土した木簡群。左京三条二坊八坪にあたる地からは「長屋親王宮」と記された木簡などが出土し、長屋王（六七六―七二九）の邸宅址であることが判明した。

＊67　三王朝交替説。一九五二年、早稲田大学教授の水野祐（一九一八―二〇〇〇）が唱えた王朝交替論。〈万世一系〉を否定する学説として注目された。『増訂日本古代王朝史論序説』小宮山書店、一九五四年。

＊68　網野善彦（一九二八―二〇〇四）。日本中世史。神奈川大学教授。著書に『網野善彦著作集』全一九巻、岩波書店、二〇〇七―〇九年など。

「皇国史観」の呪縛

長谷川　僕は小学校や中学校で「皇国史観」という言葉をよく聞いた気がする。おとなの口から神武天皇以下の天皇の名を歴史の授業で全部暗記させられたという話を聞かされ、右翼的な高校教師が神武、綏靖《すいぜい》、安寧、懿徳《いとく》、孝昭……とうれしそうに唱えていました。戦後、天皇制についての話は、基本的にみなだまされて嘘を教えられたというのが基本で、天皇制を論ずること自身がなんか古くさい、右翼的というか、新しい時代に合わないと思われた時期があったような気がします。

いまになってみると、大山さんのような別に右翼でもなんでもないのが新しく「天皇制とは何か」を論じるのは、舞台が大きく一まわりした感じがある。「皇国史観」が否定されて、その後、たとえば石母田正[*69]みたいな古代史のマルクス主義的な研究が出て、そのときには、テーマとして、天皇制というのはときどきは批判的に出てくるけど、基本は社会経済史ですよね。生産力と生産関係とかの話が中心で、それに付随してヤマトタケルの〈英雄時代〉といったものをヨーロッパと比較して論じるというふうになっていった。そこでは、天皇制そのものはテーマとして遠のいていた気がする。

一九六〇年代に中央公論社の〈日本の歴史〉シリーズが出るのですが、その第一巻が井上光貞の『神話から歴史へ』[*70]です。それの月報の対談の相手が丸山眞男だった。そこで、その二人が、戦後になって『古事記』とか『日本書紀』とかいうのは学問的に敬遠されることになって、いま、小中学生、あるいは高校生でも神話は全然知らないということを嘆いてる。それはわかるよね。要するに事実も何も全部水に流しちゃったところがあるんだから。で、井上光貞は割合ていねいに『古事記』や『日本書紀』の神話を扱って書いていて、そこは僕も面白く読んだ。自分で反省してみても、『古事記』や『日本書紀』というのは、そう、おいそれとは手にとりにくかったという印象はある。

似たようなことは、柳田國男なんかについてもあった。僕はなかなか柳田國男の本は手に取れなかった。まあ、折口信夫はちょっと神がかり的なところがあって、そこに引っかかって手にとらないのは不思議じゃないけど、柳田國男なんかもね、なんかちょっと天皇制に親和的というか、日本的というか、そういうものとして、時代の状況の中で敬遠している。あるいは敬遠させられている。自分の戦後のものの見方そのものも時代の波の中で左にゆれ右にゆれしている。

＊69　石母田正（一九一二―八六）。日本中世史・日本古代史。法政大学教授。著書に『石母田正著作集』全一六巻、岩波書店、一九八八―九〇年など。
＊70　井上光貞『日本の歴史 一　神話から歴史へ』中央公論社、一九六五年。のち中公文庫、二〇〇五年。

吉田　その当時の、これちょっと危ないな、みたいな感覚ってあたってるんじゃないですか？　柳田國男の本は民衆の話を書いているようだし、都じゃなくて地方の話を書いているようだし、そういう点で言えば新しい民主主義日本の時代に親和性のあるような話にも受けとめられるけれども、ちょっと待てよと。ここに書いてあるのは、もっと深い日本主義の怖い話が書いてあるんじゃないか、みたいな。あるいは、左翼の先生が天皇制を批判するような本を書いたとしても、そこに書いてある内容は、どこか天皇主義の残滓みたいなものがいっぱい残っていて、それを読むとなんか一見いいような気がするけれども、どっか危なさが残ってるんじゃないか、みたいに当時は思ったんじゃないですか？

長谷川　天皇制の話に戻ると、吉本隆明が天皇制にこだわっていた時期があってね。かれの天皇制は〈万世一系〉のイメージが確固としてあるわけですよ。だって彼は大隅さんと同じ歳ぐらいだから。もうちょっと上ですか。

大隅　吉本隆明は僕より八歳も上です。

長谷川　だから天皇制のイメージにはどっぷりそれにつかっていて、自分はファシスト少年だったとみずから言っている。その天皇制が七世紀あたりで成立したことが言えるとすれば〈万世一系〉の論理はすっ飛んじゃう。そういう形で天皇制は思想の問題としては十分に乗り越えられるという言い方をしきりにする。僕はその筋道がよくわからなかった。なんでこんなこと言うんだろうって。

だけどかれにとって、〈万世一系〉というのが強い呪縛としてあるから、大山さんが言ってるようなところまでいければ、天皇制の呪縛からは学問的に完全に解放されたことになる。

大山　吉本は愛国少年だったと自分でも言ってますよね。天皇制に対してまだ神秘性というのをまともに信じてる。そういう〈万世一系〉の呪縛が吉本なんかにはいかに強かったのか。長谷川さんよりもっと前の人は、ほんとに呪縛がありますね。

吉田　面白い話ですね。やっぱりそうなんですね。小学校の頃に叩き込まれちゃうと、もう、なかなか発想の枠組みみたいなものから自由に飛び立つというのは難しいんですかね。

大山　聖徳太子はいなかったという話のときもそうだったよ。拒絶反応がいきなり来る。そこから始まる。だから、わかってもらうのに一〇年ぐらいはかかるんだよ。

長谷川　そういうことだよね。逆に、それはまあ当然かもしれない。自分のと違う説をさっさと受け入れるんじゃ、どうしようもないでしょ、いまでも大山説はそれが定説という話ではないわけでしょ？

吉田　ないですね。何しろ日本史の教科書に、日本がいつ始まったとか、天皇がいつ始まったとかほとんど書いてないですよ。それはアメリカの歴史とかフランスの歴史なんかとは全然違うので、なんとなく縄文時代から日本があったみたいな書き方になっています。なんとなくずっと昔から天皇はいたんだろうけれど、いまの段階では天武天皇ぐらいに「大王」から「天皇」に称号が変わったようだ、というのがようやく高校の教科書に載るようになった。

大隅　さっき長谷川さんのお話を伺ったけど、天皇の巡幸というのがあって、九州に天皇が来たんですよ。僕も国体の競技場として作られた広場に行きました。そのときに社会科の先生が、「みな、天ちゃんを見に行ったか」って言ったのです。そうしたら、それを聞いて学校に文句を言った親がいて、その先生は辞めさせられたんです。面白い授業をする先生だったんだけど。割合言ってる人はいましたね。

長谷川　「天ちゃん」という言葉は僕は自分ではあまり使わなかったけど、割合言ってる人はいましたね。

吉田　僕が高校生とか大学生の頃、天皇の問題を扱った本を見ると、〈内なる天皇制〉みたいな用語が流行っていたんですよ。僕には〈内なる天皇制〉ってよくわからない概念で、それがよくわからない世代なんですけど、さっき聞いた吉本隆明の話だと、やっぱり心の中に呪縛としてあったのを指しているんですかね。

長谷川　僕の田舎は割合保守的だったから、テレビに天皇が出てくると、こうやって正座して。まわりで寝っころがって見てると怒られる。

吉田　でも、その根本を分析的に考えると、〈万世一系〉とか、〈天孫降臨〉とか、神からつながっていて、属性として神みたいなところがありますよというところがあるんですよね。

長谷川　だから神格化というか、特別な存在というか、それがどの程度残ってるのか。自然に正座になるということは、それなりの呪縛ですよね。戦争中に、天皇陛下万歳と言って死んでいったという話をよく聞きますが、命を投げ捨てる上で天皇が一つの手掛かりになるというのもありうる話ですよね。

『きけ　わだつみのこえ』[*71]の会なんかでも、天皇に対して憎悪に近い感覚を持ってるという文章を僕は何度も読んだことがあって、天皇がどの程度神格化されていたのかということは、天皇を読み解く上では一つの大きな課題になるかなと思います。

吉田　だから〈内なる天皇制〉みたいな話をする人は結構素直で、まじめで、呪縛されたわけですよね。だけれども、戦前に活躍した先生で、神武天皇以後の歴史を熱心に説いたような人でも、心の中ではほんとは信じていなかった人もたくさんいるんじゃないかという気がするんですけど、どうですか。学者であればあるほど。

大隅　おとなは信用できないと僕らは思ったんですね。新しい憲法が出たときに、象徴天皇というのを説明するためにね、大山さんが言ったようなことを一生懸命説明した歴史家や法律学者はいました。天皇に実権はなかったと。

大山　「不執政」というやつですね。

＊71　日本戰歿學生手記編集委員會編『きけ　わだつみのこえ──日本戰歿學生の手記』東京大学協同組合出版部、一九四九年。この書の刊行を契機に日本戦没学生記念会が結成された。

「皇国史観」の論法

大隅　肇国のことは、歴史の話でいくら詮索したって、それは歴史の事実の問題としてはわかりっこない。信ずる以外にない。信じることによって日本人になるのだというのです。
長谷川　それはそれで断乎とした回答ですね（笑）。
吉田　平泉《ひらいずみ》澄《きよし》[*72]先生の話ですね。
大隅　教室であなたはいつ生まれたのですかって聞いて、学生が何年何月何日に生まれましたと答えると、どうしてそれがわかりますか？　戸籍に書いてあります。戸籍に書いてあるものがどうして本当ですか？　母親が言いました。母親が言ったのがどうして本当ですか？　真実ですか？　失礼だけど、あなたはお父さんとお母さんの子どもであるという証拠はありますか？　だけどわたしが質問したとき、あなたは迷わず何年何月何日に生まれ、親はだれだ、と言ったでしょう。それはあなたがそれを信じてるからですと。信じることによって、あなたはご両親のお子さんとなっているのです。教室でそう言ったというんですよね。
吉田　秀才ですね、やっぱり。パーフェクトな論理（笑）。
大山　そんな話するの？
大隅　先生が教室でそう言ったというのは先輩から聞きました。「史学史ノート」[*73]という文にそのことを書きました。

大山　ばかばかしい話じゃないですか。

大隅　いや、だから『日本書紀』の記述が間違っているとか言ったって、それは間違っているかもしれないんだけどたしかめようがないじゃないですか。神武天皇の即位なんていうのはね。

吉田　いま、もし平泉澄先生がご存命で、大山さんの発表を聞かれたら、「そうかもしれない。でも、そうでないかもしれない。証明不能である。しかしわたしは信じる」と言って帰るような気がしますけど（笑）。

大隅　いまだにそういう人、たくさんいますからね。戦後の歴史教育というのは、何十年もたったんだろうけど、でもどうなんですか。変わってないですよ。足利尊氏は逆賊だって思い込んでいる人がいて、学校で戦後の歴史教育を受けても、それは別の話。

吉田　やっぱり子どもの頃に叩き込まれると、心の中の規範になって、呪縛と化すんですね。

＊72　平泉澄（一八九五―一九八四）。日本中世史。東京帝国大学教授。著書に『中世に於ける精神生活』至文堂、一九二六年。『中世に於ける社寺と社会との関係』至文堂、一九二六年など。

＊73　大隅和雄「史学史ノート」のち「日本の歴史学における『学』」と改題して『中世思想史への構想――歴史・文学・宗教』名著刊行会、一九八四年。

歴史叙述の変化はあったのか

吉田　さっきの長谷川さんの話だと、一九四五年を境にして、その境目を生きた小学生は、その前と後でどうも時代が変わったようだと感じた。いままで拝んでいたものはガラクタだったみたいだし、教室に行けば「大日本帝国憲法」と「日本国憲法」はこんなに違うんだと言われた。その実感がすごく原体験としてあるんですね。

　僕はそういう原体験はないんですけれども、戦前の歴史学と戦後の歴史学を調べてみると、もちろんたくさん変わってますし、新たな研究がいっぱい出てきているんですけれども、教科書を調べたり、あるいはいくつかの出版社が出している〈日本の歴史〉シリーズなんかを見ても、変わったところもあるんですけれども、大筋、大して変わってないなって思います。

大山　変わってないね。進歩してないというか。いまのものは蘇我入鹿は悪者だという感情論は書かれないけど、でもほとんど事実の過程を『日本書紀』をもとにして書くわけですから、書いてあることは昔もいまも同じだね。

吉田　そう、同じなんです。

大山　それはだから、『神皇正統記』[*74]とか、新井白石[*75]とか、あるいはもうちょっと読み物としてできてる通史みたいなものがそのまま教科書になってるんだよ。

吉田　昔はものすごい秀才が歴史の先生になったので、その人たちの格調高い日本語で書かれた歴史の本とか教科書は大変立派です。それを読んでみると、たとえば三上参次[*76]先生の国風文化のところの説明と、いまの山川の教科書の「国風文化」の説明はまったく一緒で、そこに出てくるのも菅原道真による遣唐使の停止とか、本当は実在かどうかもわからない、つまり作品が一つも残ってない巨勢金岡《こせのかなおか》の大和絵とか、小野道風の和様の書に、仮名の成立と和歌の隆盛と、浄土教の展開ともうまったく同じです。いまの山川の教科書は、一〇〇年前の三上先生の講義録とまったく同じことを「国風文化」のところで書いています（笑）。

大隅　それとは別にね、名所旧跡を一回旅行したら、もう歴史教育なんか皆ふっ飛んでしまうわけですよ。ずっと解説聞いてまわったらね。南朝の忠臣をまつった神社なんかにお参りして、くわしい解説聞いたりすれば、全部戦前と変わってない。修学旅行でまわるときのまわる場所の選び方とかね。

＊74　『神皇正統記』。北畠親房（一二九三―一三五四）の著作。歴史書。一三三九年成立。序論、神代に続き、神武天皇から後村上天皇までの歴代天皇の事績を記す。

＊75　新井白石（一六五七―一七二五）。政治家、学者。『読史余論』は一七一二年成立。将軍徳川家宣のために執筆。摂関政治から豊臣秀吉の天下統一までの歴史を記す。

＊76　三上参次（一八六五―一九三九）。日本史。東京帝国大学教授。貴族院議員。東京帝国大学での講義録は『国史概説』冨山房、一九四三年。

安井　そうですよね、京都、奈良とかね。

吉田　大隅さんが以前授業でされていた話で忘れられないのは、歴史というのは、いくら古文書の束を積んでもなかなかうまく書けない。だから、結局いまでも、中央公論社の〈日本の歴史〉シリーズから始まるさまざまな概説書では、古いところは『日本書紀』の現代語訳で、そのあと「六国史」の現代語訳があって、『大鏡』の現代語訳があって、『吾妻鏡』の現代語訳があってというようにして歴史の骨格ができているって、言っていましたよね。

戦後は、『日本書紀』の初めの方の神武天皇から聖徳太子の前くらいまではやめようということになったので、そこは教科書から消えました。代わりに、縄文時代と弥生時代と古墳時代、また「相沢青年」と呼ばれた相沢忠洋[*77]さんが岩宿遺跡を発見したので、これがアマテラスの代わりということで教科書に載るわけですよ。だけれども、あとはあんまり変わってないような気がしますね。

大隅　『『史書』の読みかた[*78]』という文章に書いたことですけど、戦後の歴史研究の成果を概説の中にとり入れようとすると、古来の歴史物語の中に、「実は、この頃、東北の農村では……」とか、「実は、この頃関東では……」とかいうような形で組み込むことになっていて、古文書による研究の活かし方はそういうところしかない。古文書で歴史のストーリーを作ったわけじゃないんですね。

大山　それ以外に通史なんて書けないもんね。古文書をいくら積んでも歴史は書けないというのはそりゃそうだよな。

吉田　結局、骨格になるのは典籍、それから文学になりますね。

大隅　だから荘園のことをいくら実証的に研究しても、通史の中では「実は」という話にしかならない。

吉田　最近の教科書には、奈良時代のところで、実は愛知県の篠島と日間賀島から「贄《にえ》」[*79]を都に届けたときの木簡が平城京から出ていますというのが大きな写真入りで載っていて、実はこうでした、こういうこともありましたというのはあります。けれども、骨格は相変わらず「大宝律令」と「養老律令」と、あとは『続日本紀』[*80]の現代語訳みたいなもので立てられています。

安井　ストーリーの骨格は変わらない。

＊77　相沢忠洋（一九二六―八九）。考古学。一九四六年頃、群馬県新田郡笠懸村（現みどり市）阿左美岩宿の関東ローム層の中から打製石器を発見、旧石器時代の存在を証明した。

＊78　大隅和雄「『史書』の読みかた」『中世思想史への構想――歴史・文学・宗教』前掲。

＊79　贄。古代の租税の一つ。律令に規定されない律令外の租税。魚介類・海藻類などの食料品などが特定地域の集団から朝廷に貢納された。木簡の出土により、その実態が解明されつつある。

＊80　『続日本紀』。全四〇巻。菅野真道ら編。七九七年成立。歴史書。「六国史」の二番目で、『日本書紀』に続く国史。文武天皇元年（六九七）から桓武天皇の延暦一〇年（七九一）までを漢文・編年体で記す。

第Ⅱ章　思想における「日本的なるもの」

思想における「日本的なるもの」をめぐって

長谷川　宏

わたしは序章の論考「西洋の近代思想と日本思想史」において、内と外、固有なるものと外来のものが強く意識されることが日本思想ないし日本思想史の大きな特質だと述べ、合わせて、この区別の上に立って「日本的なるもの」を探究するのはいまなお思想的な有効性をもちうるだろうとの考えを示した。内と外、固有のものと外来のものという対立図式にこだわりすぎるのは問題だが、日本の思想や文化のなかに異質の二つのものが同居し、二つのものの対立・葛藤と混合・融和が思想のドラマの重要な軸をなすことは認めていいことだろうと思ったのだった。

この稿では、一九六四年から六七年にかけておこなわれた丸山眞男の「日本政治思想史」の講義（『丸山眞男講義録』の第四冊、第五冊、第六冊、第七冊）を批判的に検討するなかで、「日本的なるもの」のありかたを考えてみたい。

1

講義のなかで、日本的なるものは日本人の思考様式の「原型」と名づけられる（のちに「原型」は「古層」とか「執拗低音」とかとも呼ばれる）。「原型」は『古事記』『日本書紀』を中心とする古代の文献から抽出される。抽出は以下のような方法による。

一種の消去法により、儒教・仏教など、明らかに後になって大陸から流れこんだ語法や諸観念を除去し、また後に「神道」といわれるものの諸観念と民間伝承の諸観念を照合させてゆくと、そこに持続的なものとして、高度に抽象的な世界像としての儒仏とは異った思考様式・価値意識を認めることができる。これを再構成して一つの仮説として立てたものが、ここでいう「原型」である。

（『議義録〔第七冊〕』五〇頁）

この復元の方法からして、「原型」が外来の文化や思想の到来以前からある古いものと考えられているのは明らかだが、それと並んで丸山眞男が強調するのは、「原型」が二〇世紀の現在（丸山眞男は一九九六年に亡くなっているから二一世紀の現在とは言わないでおく）に至るまで日本人の思考様式のうちに生きつづけ、陰に陽に日本人の思考を掣肘《せいちゅう》し統御していることだ。実際、古代から江戸期に至る政治思想の変遷を語る丸山眞男の講義は、一つ一つの政治思想の特質を明らかにするものであるとともに、その政治思想が「原型」にどう掣肘され統御され、その掣肘と統御をどう踏みこえていくかを語るものであった。

さて、抽出される日本人の思考様式の「原型」とはどのようなものか。講義の年度によって語りかたや重点の置きかたにちがいがあるが、いま、比較的まとまりのよい〔第六冊〕によって見ていくと、そこでは「原型」の特色として三つのことが挙げられる。

一つが「集団的功利主義」と名づけられる思考様式だ。

自己の所属する共同体にとって外から利福をもたらすものが善、災厄をもたらすものが悪という考え方。つまり特定共同体への禍福を基準に善と悪を判断する。個人が基準ではない。功利主義というのは本来、一切の事物や権威を個人の幸福という基準で裁く、きわめて主体的な個人主義だが、ここでは集団への奉仕から離れた個人的利益の追求は、まさにこの特殊な「功利主義」のゆえに厳に排斥される。……特定集団にとっての相対的な功利が善悪の基準とされ、特定共同体を超えた絶対的倫理規準がない。（二九頁）

思考様式の「原型」の二つ目の特色が「心情の純粋主義」と名づけられるものだ。キヨキココロ（清心）、アカキココロ（明心）をよしとし、キタナキココロ（邪心）、クロキココロ（黒心）

をよからずとする思考様式だ。

災厄をもたらすものを人間の心に内面化し、その動機を問題にする。上の言葉〔キヨキココロなど＝長谷川注〕はいずれも心情の純粋性を問題にしたものである。これは客観的倫理規範としては定義できず、動機がキヨイほどよいとされる。この価値基準からすれば、客観的規範に違反しても純粋な心情に出る行動は高く評価され、行動効果を考慮したものはズルイという評価をうける。

（二九―三〇頁）

右の二つに続く三つ目が「生成・活動・作用それ自体の神化」と呼ばれるものだ。のちの論文「歴史意識の「古層」」において宇宙創成ないし世界のありさまを「つぎつぎになりゆくいきほひ」としてとらえる世界観と定式化される思考様式に通じるものだ。絶対的なるものを明確な形のある実体として崇拝するというより、自然をも社会をもふくんだ世界の動きや働きそれ自体を神聖視するものの見かたである。そこでは、当然ながら、生成と生殖が死滅を超える勢いをもつとされる。

生成と生殖は、自然的時間の流れにおいて起り、それが死滅に優位するということは、いいかえれば、自然的時間の流れ、その傾向性についてのオプティミズムということになる。自然的時間の経過において万物が生成活動する世界は、……まさに「成りゆく」の世界である。
……なりゆく＝ますます生命が増殖するというオプティミズムが伴うから、「世の中のなりゆき」が一時的には不利に見えても、基本的には肯定され、なりゆきに任せる態度への傾斜が生れる。この自然的時間の中に具わる momentum〔本質的要素＝長谷川注〕が……「勢」である。勢がいい人間、元気な人間というような場合には、いきおいは人間精神に内面化され、内から外への発露として主体的にとらえられるが、……時勢・情勢・世界の大勢というような発想において、世の中のなりゆきへの追随としても現われる……。人間にも事物にも、世の中にも「いきおい」の自然的な傾斜があるというわけである。

（三三—三四頁）

以上の三つ——集団的功利主義、心情の純粋主義、なりゆきに任せるオプティミズム——は、たがいに対立・矛盾する面をも孕んでいて、寄り添って統一的な世界像を作り上げるとは簡単にはいえないけれども、引用した丸山眞男の文言の語り口からして、右の三つを基本とする原型的思考様式が、西洋近代思想の土台をなす個人主義と普遍主義から遠く離れたところにあることは容易に推察できる。
西洋近代思想と日本的思考様式——その対比は、いうまでもなく、一九四五年の敗戦直後に書かれた丸山眞男の日本ファシズム論の基本的な枠組をなすものだった。明治以降の日本の近代化の動きのなかでも西洋近代思想の根幹をなす個人主義と普遍主義は社会に根づくことがなく、それが無責任なファシズム体制を生み、無謀な戦争を引き起こした。敗戦のいまこそ、真の近代社会を実現する絶好の機会である。――『現代政治の思想と行動』に収められた論稿はそういう信念のもとに書きつづられたものだった。

そのファシズム体制下で、上層の支配者から下層の庶民に至るまで広く人びとの習い性となっていた思考様式を、敗戦後二〇年経った日本政治思想史の講義で、丸山眞男は、古代から日本人の心に底流する根強い「原型」として改めて定式化してみせた。講義録の原型論はそのように理解することができる。

敗戦の一九四五年から講義で「原型」論が鮮明に提示される一九六四年までの二〇年間は、「原型」的な思考様式の克服という点では実り多い時期とはいえなかった。丸山眞男にとっても、日本における近代思想の定着のむずかしさを思い知らされる時期だったにちがいない。その経験を踏まえて、「原型」的な思考様式の支配力の大きさを古代から中世を経て近代に至る長い歴史のなかで検討する。このときの日本政治思想史の講義はそのような意味合いももっていたかもしれない。

2

このような「原型」が本当に原型といえるかどうかは大きな問題だが、それについてはのちに考えるとして、その前に「原型」と対立するようにして歴史上に生じてきた思考ないし思想がどのような形を取ってあらわれ、どのように「原型」とかかわるのかを見ておきたい。取り上げるのは、鎌倉新仏教と武士のエートスとキリシタン信仰の三つである。

鎌倉新仏教の代表的思想家として丸山眞男は親鸞と道元と日蓮の三人に注目する。三人に共通するのは世俗的価値を超えた信仰の徹底性・純粋性だとされる。

たとえば、親鸞の還俗と妻帯は一見して世俗的価値との妥協と見えるがそうではないという。

> 親鸞の還俗と妻帯は自らの罪業の自覚と結びついており、……俗的世間と俗的生活の自然的肯定を意味するものではなかった。そこから、非僧非俗という特殊の二重否定における自己規定が生れてくる。内面化され徹底した煩悩凡夫の愚禿の自覚は、この二重否定に根ざしており、その底からして、新たな次元での求道の不断に日常化された実践へのDrang〔衝動〕が生れるのである。
>
> （『講義録〔第四冊〕』二三九頁）

「原型」との対比でいえば、親鸞のこうした生きかたは集団的功利主義をはるかに踏みこえておのれの内面を見つめ、信仰の普遍性に生きようとしたものとされる。

価値の顚倒によって、世間的価値の否定はもとより、僧職階層制、いな僧俗の別の否定を通じて、罪業感を媒介とするあらゆる人間の平等が宣言される。ラジカルに人間存在の bottom〔底〕へ下りていき、そこから救済を基礎づける。どん底の危機意識（本質的に、浄土希求と穢土厭離の越ゆべからざる断絶があり、しかも時代的には末法五濁の悪世である）。「世間」時代相としても、人間個人のレヴェルでも、絶望のドン底からのよみがえりとして救済がとらえられる。（同右、二四〇頁）

親鸞の思想のドラマが世間との、社会との、外界との、思想のドラマであるとともに、内面の思想のドラマでもあることを見事にとらえた一節だが、右にいう「絶望のドン底」から他者との連帯意識——万人救済の連帯意識——が生まれる。

それは自然的所与としての特殊な人間関係をいったん断ち切ることから逆説的に生れた連帯感であるから、「開かれた」連帯感として、無限に自己から世間へと拡がってゆくダイナミズムをもつ。

……

派閥や閉鎖的な教壇の発想と対蹠的に、僧俗の特権的区別はすべて抹殺される（Universal Priesthood〔万人司祭制〕）。

……

親鸞は〝弟子〟と呼ばず、彼にしたがう浄土信仰の小集団の人々を、「同朋」または「同行」と呼んだ。……

世間の否定としての出世間の否定、「出家」思想の否定、否定の否定としての在家。

（同右、二四一―二四二頁）

非僧非俗の立場を堅持した親鸞は流罪で越後の地にあったときも、その後、常陸に移り住んだときも、晩年に京都に帰ってきたときも、身のまわりの人びとと上下の別なき横のつながりをもとうとした。そうした親鸞のすがたに丸山眞男は近代思想を生きる人の面影を見ている。政治思想史という文脈からすれば、その生きかたに格別の政治的意義は認められなかったが、「原型」的思考様式からの突出という点でその思想と行動は特筆に値するものと考えられた。

親鸞からやや遅れてあらわれた道元は、自力信仰というその立場からすると他力信仰の親鸞とは真向から対立するが、丸山眞男はこの二人について、「基底にひそむ根本的動機づけとそこから打ち出される宗教行動に着目すると、むしろ驚くほど両者の間には逆方向からの一致が見出される」（同右、二五六頁）とし、「そこに新仏教が共通に担った精神革命的な課題が顕著に浮び出てくる」（同）と考える。

おのれを捨て去って阿弥陀仏の慈悲にすがる親鸞の道と、坐禅に打ちこむことによって身心を放下し、全宇宙と一体化することをめざす道元の道は、その信仰の峻厳さにおいて内面的に一致するとされるが、少しく具体的な共通点としては以下の三つが指摘される。

一、雑信の否定、雑行の排除（信仰の純粋化と宗教行動の単純化・集中化）

二、世俗価値の顚倒

三、権力への依存の峻厳な拒否。宗教の自立、仏法の王法からの完全独立

この三つが「原型」的思考様式からの離反を意味することは、一、二、三の対極をなす「雑信の肯定、雑行の許容」および「世俗価値との和解」および「権力への依存」が「原型」的思考様式の延長線上にある心の構えであり、ふるまいであることからも納得できる。親鸞と道元の共通性に目を据えた議論は、次のことばで結ばれる。

こうして親鸞と道元は、在家と出家と、専修念仏と坐禅精神と、まったく異った救済手段の提示を通じて、既成仏教における王法依存と王法からの消極的隠遁の alternative〔二者択一〕を止揚し、人間の内面的尊厳の自覚を呼びおこしたのである。高度の救済宗教を

媒介とする「原型」からの質的な飛躍は、仏教輸入以来七〇〇年以上を経たこの段階ではじめて開花したといっていい。（同右、二五九―二六〇頁）

質的な飛躍が七〇〇年以上経って初めて開花したというのは驚くべきことだが、丸山眞男は驚いているようには見えないし、理由を追尋してもいない。暗に、「原型」的思考様式の呪縛がそれほどに強いと考えていたのだろうか。

親鸞、道元と並ぶ新仏教の開拓者日蓮については、その出自や政治的性格に独特のものがありはするものの、思想史上の新しさという点では親鸞、道元に重なる面が大きいから、いまは省略する。

では、親鸞や道元や日蓮によって「原型」からの質的飛躍を遂げた鎌倉新仏教は、それ以後どのような思想的過程をたどるのか。その大筋を丸山眞男は次のように整理する。

鎌倉新宗教に見られた宗教行動の革新は、それぞれの宗派が教団として発展していくにしたがって、……世俗的行動様式に翻訳され、とくに公家よりも武士層と農民層の日常行動に影響を及ぼしていくのであるが、他方、宗派自体の社会的な存在形態は、……多少とも開祖の精神から遠ざかってゆき、その限りにおいて原型の制約がふたたび表面化し、旧仏教のあり方とは同じでないにしても、それとの連続面を濃くしていくことを避けられな

かった。（同右、二七一頁）

「原型」の制約を示す事実として以下の五つの点が指摘される。

一、呪術的傾向の再浸透
二、神仏習合、祖霊・地霊信仰との抱合、教義上のシンクレティズム〔習合〕の傾向
三、教団組織の特権的・宗派的な性格の再現
四、王法（俗権）との再癒着
五、聖価値の審美的価値への埋没

こうした傾向が極まったところに生まれたのが、江戸時代に至って、旧仏教をもふくめた仏教各派が幕藩体制に政治的に組みこまれ、体制宗教として生きていくすがただった。

3

鎌倉新仏教についで、「原型」的思考様式を踏みこえるものとして日本思想史上に登場するのが、「武士のエートス」と名づけられる思想だ。一九六五年度の講義（『講義録〔第五冊〕』）の

大半が「武士のエートス」の解明に当てられている。ここでは「武士のエートス」の法的表現たる御成敗式目を中心に、丸山眞男のいう武士のエートスの思想的特質を見ていく。

> 式目の制定は、「貴種」源氏将軍のカリスマの時代が終って、武士団の特殊な構造の自覚の上に、幕府体制が築かれたことの表現である。……ここで評定衆の合議制が定められたのも、そのことに関連する。そこに一種の共和制的性格をもちえた。執権には鎌倉将軍のカリスマがなかったから、rule of law となったということもいえよう。
>
> したがって武士のエートスの法的合理化である御成敗式目の制定は、権力の一方的強制でなく、むしろ幕府権力の支柱であった在地御家人の相互対等性を基盤として、その既得権を擁護し、しかもダイナミックに動く実力関係のなかに平衡点を探しもとめて一般原則へと昇華した点に基本的特色がある。律令のような整然とした体系性はもたないが、あくまで武士の動的な生活事実のなかに根を下ろしたプラクティカルな法規であったからこそ、律令や明治以後の法典整備のような、外国法を継受した天降り立法に対して、法制史的にのみならず、思想史的にユニークな意味をもった。（『講義録〔第五冊〕』一一九―一二〇頁）

この論稿の冒頭でわたしは、日本思想史における内と外、固有のものと外来のものの区別と対立に言及した。丸山眞男の日本政治思想史の講義でもその区別と対立は当然のごとくに踏まえられ、内なる〈固有なる〉思考様式の「原型」にたいし、普遍度の高い外来の理念ないし思想がこれと対立し、これに揺さぶりをかけるというのが日本思想史の一般的図式として考えられている。鎌倉新仏教でいえば、「原型」的信仰形態や「原型」的思考に大きく侵蝕された旧仏教の宗教形態に、危機的状況のもと新たにとらえなおされた仏教の普遍的理念と純粋な行動形態が対立するという図式だ。

しかし、武士のエートスに限っては一般的図式がそのまま通用しない。武士のエートスは生成の過程からしても現実の働きからしても外来のものとは到底いえないからだ。集団的功利主義と心情の純粋主義と勢いに乗るオプティミズムの三つを基軸とする「原型」に、外来の普遍的な観念や原理が対立するのではなく、「原型」と土壌を同じくする内なるもの、固有のものが「原型」と対立するものとして登場してきているのだ。日本思想史を追跡する丸山眞男の目は時代の内側へと深く入りこんでいかざるをえない。

貞永式目〔御成敗式目＝長谷川注〕制定期は、驚くほど、……市民法的考え方によって全体の法思想が浸透されていた時代であった。そこには法の精神の水平的構造が存在した。鎌倉時代の訴訟制度、とくに所領関係の訴訟〈所務沙汰〉と裁判手続きは「権利保護の方面において、日本法制史上他に比類を見ないほどの発達を示して居る」といわれる。……御家人の主体性を基礎とした積み上げ方式であり、訴権を中心として、御家人の権利保護

手続きが明確化された。　　　　　　　　　　　　　　　　（同右、一二一頁）

法の精神の水平的構造の存在を端的に示すものとして「道理」ということばがあるが、式目を定めた北条泰時をはじめ、裁判にかかわる評定衆は「道理」の実現に力を傾けたし、その努力は鎌倉武士たちの共同の思いの上に立つものだった。御成敗式目の末尾に付された起請文に「……およそ評定の間、理非においては親疎あるべからず、好悪あるべからず。ただ道理の推すところ、心中の存知、傍輩を憚らず、権門を恐れず、詞を出すべきなり。……」とあるのをつかまえて、丸山眞男は次のようにいう。

……

このように、上下の勢力関係、自然的感情的距離（親疎）によって裁判が左右されないことが「道理」であるという精神から、周到な注意が払われ、評定衆（裁判官）の決定は多数決により、またそこで裁判官が意見を述べる順番はくじ引きで決められた。

道理はまさに武家政権を今日まで盛り立ててきたエネルギーであり、執権勢力の主体的な担い手である御家人の現実生活に内在するコモン・センスなのであり、……

要するに式目は、在地領主としての武士の「権利のための闘争」のエネルギーを前提として、そこから生ずる紛争の合理的解決を図ったものであった。……御成敗式目における道理は、全くの抽象的理念ではなく、武士の闘争エネルギーをそもその前提として、武士のエートスを法的に合理化したものであったといえよう。（同右、一二七─一三三頁）

摂関政治や院政の時代から土地をめぐる争いは各地で起こり、武力衝突が避けられなくなって、農民のあいだにも大小の武士団が形成される。鎌倉幕府は、そういう武士団の有力者を御家人として配下に置くことによって大勢力となったのだが、武士団と農民のエネルギーを活かすには、かれらの共同の精神（エートス）に添いつつ、かれらのなによりの願い──土地の安堵──をかなえねばならなかった。前提として土地をめぐる争いがあり闘争のエネルギーがあり、その現実のなかで共同の精神（エートス）が育まれ、そのエートスの法的・思想的表現として「道理」ということば（観念）が生まれる。

同じく「原型」的思考様式を超える思想だとしても、鎌倉武士の「道理」は鎌倉新仏教の普遍思想とは成立の道筋の大きく異なるものであった。

4

「原型」への対抗思想として最後に見ておきたいのがキリシタン信仰だ。室町時代末から安土・桃山時代を経て江戸時代初期の鎖国までのあいだに、西日本に大きな広がりを見せた外来宗教の信仰のさまは、『講義録〔第六冊〕』でくわしく論じられる。要点を摘記する。

まずは、時代状況から。

> 急激なキリシタン布教の拡大成功の秘密はなにか。この活動が日本の全般的ケイオス〔混沌〕の只中で行われたことが重要。……
>
> 皇室・公家・大社寺（権門勢家）や室町幕府の無力化、守護大名の没落、そのなかで荘園制は解体し、土一揆、国一揆、一向一揆、法華一揆が頻発して、伝統に対する挑戦が引き続いて起った。政治的・社会的な混乱の激しさは増すばかりであり、全国的な戦乱のうちに権力や勢力はあわただしく浮沈した……加えて道徳的な頽廃も甚だしい……さらに民衆は窮乏し、農民の流浪がめだった。こうしたなかで布教活動は進められた。
>
> （『講義録〔第六冊〕』六二―六三頁）

社会の流動化と混乱のなかで、外来のキリスト教の思想的堅固さと道徳的純粋さが人びとの心を引きつける。

当時の社会思潮のなかには、社会的・道徳的ケイオスのただ中から内在的に道理の精神が生長し、それが名誉感、廉恥心、自己犠牲、献身という武士のエートスと結びついていた。その基盤の上にキリスト教への思想的コミットメントがなされたと解される。思想信仰へのコミットメントの強さと弱さは、ともに逆境のとき、退潮時に現われる。キリスト教の退潮時に、日本史上かつてない多数の、あらゆる階層の自発的な殉教の感動的な事蹟とともに、多くの「転びバテレン」の記録が残る。……これは本来の「転向」の始まりであり、思想史上の特異な例であった。……本来の転向——全人格をのみつくした信仰からの転向現象は、このキリシタン時代にはじめて見られたといっていい。

（同右、七六—七七頁）

文中、「武士のエートス」ということばが目を引く。武士のエートスは「原型」の侵蝕を受けつつこの社会的・道徳的混乱の時代にそれなりに生きていると考えられているのだ。もう一つ目を引くことばが「転向」だが、以下の引用に見るように、キリシタンの転向を丸山眞男は昭和時代の転向と重ね合わせて考えていた。

キリシタンへの弾圧が厳しくなるにしたがって、何百、何千、ついには万をこす信徒が、身分の高下、老若男女を問わず、あらゆる威嚇、脅迫、拷問に屈せず、一切の誘惑を斥けて殉教と抵抗への途を自発的にえらんだことは、日本史上稀有の出来事であった。……むろん弾圧にしたがって、集団転向が続出したし、転びキリシタンの方が数こそ圧倒的に多いが、非転向と転向との比率を見れば、いろいろな点で類比される昭和のコンミュニストの場合よりははるかに非転向の率が高い。

……〔原罪観との関連でいうと＝長谷川注〕絶対者への無条件的忠誠という契機の方が、罪意識よりは、ヨリ大きな信仰の実質をなしていたと推察される。その点で、……深層的価値意識〔「原型」的価値意識＝長谷川注〕のなかの純粋動機主義に底礎されているとも見られるが、他面、集団的功利主義の規準からの、かくも多くの例外者を出したことには、伝統的思考から断絶したキリスト教理念自体の作用を考えないでは理解できないだろう。（同右、一〇一―一〇二頁）

引用の最後ではキリスト教の理念の外来性が強調されてはいるが、キリシタン信仰の拡大の時代的条件としての社会的・道徳的混沌の指摘や、思想の動きとしての武士のエートスとキリスト教思想との融合への注目には、内なる「原型」と外来の普遍思想という枠組にはおさまらない視点の存在を見て取ることができる。

5

日本古来の「原型」的思考様式に、論理性と体系性を備えた「普遍主義」思想が対立する、という丸山眞男の日本政治思想史の基本的枠組を、少しく具体的な相のもとに観察するために、「普遍主義」への志向を強くもつ鎌倉新仏教、武士のエートス、キリシタン信仰の三つについて、その各々と「原型」的思考様式の対立のさまをかけ足で追いかけてきたが、見えてくるのは基本的枠組の強固さであるよりもむしろ、そのゆるやかさだ。

古来の「原型」と鎌倉新仏教の対立を例に取れば、そこには日本的思考様式と外来の仏教思想との対立という大きな構図が見られるが、大陸から日本に仏教が伝わってすでに七〇〇年もの歳月が経過しているとなれば、その仏教はかなりの程度に日本化していると考えてよい。「原型」による侵蝕も小さくないと考えられる。実際、『日本霊異記』で色濃く表現された現世利益の思想や、この世に豪華絢爛の極楽世界を現出させようとする平安中期の貴族たちの造寺造仏事業などは、仏教の日本化の見やすい例だといえる。そのとき、仏教の普遍主義はどうなったのか。日本化とともに失われたとは簡単にはいえないと思う。現世主義や功利主義や美意識の重視は仏教的な観念と原理からの逸脱と見られなくはないが、逸脱は普遍主義の消失をただちに意味するのではなく、それが広く仏教世界の出来事であり心の動きであるかぎり、そこに普遍主義の思想性は消えずに残り、新たな普遍的思想への可能性さえもが宿されているかもしれないからだ。

実際、丸山眞男が親鸞、道元、日蓮の仏教思想のうちに見出した普遍性ないし絶対性は、インド・中国で培われた仏教の思想的特質を受け継ぐものであるとともに、日本化された仏教のうちにある普遍性ないし絶対性を明確化し深化させるものでもあった。親鸞、道元、日蓮の三人が三人とも比叡山に登り、そこで修学と修行の日々を過ごしていることからしても、三人の思想が日本の仏教と縁遠いものだとは到底考えられない。当然、かれらの思考と行動は「原型」的思考様式に染まった面も小さくなかったはずだ。三人の仏教思想の普遍性ないし絶対性を「原型」との対立の構図のうちに浮かび上がらせるという丸山眞男の方策は、三人の思考と行動が「原型」に染まっているからこそかえって意味をもつといっていいほどだ。ということは、「原型」と「普遍主義」との対立の構図は、現実の思想史からそのまま浮かび上がってくるものというより、さまざまな要素が複雑にからみ合った思想の現実を筋道の通ったドラマとして見ていくのに有効な、方法上の装置に近いものだということだ。

「原型」論が丸山眞男の日本政治思想史にとって欠くことのできない重要な項目であったことは、年度の初めに多少の変更を加えつつ「原型」論がくりかえし詳細に論述されることからも、具体的な思想史の論述の随所に「原型」と「普遍主義」の対立があらわれ、そのくだりでは講義が熱を帯びるかに思えることからも明らかだが、これまで見てきたように、この対立図式が場面場面で構造的なちがいを示し、重点の置きかたや光の当てかたに大きな変化が見られることからして、それはゆるやかな大枠として機能する方法上の装置とすべきものだと思う。

6

「原型」と「普遍主義」の対立図式をゆるやかなものと考えるわたしの立場は、それ以外の対立や連続や継承の要素や思想観察の視点を、思想史のうちにとりこもうとする意図をふくんでいる。そのいくつかを以下に覚え書きふうに記しておきたい。

一つには、思想の担い手の問題がある。

親鸞、道元、日蓮についていえば、かれらはいずれも強大な権力を保持する比叡山を離れて普通の人びとと交わり、その交わりのなかで仏法の普遍的真理を追求し、真に仏法にかなう生きかたを実践しようとした。法然や一遍をもふくめて、普通の人びととともにあり、普通の人びとともに仏法を求めるというのは、鎌倉新仏教の大きな特色だった。

普通の人びとが集団的功利主義や心情の純粋主義やなりゆきの自然的肯定といった「原型」をまぬがれているというのではない。が、武士の本格的登場とともに戦乱と破壊と困窮が社会を覆い、旧来の秩序が大きくぐらつくとき、状況の混乱と悲惨にもっとも直接に、もっとも長く苦しむのは普通の人びとだ。当然、かれらの生活の底層をなす秩序感覚や価値観も激しくゆさぶられる。そういう人びとのなかにあって仏法を考え、仏法を実行しようとすれば、状況の混乱と困難が仏者自身の思考と行動にも大きく投影せざるをえない。親鸞、道元、日蓮（そして法然、一遍）の思考と行動に見られる原理的徹底性と果断性は、かれらがだれとともに、だれと向き合って生きていこうとしていたかと密接に結びついていたはずだ。

武士のならいについても、同じ激動の時代に、いまだ武士階級として支配権を確立してはいない新興武士たちの暮らしぶりや慣行や社会感覚が、そこに色濃く反映していることが注目される。鎌倉時代は京都の公家権力と鎌倉の武家権力が並立する二重権力状態が長く続いたが、そうした状況のもとでしだいに支配権を拡大していく武士たちは、その武力には自信をもってはいたものの、支配の方策については自分たちの未熟さを自覚していた。未熟ななかから、武士たちは対立する公家権力からも支配の術を学びつつ、みずからの支配権を確立していこうとしていた。

御成敗式目はまさしく武士の支配権確立に向かう過程から生まれた法的表現であって、そこに見られる道理——客観的合理性や討議の対等性——の尊重は、同じように農地で働き、同じように闘争を担う人びとの生活習慣や生活感覚に即応しようとする意志なくしては生まれようがなかったと考えられる。丸山眞男のいう御成敗式目の近代的性格や共和制的性格は、法を制定するほどの力をわがものとした上級武士たちが、在地の下級武士や農民とのつながりをしっかりともちつづけ、その生活意識をみずからの思考と行動の土台としていたことから生じたものと考えられる。

室町時代末期から江戸時代初期にかけてのキリシタン信仰についても、信徒の多くが名もない貧しい庶民であったこととその信仰の主体性・堅固さとを切り離すことができない。名もなく貧しく、おそらくはその多くが字も読めない庶民が、外来のキリスト教の教義をどこまで理解できたかは不明とするほかないが、日々に苦しい思いをすることの多い庶民であるがゆえに、全智全能の唯一神による救いを信じ、イエスの受難に深く共感し、聖母マリアの慈愛に安らぎを覚える気持ちがかえって募ることは十分に考えられる。そして、その気持ちが集団的なまとまりを見せたとき、その信仰集団が、功利主義とは別種の、死をも辞さぬ強固な抵抗意志をもつ集団となることは、これまた十分に考えられる。

そこでさて、「原型」と「普遍主義」との対立とは趣きを異にする、思想史上の二つ目の問題に目を向けねばならないが、キリシタン信徒の普遍主義的信仰はもっぱら「原型」と対立するところにその価値と意味を求めるというだけでいいのだろうか。

外来のイエズス会士の説くキリスト教が「原型」と対立するのはいうまでもない。そして、それを日本化した日本人キリシタンの信仰が、「原型」と対立する面をたぶんにもつのはまちがいない。が、一五四九年の伝来とともに日本社会に急速に広まり、やがて武家政権や社会とのあいだにさまざまな軋轢《あつれき》を生み、バテレン追放令やキリスト教禁止令が出るなかで必死に守りぬかれた信仰は、社会の深層をなす「原型」と対立する以上に、深層と表層とをふくむ社会秩序の総体と対立するものだったのではないか。

そう考えるとき、キリシタン信仰は時代状況とのかかわりのなかでいっそう明確な像を結ぶし、その思想の内実もいっそう具体性を帯びてあらわれる。時代の基軸は、戦国大名の群雄割拠から武力による天下統一へと向かうなか、秀吉の検地や刀狩のめざした兵農分離が幕藩体制の成立によってゆるぎないものとなり、身分制の秩序と身分差別的な人間観が社会の全体を覆いつつあるところに求められようが、そういう秩序と人間観に対決し、対決と抵抗のなかでみずからを鍛えることによって、キリシタン信仰は思想としての普遍性と主体性を高めていったと考えられる。

鎌倉新仏教や武士のエートスについても、「原型」との対立と並んで、いや場合によっては「原型」との対立以上に、時代の状況や時代のイデオロギーとの対立や矛盾が大きな意味をもったし、思想的な観点としても大きな意味をもちうると思える。すぐ目につく対立として、鎌倉新仏教の場合には南都六宗や天台・真言などの既成仏教との対立があるが、いったんは比叡山に赴いた親鸞、道元、日蓮にとって新しい仏教思想の開拓は内なる天台教学を批判し突きぬけていく試みにほかならなかったし、新仏教を確立したあとも既成教団との思想的な闘いは緊張感に満ちたものであった。また、武士のならいについていえば、もとは朝廷や上級貴族の従者であった武士が、武力行使の実績と土地の実質管理を通じて独立性を高め、細かな上下の序列とそれにともなう種々の特権に支えられた朝廷・貴族の支配体制を脱して、農村に居住し、農耕に従事しつつ、ときに大小の戦闘にも参加するという生活様式に即して作り上げた慣例や暮らしの作法やものごとの決めかたが、武士のならいにほかならなかった。御成敗式目における道理の尊重や法的合理性の追求も、乱世にあってなお特権の維持に汲々とし、旧弊を墨守する公家の支配体制から距離を置き、それとの対立を明確に意識しつつ自前の秩序を築こうとする意志のあらわれだった。

キリシタン信仰と身分差別的人間観の対立、鎌倉新仏教と顕密既成仏教との対立、武士のならいと公家支配体制との対立、——取り上げたこの三つの対立は、新しく登場した思想と、同時代の類を同じくする既成の思想と対立といった形にくくることができるが、その対立は、「普遍主義」と「原型」の対立と重なる面をもちつつ、しかしそれとは明確に区別される対立である。なにより、思想的に対立する当事者が相手を対立者として強く意識していることが大きなちがいだ。対立を意識することによって当事者は思想の闘いへと乗り出し、攻防のなかで思想は鍛えられる。「普遍主義」と「原型」という大づかみな対立に比べると、こちらの対立のほうに思想の生きた具体的なすがたがうかがわれる場面も少なくない。しかも、同時代の類を同じくする思想との対立は一つとは限らない。視点を変えれば、いくつかの対立が浮かび上がってくる。数の多さにさほどの意味はないが、対立が思想の核に触れるものであるかぎり、視点の変化は思想史的な意味をもつといえる。

ここに来て、わたしは改めて「原型」を執拗低音として語る丸山眞男の日本思想史にたいし強い不満の意を表明せざるをえない。日本の思想について、古代から現代に及ぶ通史のないことを嘆きの種としていた丸山眞男が、みずから通史に挑んでなったのが後半四冊の講義録だとすれば、通史を一貫した思想の流れとして綴る上で「原型」は欠くことのできない軸として設定されたにちがいない。が、「原型」がおもてに出すぎて個々の思想の肉づけがかえって不十分になったのではないか。通史の一貫性を保つためにあえて「原型」といった基本軸を立てなくても、歴史上にあらわれたさまざまな思想の、時代とのかかわり、人びとの受け容れかた、権力との攻防、思想相互の闘いなどのさまを追っていけば、「原型」を執拗低音とする一貫性とは別種の、それなりに一貫性のある思想史を構築しうるのではないかそういう思いがしきりにする。

座談会

思想における「日本的なるもの」

◎長谷川宏「思想における「日本的なるもの」をめぐって」要旨

丸山眞男は、日本の固有なるものと外来のものとの対立・葛藤と混合・融和という観点から日本政治思想史を考察し、そこから「日本的なるもの」のあり方を考えようとした。丸山は、記紀を中心とする文献から日本の思想の「原型」にあたる概念を抽出した。それによれば、日本の思想は、①集団的功利主義（共同体の禍福の重視）、②心情の純潔主義（「キヨキ・アカキ」と「キタナキ・クロキ」の対照）、③生成・活動・作用それ自体の神化、という点に特徴があり、なりゆきに任せるオプティミズム（「つぎつぎになりいくいきほひ」）というところに、その原型的思考様式があるとした。

こうした原型的思考様式に対しては、しかし、A、鎌倉新仏教の思想（親鸞、道元、日蓮)、B、鎌倉武士のエートス、C、キリシタン信仰、などの「原型」と対立する思想もまた一方に存在するとし、日本思想史を「原型」対「普遍主義」の対立の歴史と見て、それを思想対立のドラマとして描こうとした。

しかし、親鸞、道元、日蓮にしても、キリシタン信仰にしても、本当に「原型」と対立する思想と言えるのかどうか、いくつかの疑問がある。また、日本思想史の全体像を「原型」対「反原型」の対立ととらえるが、両者の関係の実態はもっとゆるやかな思想の大枠と見るべきで、それを思想の対立ととらえるのが妥当かどうか、これまたいくつかの疑問がある。

丸山の言う「原型」は本当に原型と言えるのか。丸山の議論は「原型」を重視しすぎたものになっているのではないか。歴史上にあらわれたさまざまな思想をそれぞれの時代とのかかわりの中でもっと追求すべきだったのではないか。

「原型」「古層」という考え方

吉田　丸山眞男の日本思想史では、日本の思想には「原型」と言うべきものがあって、それが一番基調になるベースの部分を形成して、その上にいろいろなものが流れ込んできても、それは表面的なものにすぎないというのが、〈原型対反原型〉の発想の根本にあると思いますけれど、その発想自体どうなんでしょうか。

文化交流史の立場だと、縄文時代から弥生時代になって新しい人や文化が入ってきて日本は変わりましたとか、仏教が入ってきて変わりましたとか、中国の政治思想が入ってきて変わりましたとか、常に思想にしても、文化にしても、政治思想にしても、外来のものが入ってくることによって新しく変わっていくという理解がひとつあります。

しかし、もうひとつは、基層が厚くて、外来が入ってきてもごくごく表面だけに食い込んで、あとははじき返されて、表面的な受容で終わっているとする。丸山さんは、そうとらえているんですね。

大隅　そうですが、表面的な受容の歴史を考えるのでは、あまり意味がない。

吉田　そうすると、文化交流の中でいろいろな外来文化が入ってきたとしても、ものともしない確固たる日本の思想というものがかなり古い時代に、しかも縄文・弥生ではなくて四世紀か五世紀、あるいは六世紀ぐらいにできたんだという、そういう議論だと思うんですけれども。

大山　それは、『古事記』『日本書紀』をそう思ってるだけなんだよ。

長谷川　丸山さんは、『古事記』『日本書紀』は、日本で書かれた最古の書籍だということで、そこから探り出せば一応「原型」と言えるものが引き出せるだろうというほどの考えで探っていますね。

大山　それと丸山の議論でいうと、「原型」というのは相当強いもので、結局、鎌倉新仏教も江戸時代になると日本化してしまい、クリスチャンも弾圧されてしまい……。

長谷川　「原型」がのみ込んじゃうという話だよね。全部それで済むわけじゃないけど。でも大きい流れはそうですよ。

大山　その「原型」が原型といえるものなのかどうかなんだよね。そういう「原型」を理屈で作ろうとした、その過程が正しいかどうか。

大隅　日本の思想史や文化史は皆「固有」と「外来」というやり方でしょ。稲作のときに始まった稲作儀礼に基づいたものが、ずっと現代まで続いていて、天皇がかかわる儀礼もみなそれだということですからね。

吉田　僕はやっぱり文化交流史の中で思想史を考えるべきで、そんな〈原型対反原型〉とか、かなり古い過去から今日に至るまで根本を貫く「原型」があったなんて考えにくいなと思うんですけれども。

大隅　丸山さんは、貫いてきたから価値があるとか尊いとか言ってるんじゃないです。

吉田　でも、そこが右派の人たちの、これが「日本精神」で重要なんだとするのと議論が重なっていて、丸山さんはそういう日本的なものを克服すべきものとして抽出したんだろうけれども、そもそもそういう形でそういうものが抽出できるという発想自体に、なんか類似性を感じてしまいます。

大山　「原型」ってどうなのか。「原型」って有効なのか、これを引き出したのは正しかったのか。

大隅　僕は昭和二六年の大学入学で、二八年に学部に進学して、その年に、一年間、丸山さんの講義を聞きました。「原型」なんていう議論はなかったけど、講義が一区切りついたあとの余談では、そういう話題が多かった。

吉田　丸山さんの原型論は、もう少しあとの講義録では、毎年、冒頭で語られていて、それから「原型」という言葉をやめて「古層」に変えて、それで有名な長編の論文も書かれますが、[*1]僕は本居宣長の学説に立脚している部分が大きいように思います。古い時代に日本の本質的な要素が形成されて、それはいろいろな形でゆがめられていくけれど、基底部ではずっと続いてきたとする。

だから、歴史の進展の中で日本の思想が形成されたとは考えない。つまり、時間を追ってだんだん日本の思想が変化した、成長した、新しい要素が入ってきて変わった、新しいものができたというようなことは、一部考慮されるとしても、本質的な問題としては考慮されてない。変化を軽視する、表面的には変化してるように見えるかもしれないが、根底部には「古層」が

＊1　丸山眞男「歴史意識の「古層」」(『日本の思想　六　歴史思想集』の解説「日本歴史観の歴史　第一」筑摩書房、一九七二年)。のち『忠誠と反逆』筑摩書房、一九九二年。のち『丸山眞男集』一〇、岩波書店、一九九六年。

残っているので、基本的には変化などしてないと考えるような、非歴史的な思想史のように思われてならないんです。

長谷川　〈原型対反原型〉の対立図式というのが強く講義の全体を支配していてね。それが果たして日本思想史、まあ丸山さんの場合は日本政治思想史だけど、それを語る上で、本当に有効で価値があることかどうか。今回あらためて講義録[*2]の後半の四冊を読み返したんですけど、やっぱり疑問がだんだん強くなってきて。この図式をご破算にすることはないのかもしれないんだけど、どの程度その意味を認めることができるか。

古典的な歴史理解に基づく立論

吉田　講義録の第四、五、六、七の四冊は、一年分だけでは通史になっていないんですけれど、複数年次で日本政治思想史の通史を語ろうとしたものなんだろうと思います。そこの歴史理解は、きわめて通俗的というか、古典的、保守的な姿に見えて、日本史の語り方のあるひとつのパターンに立脚して議論をしてるように思います。

まず歴史的所与としての「原型」を記紀から論じる。次に「神仏習合」と「神道のイデオロギー化」というのを論じ、仏教では「王法」と「仏法」が連携してともに進むという話をして、中世になると武士が誕生し、その武士の思想の話を「武士のエートス」という切り口からして、次に「鎌倉新仏教」を論じる。そして戦国期に入ってキリシタンの活動と思想が来て、近世は幕藩体制の精神構造、そして儒学と国学の思想を論ずるというような形です。第一、二、三には近代の思想史に関する議論もありますが、開講年次が古いので略します。

古代が記紀の思想で、中世が武士の思想と鎌倉新仏教の思想というのは、やっぱり教科書と同じ古典的な日本史理解で、記紀のうちでは『日本書紀』よりも『古事記』を重視してます。

中世に関しては、「日本中世史」分野の開祖とされる原勝郎[*3]の説がもとになっていて、原説は中世は領主階級の武士が切り開いたもので、かれらは粗野かもしれないが、若々しい精神に基づいて新たな時代を切り開いていったということと、鎌倉新仏教をヨーロッパの宗教改革になぞらえて論じるのが柱になっています。原の見解は、基本的には戦後も継承されていて、石母田正の領主制論は原に近いように思います。「鎌倉新仏教論」にしても、家永三郎[*4]だとか笠原一男[*5]によって継承され、その説が中学生や高校生に教科書を通じて教えられていって国民的

＊2　丸山眞男『丸山眞男講義録』一―七、東京大学出版会、一九九八―二〇〇〇年。その四―七は、「日本政治思想史講義一九六四」「同　一九六五」「同　一九六六」「同　一九六七」。

＊3　原勝郎（一八七一―一九二四）。歴史家。西洋史。日本中世史。京都帝国大学教授。著書に『日本中世史之研究』同文館、一九二九年。『原勝郎博士の「日本通史」』（中山理訳）祥伝社、二〇一四年など。

＊4　家永三郎（一九一三―二〇〇二）。日本史。日本文化史。東京教育大学、中央大学教授。著書に『家永三郎集』全一六巻、岩波書店、一九九七―九九年など。

歴史常識が形成されていきました。

だから、丸山さんの講義録を見て思ったのは、これはあまりにも通説的な歴史理解に基づいて立論されている講義だなと。もう少し批判的な言葉で言えば、歴史理解自体に新味がまったく感じられない。全体の枠組みがなんか教科書と同じで、日本には「中世」があって、それは武士と鎌倉新仏教で、それがとっても重要で、価値のあることだとしてます。

長谷川　だから読み方によってはすごくイデオロギー的な講義だなという感じがする。戦後民主主義の思想が強く出ている。文献はていねいに読んでいて、親鸞なんかでもいろんなところから引用しながら論じているけれど、全体としては、鎌倉新仏教や武士のエートスをそれだけで光り輝くものとしてとらえている。

大隅　だからそれは「鎌倉新仏教宗教改革論」の流れなんです。「旧仏教・新仏教」なんていまは研究者は言わなくなりました。

大山　そりゃ、まあ、六〇年代だからね。

吉田　黒田俊雄[*6]以前ですね。ただ、黒田さんの「顕密体制論」が提起される以前に、平泉澄が右傾化する以前にすでにそのもとになるような論を発表していましたから[*7]、それを勉強していれば知っていたはずなんですけど。

長谷川　鎌倉新仏教と武士のエートスとキリシタン信仰の三つは、講義録の中でも大きい位置を占めているんですね。だけど、思想史としてこの三つを強調するのはどういうことなのか。

「原型」に対する「普遍主義」という面がくっきりあらわれているものとして、扱いやすく、議論がしやすいからこの三つがとりあげられているのかな、と。丸山さん自身が〈原型対反原型〉という図式に、とらわれているところがあって。

「原型」と「反原型」は思想的に対立しているのか

吉田　長谷川さんのお書きになったものへの質問ですが、「日本古来の「原型」的思考様式に、論理性と体系性を備えた「普遍主義」思想が対立する、という丸山眞男の日本政治思想史の基本的枠組を、少しく具体的な相のもとに観察するために、「普遍主義」への志向を強く持つ鎌倉新仏教、武士のエートス、キリシタン信仰の三つについて、その各々と「原型」的思考様式の対立のさまをかけ足で追いかけてきたが、見えてくるのは基本的枠組みの強固さであるよりもむしろ、そのゆるやかさだ」とあります。長谷川さんは、思想的対立があったとはみなしが

＊5　笠原一男（一九一六―二〇〇六）。日本中世史、日本宗教史。東京大学教授。著書に『一向一揆の研究』山川出版社、一九六二年。『親鸞』筑摩書房、一九六三年、のち講談社学術文庫、一九九七年など。
＊6　黒田俊雄（一九二六―九三）。日本中世史。大阪大学、大谷大学教授。著書に『日本中世の国家と宗教』岩波書店、一九七五年。『黒田俊雄著作集』全八巻、法藏館、一九九四―九五年など。
＊7　平泉澄『中世に於ける社寺と社会との関係』前掲。

たく、むしろゆるやかに共存していた、というとらえ方をしているのですか、という質問です。

長谷川　丸山眞男は、対立する相手を親鸞とか、鎌倉時代の武士のエートスとか、キリシタン信仰とかとしてとりだしてきて、そういうものと日本の「古層」との対立関係を、思想のドラマとして書く、そういう書き方になっているんです。だけれども、「古層」とか「原型」と言われるものは、対立するように見えて正面切って対立しているわけではないような気がするのね。つまり、相手を上手にもみほぐすようにしながら自分だけは形が崩れないでずっと残っていく。普遍主義的なものはむしろそのままでは形が保てないようになり、「古層」がとにかく残るんです。

だから、普遍的なものは「古層」との対立で負けてなくなるというのではなくて、時代状況によって、たとえばキリシタン信仰は政治的な弾圧でだめになるし、鎌倉新仏教も江戸時代に入ると仏教思想としてはほとんど力がなくなりますから。それも「古層」との争いの中で壊れていったというよりは、丸山さん自身はきちんと述べていないけれども、たぶん、仏教の内部、あるいは制度的なものの中で変質していって、だんだんかつての強烈な、いわば普遍主義的な論理を失っていくというのではないか。逆に「古層」や「原型」はそこでずっと強く残っていまに至ると丸山さんは言う。僕にはどうも、丸山さんはそれを「強固さ」としてとらえているような気がしているんだけど、もし、そういう強固なものだったら「古層」や「原型」もたぶん、どこかで崩れていっただろう。

むしろ、そうやってずっと残り続けているということ自身がゆるやかで、何となく形の定まらないものだということをあらわしてる。

吉田　大事な議論ですね。

長谷川　で、対立はあるにはあるんだけれど、いわゆる思想的な対立と言えるのか。たとえばヨーロッパにおいて大陸の合理主義に対してイギリスの経験主義があるといった対立とは違って、真正面からお互い同士、相手を叩きつぶそうというような対立ではなかった。けれども、共存してたというほど、お互いが妥協し合ってうまくやってたといったわけでもなくて、そこのところはもう少し、うやむやなものだった。

その対立のさまを「古層」ないし「原型」の側から見ると、ゆるやかに相手を包み込む過程が、ぐずぐずと続いていく感じじゃないかな。丸山さんの「原型」はそんなふうに性格づけられるんじゃないかな。

吉田　丸山さんの立てた論からすると、本当は正面からもっと対立するはずなのに、実際はそうなっていない。丸山さんの論は成り立たないんじゃないか、という話ですね。

長谷川　彼は、「古層」とか「原型」を粘り強いと言ってるのですが、だとすると、もっといろんな要素を考えないと……。日本的な思想のベースにあるのは、『古事記』『日本書紀』のところで「原型」として定着したもので、それが一貫してずっとあるという思想の流れのとらえ方は、大いに不満です。

縄文とか、弥生とか、あるいはそれより前の時代を想定したときに、この「原型」をそこにどうやって持ち込むのか、という素朴な疑問がまずある。これでは思想の流れの変化をとらえる図式として単純すぎるんじゃないかなと思います。

吉田　丸山さんのいう「普遍主義」ってどういうものを想定しようとしているのか。これは丸山さんに質問しなきゃいけないんですが、どう読解するべきかという質問です。

長谷川　「原型」は、アジア・太平洋戦争中の日本のウルトラ・ファシズムの思想に色濃く反映されていた。戦後すぐにかれが書いた「超国家主義の論理と心理」で、戦争中の日本というのは、茫々たる無責任の体系で、誰も責任をとらず、主体性のないままずるずると戦争への道を進んでいったとある。そこに「原型」が典型的にあらわれている。そしてそれを否定して、新しい主体的な民主主義を作らなければいけないというとき、そこにある構図は、やはり「原型」（天皇制ファシズム）と普遍思想（民主主義）の対立です。

結局、「原型」の粘り強さというのは、そういう日本的な無責任の体制が、日本の歴史をずっと通底してたという理解の仕方だと思うんです。

若き丸山がヨーロッパ由来の自由だの、平等だの、人権だのにまぶしいばかりの思想の普遍性を見て、そういうものに身を置くことによって過去の日本を否定し、戦争中のファシズム体制を批判する。そのとき歴史の大きな流れをつらぬく「原型」は、天皇制ファシズムの無責任体制そのものにつながるような、無責任な日本の政治のあり方だとなる。

「原型」と普遍思考の対立という図式が濃厚に働きすぎて、「日本政治思想史」の講義そのものがすごくイデオロギッシュなものになったという印象が強い。そのことを、思想の方法として考えるとすれば、新しい社会を作るための思想の組み替えを考えるというのと、冷静に客観的に歴史を見るというのが、混在したままで論が進められる感じで、そこは読んでいてすっきりしない。

吉田　戦争のときの、なりゆき任せの無責任体制みたいなものが「原型」で、それを「原型」と言うためには、古い時代に似たようなものがなければいけないというので、ずっと歴史を遡っていったら『古事記』に似たような思想があるように思われて、そこに「原型」を求め、なりゆきで次々と進んでいってしまうような思想が、萌芽としてというより、むしろ「原型」あるいは「古層」としてあった、としたということですか。

長谷川　講義録を読んでいくと、そういう思考の経路がたどれる気がします。戦争中の経験と日本政治思想の追跡との間にかれは共通するものを見ていたと思う。『古事記』を読んで、あの「つぎつぎになりゆくいきほひ」のような心性をとりだしてくるとき、かれは戦争中の自分の苦しみが歴史的に根拠があって、それが日本思想史の一つの姿として浮かび上がってくることに思想史の面白さを感じていたと思う。

吉田　講義を聞いてる学生たちは、それで染まっていきそうですね。

長谷川　と思いますけど。個々の場面場面で、親鸞をどう読むか、御成敗式目をどう読むかという話は、客観的に、冷静に語られているけれども、「原型」と「普遍主義」の対立の構図が、形を変えていろんな場面で出てくるんですね。それを読むと、ああこの人、自分の図式に強いリアリティを感じてるなと思ったんです。そういうことを考えてずっと読んでいくときに、この対立図式で初めから終わりまでいくのか、ということに疑問を感じました。

天皇制の理解と評価

大山　近代になって、明治政府は天皇を利用し続ける。そのときに神話だろうとなんだろうと使えるものはなんでも使って天皇を神格化したわけです。伊藤博文とかその周辺の支配階級は、天皇の神格化なんてフィクションだということは初めからわかってる。そんなことは虚構だと知っている権力者たちは、天皇を使って好き勝手なことを始めて、ついにファシズムが成立して大東亜戦争が起こってしまう。その大東亜戦争でひどい目にあったうらみつらみを一兵卒たちは持つわけですよ。自分たちの知らないところで天皇の名前でどんどん戦争されて、おかげでつらい思いをしたという、それを丸山は自分も一兵卒だったから感じているわけです。

敗戦後、敗れた権力者たちはパージされましたよね。残ったのは一兵卒たちが作った戦後民主主義。丸山たちはその戦後民主主義の立場から戦前の天皇制を論ずるわけですよ。何を論じたのかというと、マルクス主義者も論じるわけですが、かれらはみな、戦前に洗脳された天皇制から全然抜け出ることができない。たとえば石母田正をはじめとするマルクス主義者ですが、彼らの古代史の理解は皇国史観と変わらない。というか戦前の「一君万民」を裏返しにして、「アジア的生産様式」とか「総体的奴隷制」とかと言い換えただけ。専制君主の天皇と隷属する人民。言葉は変わるけどイメージはまったく同じなんです。何しろ、実証なんてなくて、アジアの古代はこうだったはずなんだという理論なんです。現実にあった天皇を見ないで、近代史から借りてきた「天皇大権」なんて概念を振り回している。

吉田　なるほど。

大山　だから石母田さんは古代史に関しては歴史家ではないだろうと僕は思います。マルクス主義の思想家ではあるんでしょうけどね。ただ、中世史の部分は史料に即していて、ここは歴史学だと思いますけどね。

本来、もっとも覚めていたはずのマルクス主義者でさえそうなのだから、丸山らの歴史認識が戦前のままだったことも無理はないわけです。特に近代天皇制の場合、天皇が絶対的権力者だという虚構を国民に押しつけて政治を運用してきたわけですけど、支配階級にとっては天皇の虚構性はあたりまえだったわけです。しかも、丸山の場合、あの有名な、戦後の思想史を決定づけたとも言えそうな「超国家主義の論理と心理」という論文ですが、あれが発表されたのは昭和二一年の五月ですけど、その年の正月に昭和天皇は「人間宣言」しているんですよ。そんなものなくとも、もともと天皇が神だなんて誰も信じていなかったという議論もあるけど、ともかく、ここで、天皇自身がわたしは実は神ではありません、人間でしたと、極端に言えばそう言ってるんですよ。もちろん、言われてみれば、そんなことはあたりまえだ。支配階級はみなそう思っていたから、あんなでたらめな戦争が起こったのだ、ということも、まああたりまえなわけです。

とすれば、日本の超国家主義とは、天皇を神という絶対者にまつりあげたまま、それと一線を画した真の責任ある権力体を構築しえなかった支配階級の不明と、天皇という虚構を知っていながら、国家の暴力的な洗脳に唯々諾々と、でもないかもしれないけど、応じた知識人たちの国民に対する裏切りとして論じなければならなかったはずだというのが、僕の主張です。

吉田　よくわかりました。

大山　藤原不比等や摂関政治の時代と違って、近代天皇制の場合はフィクションの天皇に代わって実質的な政治をする権力主体が存在しない。権力がバラバラなんですね。空中分解している。それこそが「無責任体制」の原因なんだと思うんだけど、そこのところを丸山は全然論じていない。これこそ、天皇制のカラクリだと知らないはずはないと思うんだけど……。要するに、天皇を権威と権力の中心に据えたような議論は、戦前にでっちあげられた虚構だったんですよ。

天皇制というのは藤原不比等が作ったものなんですよ。たとえ、それがわかってなくても、わかってないですよね。でも、ある程度は最初から作りものだとはわかっていたはずなんですよ。たとえば「憲法十七条」について、丸山は御用学者の言うままに議論しているけれども、津田左右吉は、戦前からこんなのはにせものだと言ってるんだから。

吉田　たしかにそれはそうだ。

大山　そこでですよ、天皇制とは何かということになったときに、丸山は「原型」とか「古層」という概念を持ち出すわけですよ。結局、天皇制を生み出すような文化的な背景、風土、そういうものが日本にもともとあるんだ。それが「古層」だと。「古層」でもって天皇制を説明するわけですよ。僕は、これも違うと思うんだ。天皇制は、七世紀の末という時代に、不比等を中心とする政治集団が構想した政治思想だったとすべきではないですか。そういう発想がないんじゃないか。こんなのは学問になってないと思いますよ。

長谷川　僕はそこまで批判的ではないけど。ただ、不比等がいわば独自のフィクションとしてそういうものを作りあげ、明治になって伊藤博文がまた別のフィクションを作り上げたとして、それが国民の中に浸透していく過程では、かれらの構想とはうんと違うものとして信仰の対象になる。丸山さんを多少弁護して言えば、かれは国民に受けとめられた信仰の形態に目をとめ、その信仰形態が権力支配者たちに逆流していく過程をそこに重ね合わせるようにして天皇制ファシズムをとらえようとしている。

大山　もちろん、そういうふうに弁護することは可能だけれど、丸山の立場としては、戦後政治を本音で論じなければいけなかったわけですよね。そうすると、天皇制というのは道具なんだ、政治の。道具を使うやつは、こんなものはフィクションだとわかってるんです。ところが、国民は一兵卒だからそこのところがわかっていないわけです。戦後になって上の方の連中がパージされる。で、戦後民主主義になったら、そこで戦前の洗脳状態を解消して、あらためてトータルに上から下まで天皇制というものを見直すべきでしょう。つまり、構造的欠陥を論じるべき。ところが、一兵卒のまま、一兵卒というのは下から天皇を見てるから無限に高いと感じるだけなんです。上から見れば、こんな形のものだってわかるんだけど、下から見てるから、形が、正体が見えない。見えないまま、つまり洗脳されたまま論じてるんだよ、丸山は。

吉田　天皇制について、丸山さんはどう考えていたんですかね。

長谷川　丸山さんにとって、憎悪したり、尊敬したりというように、天皇制が大きい位置を占めていたのかな？　あるいは「原型」「古層」が天皇制の問題だというように考えていたのかな？　彼が天皇制論を精密に作っていたようには見えないんです。天皇制に対しては、および腰というか、きちんと踏み込んで概念分析することなく口ごもっているように見える。丸山さんの天皇制論は明確ではないように思います。

大山　丸山は天皇制をテーマとしては論じていないですよ。福沢諭吉の場合は、『帝室論』[*8]という形だけど、天皇制を論じています。丸山の場合、明治天皇制、昭和の超国家主義でさんざんな目にあって、やっと敗戦で解放されたという状況だったから、天皇制を本格的に論じるのは対象として大きすぎたんじゃないかな。丸山は「国家主権が精神的権威と政治的権力を一元的に占有する……」[*9]なんて言ってるけど、そんなことは事実としてありえない。そういう天皇に関するフィクションを暴力的に強制　されて洗脳されていただけで、戦前の天皇制の洗脳から覚めていない。

長谷川　明晰な言い方を好む丸山さんからすれば、天皇制についてももうちょっと明確に概念化してもいいのに、そこがなんだかはっきりしない。

吉田　天皇制度が、いつ、どのような政治制度として成立したのかというのをつかまえそこなって、漠然たる太古の昔から天皇が規定する日本があったとする『日本書紀』の枠組みにのみこまれてしまっているように見えてしまいます。「古層」という表現にしても。

大山　世間では丸山は神格化されている。長谷川さんは、講談社新書の『丸山眞男をどう読むか[*10]』、どの程度覚悟して書いたんですか？

長谷川　神格化も非神格化もなくて、ひとりの思想家として相手にしたんですよ。批判すべき点はいろいろ見えてくるけれど、なおかつかれの書いたものはやっぱり面白くて、いまでも読

＊8　福沢諭吉立案・中上川彦次郎記『帝室論』丸善、一八八二年。のち『福澤諭吉全集　第五巻』慶應義塾・岩波書店、一九五九年。のち『福沢諭吉選集　第六巻』岩波書店、一九八一年。

＊9　丸山眞男「超国家主義の論理と心理」前掲。

＊10　長谷川宏『丸山眞男をどう読むか』前掲。

めば教えられるものがたくさんあるから、だから丸山さんについての本が書けるわけで。クソミソに言うために書くわけじゃないからね。

大山　驚いたのは、緑会の懸賞論文というのがあったでしょ。一九三六年というから、大学三年の夏休みに書いたわけですが、戦争直前ですよね。そこでナチス批判を書いてるんですよ。「政治学に於ける国家の概念」[*11]という論文でしたよ。まだ七〇年代の頃に、『戦中と戦後の間』という本が出たときに、まっさきに買って読んで、えっ、二二歳か、これって。「個人は国家を媒介としてのみ具体的定立をえつつ、しかも絶えず国家に対して否定的独立を保持するごとき関係に立たねばならぬ」なんて、戦前に言ってるんだよね。だから、ものすごい人だなと。

長谷川　若い頃から論はシャープですね。先入観から言えばすごいんだけど、もうちょっと落ち着いて読むとやっぱりね……。

大山　丸山は講義をやってても、特に西洋のことを話してるときのうれしそうな表情と、日本のことをやるときのなんかつまらなそうな顔、無理やりこねてるみたいな、理屈を並べなきゃならないなという。だってどれも皆、へ理屈だもん。何言ってるのかよくわからない。

吉田　長谷川さんは授業を聞いてるんですか？

長谷川　いえ、聞いてない。

大隅　僕は丸山さんの講義を聞いてて、丸山さんの話は見事だったんだけど、古代や中世の思想史はああいうようには書けないなと思った。近世からはできそうだけれど、それ以前は書けない。だから「日本思想史」は成り立たないと思った。そう考えて、僕はだんだん「日本文化史」というようになって。丸山さんは近世以降しか扱ってなくて、通史を論じた家永さんとか、和辻さん[*12]の方が重要なんじゃないかと考えました。丸山さんには弟子がたくさんいて、かれらが活躍しているから意味がありそうに思うけど、僕はあんまり丸山さんのことを議論する気になれないんです。

吉田　僕も、書物からですけど、丸山さんがきちんと専門書や論文を読んで議論を組み立てているのは近世からあとだと感じました。

大山　丸山は和辻や家永とは全然違って、歴史学としては素人で専門家ではないですよ。自分では専門家として書いている雰囲気があるけれど、文学部の人が書いたら全然違うものになる。だけど、目の前で起こったことに対してはえらく反応が早くて鋭くて、だから政治学者なんだ。完全に現代に関心が向いている。しかも行動したくてたまらない。だから行動する現代政治学者で、それに説得力を持たせるためか、生活のためにやらざるをえなかったのが日本思想史だ

＊11　丸山眞男「政治学に於ける国家の概念」『緑会雑誌』一九三六年八月号。のち『戦中と戦後の間　一九三六―一九五七』みすず書房、一九七六年。のち『丸山眞男集』一、岩波書店、一九九六年。

＊12　和辻哲郎（一八八九―一九六〇）。倫理学、哲学。京都帝国大学・東京帝国大学教授。著書に『日本精神史研究』岩波書店、一九二六年。『増補版　和辻哲郎全集』全二五巻・別巻二、岩波書店、一九八九―九二年など。

ったと思いますよ。

吉田　実際は夜店と本店が反対なんですかね。

大山　丸山さんは文学部的ではないですよ。

大隅　丸山さんの「古層」の論文はね、文学部国史学科出身者として思ったんだけど、引用されている文献がみんな岩波文庫のもので、原典に当たろうと思っても、「日本古典文学大系」に入っている本で見ると違っているところがたくさんある。あの頃の近世思想史の研究者は文献に対しては知識がなくて、これには異本があってとか、異本と比べるとどうだとかなんて考えないんです。ずっとあとに「日本思想大系」が出て、そういう跛行的な状況が解消されてレベルが上がった。それまでは、そういうような、写本がどうだとかいうような国史学科でやっているような基本的な手続きがゼロに近い。

大山　戦後というものを考えた場合、丸山がいなかったら戦後がなかったという気がするくらい足跡が大きいという気がする。だけど、日本思想史の学問としてはもう過去の人物ですよね。内容の当否という点で言ったら話にならない。むしろ、本来、西洋政治思想の専門家であったはずの丸山が、かくも深く日本政治思想史にかかわったことの特殊性を考えるべきですよ。

鎌倉仏教の評価をめぐって

吉田　「鎌倉新仏教論」のところなんですけれども、親鸞のことが出てきて、丸山さんは「原型」に対立するような斬新な思想として描こうとしたと思いますけれども、僕はたとえば親鸞の妻帯は平安時代後期の寺院社会にしばしば見られる、ありふれた姿のひとつで、けっしてかれだけの個性的な思想的営みに基づくものではない。まわりの僧たちも多くが結婚しているので、「つぎつぎになりゆくいきほひ」で妻帯したと見ることだって可能だろうとも思います。

大山　口で言うところが偉いんじゃないの？

長谷川　戒律に触れることがわかっていながら、あえて禁を犯すんだから。

吉田　僧がだれも結婚しない、あるいはできない世の中で、親鸞だけが結婚したというんじゃなくて、多くが結婚していく中で彼も結婚したんだと思います。

　それから、親鸞も、親鸞の門流も阿弥陀信仰と並んで強い聖徳太子信仰を持ってて、この聖徳太子信仰が親鸞集団の非常に大きな特質になっているんです。聖徳太子の絵像とか彫刻[*13]とか拝んでいて、それがいくつも今日まで残っているし、聖徳太子の和讃もあります。だから、その信仰は習合的で、「日本的」とも言いうるのではないかというふうに思うんですけれども。

　これに対して、妻を持たなかった清僧の法然は、念仏聖《ねんぶつひじり》[*14]の中ではむしろ少数派かもしれない

＊13　初期真宗の諸門流で礼拝された聖徳太子の絵画、絵伝、彫刻については、信仰の造形的表現研究委員会編『真宗重宝聚英　七　聖徳太子絵像・絵伝・木像』同朋舎出版、一九八九年。

と思います。仏教の基本思想と言うべき戒律を重視していて。ただ、法然が民衆的かというと、法然門流の信徒の中にはいろいろな武士もいますし民衆もいますが、その中核のひとつとして貴族層があったことは否定できないと思います。

中世の日本の仏教が次第に禅と浄土中心になっていくのは、宋代以降の中国仏教の強い影響から理解すべきで、日本だけじゃなくてアジア東部の仏教国の一般的傾向と見るべきだし、道元が何のために命がけで留学したかというと、宋で本場の禅を学ぶために行ったととらえるべきではないかと思います。だから、平安後期の仏教を日本化の文脈でとらえるのは一面的だと思うので、当時の中国の唐後期から五代・宋、さらには元から明の本場の仏教がドドッと日本に押し寄せてくる中で、その一齣として道元も留学したと見たらどうかなと思います。これは丸山さんに対する意見です。

大隅　ただ中国では正統思想は儒教で、仏教はそうではない。『水滸伝』[*15]でも『紅楼夢』[*16]でも仏教はいかがわしいものとして描かれています。それは別として、こういうところで宗教というのを扱うとき、親鸞なり道元なりの宗教体験、そこで形成される宗教思想と、宗派の思想というのかな、組織の原理みたいなものとどういうふうに区別したらいいんですかね。親鸞の思想が真宗教団が大きくなる中でだめになったと皆言うし、僕もそんな書き方をすることがあるんですけど、宗祖個人の思想と宗派の思想は別物でしょう。

長谷川　教祖は少なくとも書いたものは残りますから、それをもとに考えることになりますよね。僕の『日本精神史』でも親鸞とか道元とかは大きく扱っています。

吉田　僕は意見が少し違って、宗祖になる候補者はもっとたくさんいたんだけれども、後進たちが大きな団体にしないとだめなんですよ。だから、たくさん宗祖の候補者がいたけれど、歴史の中で敗北していった団体は宗祖にあたる人のものも残らない。だけど、後世、大きな集団を築いたものは、「これがわたしたちの宗祖ですよ」というように宗祖のものを出していく。そうやって、宗祖が本当に書いたものと、あとから付け足された、後世に作為された宗祖作とされるものの二種類が残ります。だけれど、敗北したところは宗祖になる候補者が書いたものも消えていくことになるのかなと思うんです。

長谷川　だけど、後の集団が大きくなってそれが残るか、その集団全体がつぶれて残らないかというのは、仏教の社会的な消長の問題ですよね。それはそれとしては意味があるんだけれども、集団の後世の人間たちの努力によってたまたま残った宗祖個人の思想と、そうやって広が

＊14　念仏聖。念仏の功徳、信心を説いて諸国を遊行する仏教者。平安時代中期の空也（九〇三―九七二）あたりから始まり、平安後期・鎌倉時代には多くの念仏聖が活動した。

＊15　『水滸伝』。講談、元曲を吸収して明中期に成立した白話小説。北宋末期を舞台に好漢一〇八人が梁山泊に集まり、国のために戦う物語。

＊16　『紅楼夢』。清中期の白話小説。曹雪芹他作。上流階級の貴公子である賈宝玉を主人公に、その女性関係、交友関係と一族の栄枯盛衰を描く。

っていった集団の共同原理のようなものとは、思想的には区別して考えるべきじゃないかな。たとえばマルクス個人の思想と社会主義国家の思想とはやっぱり分けて考えるしかないだろうと思う。

大隅　「仏教」と簡単に言うけど、中国に入って、朝鮮に入って変わって、そして日本に来た。日本に来てから七〇〇年たったと『元亨釈書』[*17]には書いてありますけど、僕は平安の中期頃から初めて宗教になったんだと思うんですね。それまでは先進的外来文化ですよ。僕は自分自身の経験で言うと、戦後、福岡市にできたアメリカ文化センターでいろんなものを見て感心したんだけど、大きな東大寺のようなお寺は、要は外来文化センターだったから残るんですね。そこで儀礼はやるけど、個人の救済なんか、そんなものはとんでもない。平安朝の中頃になって浄土教というのが少しずつ出てきて、その頃から「宗教」になり始めたんだと思うんです。

　大体「仏教」という言葉は明治初年までほとんど使わないですから。「仏法」と言うんです。「仏教」というのは経典のことですから、だから「仏法」が宗教になり始めたのはいつ頃からかというふうに考えないとだめで、それまでは民間の農耕儀礼や何かと結びついた仏教的な雑信仰はあるけど、そういうのが積もり積もって親鸞になったわけじゃない。

吉田　中国仏教史の中でいろいろな変化、発展があって、日本人は中国の新しい動向をとりいれたがるという傾向があると思います。それで、宋になるとはっきりと禅と浄土が中国仏教の主流になっていって……。ちょうど近代になってドイツ思想をとりいれようとか、フランス思想を勉強しようというのと同じように、いまは禅ですよ、浄土ですよというように、その時代のお坊さんたちが飛びついていく。それが禅と浄土教なので、日本仏教思想史の展開とか発展の中で禅が生まれたとか、浄土教が生まれたというものではないですよね。

安井　流行りに乗った？

吉田　そうです。

大山　『法華経』はどうなんですか、中国では。

吉田　『法華経』もそうだと思います。唐代に『弘《ぐ》賛《さん》法華《ほっけ》伝《でん》』*18だとか『法華伝記』*19といった、『法華経』を信仰したらこんな奇瑞がありましたよという説話集ができます。それが、時代がたつごとにだんだん日本に入ってきて、そういう法華経信仰の影響を受けて、日本でも比叡山で『法華験記《げんき》』*20が書かれます。だから、『法華経』を受持・読誦するとこんな功徳がありますよというような信仰が入ってるんですね。平安時代の中後期になると。

*17　『元亨釈書』。三〇巻。虎関師錬撰。一三二二年成立。仏教伝来から同年までの日本仏教史を記す。上表、高僧等の伝、仏教年代記を天皇ごとに記す「資治表」、制度史・寺院史等の「志」からなる。

*18　『弘賛法華伝』一〇巻。唐の慧祥（慧詳）撰。七〇六年以降まもなくの成立。『法華経』の受持・読誦・聴聞などによって霊験が得られた話を収集した仏教説話集。

*19　『法華伝記』一〇巻。唐僧の祥公（某祥）撰。八世紀中期の成立。中国における『法華経』の翻訳、論釈、講解、諷誦のことや、『法華経』の力によって利益を得た話などが一二科にわたって記される。

大山　浄土と法華と禅だね。

吉田　平安時代にはあと密教があります。後期になると、宋代の「禅・教・律」が入ってきます。文化交流の中で常に新しいものを吸収したいという欲求を、この列島の人たちは持ってると思います。

長谷川　吉田さんの文化交流史というのは、日本をなんとなく中心に置いて考えてるの？

吉田　いや、そうは考えてないですね。僕は日本人だし日本史専攻だから日本の立場から考えますけれども、でもアジアの文化交流の中で日本をどう位置づけるかという考え方で考えてますね。アジア東部の中で日本はどう位置づくのだろうかとか、もっと言うとユーラシア大陸の中で日本はどう位置づくのだろうかとか、そういうふうに考えたいなと思ってるんです。

大山　仏教以外の要素で見るとね、東南アジアは民族が細かく分かれてて、ほかに影響をおよぼすような核というか、文化というか、権力というのがないんだよね。だから、インドか、中国か、ヨーロッパから来るかしかないんだ。そういう中で仏教だけは燦然と輝いてるの、東南アジアってね。

大隅　南伝の方の仏教というのは、寺院を作って信者の集団ができて、そこで戒律を大事にして、儀式もやるわけです。これと違って、北伝の方の仏教というのは、経典が伝わってきただけなんですよ。経典が伝わってきて大事にするけど、どんな信者の組織ができたかというのは、ずっとあとなんです。

長谷川　不思議だな、そういうの。

大隅　仏教が中国に入る。ちょうど中国に入った頃に漢字が統一されるわけです。篆書《てんしょ》とかがなくなっていまの漢字のもとが、ちょうどできた頃ですよ。それから紙が発明される。紙と漢字。だから国家的な勢いでもって訳経というのをやるわけです。経典の翻訳をね。それが何百年も続くわけですけど、あれはやっぱり中華思想のあらわれだと言う人がいます。インドの言葉を中国語の漢字にして、紙に書いて、それは中国がいかに偉大かということを自覚させる働きをしたというわけですが、それはあたってると思う。それで、経典が伝わることだけすごく大事にするんですよ。実践する集団がどういうふうにできていくかというのは経典漢訳のあとです。日本だってそこはあまり関心がないんで、お経とその注釈書が入ってくるだけ。

大山　やっぱり文字の世界が……。

大隅　そこがきわめて中国的な発想なんですよ。インドの言葉を中国語に訳すわけです。大変な苦労をして、たくさんの人が協力して作り上げる。チベットでも、チベット語に訳すわけですね。日本には経典を日本語に訳す語彙がない。

＊20　『法華験記』三巻。正式書名は『大日本国法華経験記』。比叡山首楞厳院の僧の鎮源撰。長久年間（一〇四〇—四四）成立。日本国における『法華経』の霊験を説話によって示す。

武士の思想と文化

吉田　「武士のエートス」はどうですかね。

大山　『将門記』[*21]とか『今昔物語集』なんかの弓馬の輩とか弓馬の士ね。あの弓馬の輩のモラルというか、ルールというかが、ひとりでに生まれてくるんでしょうけれども、要するに殺し合いですからね。殺し合いの中で、潔さとか正しさ、卑怯なことはできないというようなルールが生まれてくるというのは新しい普遍性なんじゃないの。それは、ある程度正しいんだよね。「貞永式目」だって。

長谷川　外来じゃないしね。

大山　「喧嘩両成敗」なんていう変なのが生まれるというのも武士の世界なんでしょ。

大隅　法制史では、外来法と固有法という言い方をして、武家法は固有法ですよね。僕は二〇年ぐらい前に、韓国へ行って集中講義したことがあって、文民政権になった直後だった。それで学生も先生もみな、「軍事政権のときは」っていう話をするわけですよ。それで、日本は一三世紀以降、軍事政権ですよ、明治までね。言い方によっては、明治、近代になっても軍事政権でしたと話したら、みなびっくりして、日本に行って軍事政権を研究したいと、大学院生が言いました。だけど、武士は文化を作れなかった。

大山　だって「御成敗式目」[*22]を作ったというところが評価されるところなんでしょ。

大隅　そういうところで考えればそうですが、一番基本的なのは、武士の社会は農村が基盤だと言うでしょう。だけど、農事暦の年中行事なんか鎌倉幕府にはないんですよ。室町になっても。みな、公事、年中行事の抜粋でしかない。鶴岡の流鏑馬とかなんとかいうでしょう。あれも石清水八幡宮の行事からの抜粋ですからね。

『事典の語る日本の歴史』[*23]で書いたけど、僕は、武家は『武家名目抄《みょうもくしょう》』[*24]は作れたけど、武士の生活全体を覆うような百科事典は作れなかった。それは、日本は中国文化を受け入れてやってきたわけで、もとは中国の暦に基づいてやっている。それと同じように、武家の行事は公家の年中行事の縮小版なので、「武家文化」というのは、そういう見方をすれば日本史上なかったと思うんですね。

大山　御家人というのは、みな独立しているわけだから、鎌倉幕府って、一つの行政機構とい

＊21　『将門記』。平将門の乱の顚末を描いた軍記物語。著者、成立年代未詳。鎌倉時代の成立か。

＊22　御成敗式目。貞永式目とも。一二三二年成立。鎌倉幕府の法典。全五一箇条。執権の北条泰時が評定衆に命じて編纂。泰時は弟の北条重時に宛てた書状において式目の思想について述べている。

＊23　大隅和雄『事典の語る日本の歴史』そしえて、一九八八年。のち講談社学術文庫、二〇〇八年。

＊24　『武家名目抄』八巻、三八一冊、塙保己一編。塙の死後、和学講談所により一九世紀後期完成。武家に関する職名、衣服、公事、歳時、儀式などについて記した故実書。

うんじゃなくて、御家人が必要に応じて集まって協議する場所なんで、だから中国文化をまともに受容した朝廷とは最初から違いますよ。

吉田　そもそも武士が草深い東国の農村から立ち上がったという、原勝郎、石母田正以来の説は間違いだというのが最近の武士論の潮流なんです。京都の貴族の中から武士が発生するんだという議論で、久米邦武[*25]あたりもそういう理解だったそうですが、最近では高橋昌明さんが全面展開しています。[*26]そうであるなら、武士たちの年中行事や文化が公家文化と重なるというのは当然だという話になります。

大隅　中国、日本と来て、もし日本の外側に、何か大きな島国でも近くにあったら、そこを日本よりも一段下に見て、それによって「日本文化」が自覚できたけど、実際には日本の先はないわけです。だから、京都の公家は、あえて、無理して、「東国」というのを観念的に作り上げた。だから、「草深い農村」というのは観念で作り上げた世界で、それを作ったおかげで、「公家文化」という国風文化がまとまりを持てた。

大山　それはそうですよね。

吉田　中国の場合は、軍事力を持った勢力、特に北方民族が作った国家の北魏とか隋とかは、結局、軍事政権が軍事力を持ったまま国家を統治している。だから、中国だったら、「武士のエートス」なんて言っても、北魏とか隋だったら、あるいは遼でも元でも、それは中国の国家権力、皇帝制度そのものと言えるかもしれない。ただ、日本の場合は、そういう形とは違って、軍事力を持たない天皇を中心とする政治の形にしたので、あとから武家政権が京都の朝廷に対立する形でできることになったんですかね。

大山　難しいね。

吉田　「武士のエートス」というのは、日本の場合は朝廷と対立するような幕府ができるので、そこに何がしかの独自の思想を見出すことは、まあ、そんなものは全部公家文化のまねなのかもしれないけれども、何ほどか成り立つかもしれない。でも広くアジア世界を見渡してみると、中国の場合でも北方民族が統治する王朝があり、あるいは朝鮮半島でも高句麗とか。そういうところは中央政権そのものが武士的な思考を持っているので、一体、丸山さんの言う「武士のエートス」というのは何なんですかね。

長谷川　丸山さんは共和制的な要素とか、法的な合理性とかに注目している。「御成敗式目」の条文と、それから泰時が自分の弟に書いた書簡を検討して、自分たちは律令的な公家政権とは違うような形で支配を広げていきたい。そのときの上意下達ではない関係と、たとえば評定

＊25　久米邦武（一八三九―一九三一）。国史学。帝国大学・早稲田大学教授。肥前藩出身。昌平黌で学び、一八七一年岩倉使節団に随行。『特命全権大使　米欧回覧実記』を編纂。一八八八年帝国大学教授。日本の近代国史学の草分け。「神道は祭天の古俗」論文で辞職。以後早稲田大学で活躍。著書に『久米邦武歴史著作集』全五巻、吉川弘文館、一九八八―九一年。

＊26　高橋昌明『武士の成立――武士像の創出』東京大学出版会、一九九九年。

衆のあいだでは対等な立場で議論するというところに丸山さんは注目した。

そういうのをさらに遡っていって、武士の生活環境とか人間関係を抽出し、それを「武士のエートス」だというように考えて、それを「原型」に対抗するものだとした。かれの「原型」は、さっきも言ったように、よくわからないところがあるけれど、上からの抑圧がすごく強くて、なおかつ、それでもそれなりに秩序を保つために「集団的功利主義」とか、「心情の純粋主義」が政治的に作られたと考えているんじゃないかと思うけど、そういう「原型」をどこかで突破できるようなものが、一時的にせよ、鎌倉時代の武士の中にあったという理解です。

吉田　そうすると、たとえば中国の部族連合国家が持ってるようなエートスと同じようなものを鎌倉武士たちが持っていて、そういう思想をある種の「普遍」として位置づけたということなんですかね。

長谷川　いや、丸山さんが「普遍」と位置づけるのは、ここの共和制原理や法的合理性もそうだけど、やっぱり西洋近代的なものですよ。西洋近代的なものが、西洋のことを学んだわけではないし、時代も違うけれども、たまたま鎌倉武士のものの考え方の中に含まれていたとする。なぜ含まれていたかについてはかれはあまり書いてないんですけどね。それを、その時代についての特筆すべきものとして掬い出してる。

吉田　やっぱりヨーロッパ的なものとして掬い出した?

長谷川　ヨーロッパ的なものをお手本にして掬い出していった。丸山さんは、近代の国民国家に通い合うものが「御成敗式目」の中にあるんだという。それも、つじつま合わせみたいにこれとこれが似てるというだけじゃなくて、もうちょっと原理的に考えている。「普遍的」だというのはそういうことです。そういうものをとりだしていくんだから、議論としてはイデオロギッシュになる。

吉田　そうですね。

日本とヨーロッパ／日本と東アジア

吉田　二〇世紀の日本の人文学では、〈文化の東西比較〉というときに、西の代表は、ヨーロッパだとドイツとか、フランスとか、英米が出てきたりして、ヨーロッパはいろいろなのに、東の代表は大体日本が比較の対象になるような形で、日本の人文学は議論してきたと思います。

日本的なものを抽出するというときに、丸山さんの世代はいきなり西洋と日本を比較して、これが「日本的」だとしてきた側面がある。もちろんかれは儒教に詳しいので中国思想とも対比しているんだろうと思いますけれども、中国とか中国周辺国の韓国とか、モンゴル、ベトナムなどと比較しながら、アジアの中における日本の個性を考えるという観点は念頭になかったんじゃないかと思います。

大山　ないよ、そりゃ。

長谷川　まあ、対中国はあるけど。

大隅　でもインドと比べて日本は違うというのはありますよ。仏教者はみなそうですよ。

吉田　「原型」は「日本的」なものだと言うけど、丸山さんの言う「原型」の中には中国伝来のものが入り込んでいるように思うし、逆に「反原型」だと言った親鸞の思想なんかは、僕から見るとアジア全般に展開した仏教思想の中で非常に個性的なもので、つまり普遍的な仏教とは違う、日本的な仏教に見える。むしろ、日本的な一仏教を作ったところに親鸞の個性があると見るべきなんじゃないだろうかと思うんですけれど。どうですかね。

大山　肉食、妻帯というのを指して言ってるわけ？

吉田　何を「日本的」とするかという問題に入ってしまうけれど、簡単に親鸞を「非日本的」な思想、「普遍」に通じる思想に立脚した仏教の代表者にはできないように思うんですけれど。まあ、妻帯世襲仏教もそうですし、あとは強い聖徳太子信仰が見られるところですね。

長谷川　丸山さんは親鸞の思想をそんなに強く「普遍的」だとは言ってなくて、妻帯とか肉食とか、一般的にはある種の俗っぽさに染まったようなものだと考えられているものも、「非僧非俗」[*27]という言い方で、ぎりぎりのところ「僧」にも染まらないし、「俗」にも染まらないんだという。そういうところで自分の思想的な筋を通そうとしている。そこには、丸山眞男のある種の思想的な鋭さが感じられる。だから、親鸞が「俗」に妥協して妻帯してるというとらえ方は、言い方としては正しくないというわけ。

ただ、じゃ、なぜそうなったかというと、たぶん原勝郎の図式などがそれなりに大きく影響していて、その図式に乗って、親鸞思想の中からプロテスタント的なイメージをとりだしてくる。だから、親鸞についていては吉田さんのようなとらえ方は可能だし、丸山眞男風のとらえ方も可能だと思うんです。

吉田　戦前の先生たちの書いた書物を見てみると、平安時代の国風文化の「みやびの文化」と、それから室町時代から江戸初期にかけての「わび・さび文化」、能の「幽玄」、千利休の侘び茶、松尾芭蕉の「さび」、そういうのが「日本的」なものとされてますね。

大隅　丸山さんはやっぱり東京的なんですよ、純粋にね。京都の人は、中世文化というのは室町ですからね。東京の人はみな鎌倉ですよ。丸山さんはやっぱり一中一高の教養ですよ、そこはね。石母田さんなんかでも、『徒然草』なんか一生懸命読むやつの気がしれないとか言ってたしね。あの人は室町文化に全然関心がなかった。

吉田　南部藩の武士の家に生まれた原勝郎は、京都帝国大学に教授として行っても京都の文化になじめなかったと言います。たぶん、石母田さんにも似かよった面があって、原勝郎の中世

＊27　非僧非俗。『教行信証』末尾に記される親鸞の言葉。法然門徒は国家によって死罪に、あるいは僧の姿を改められ俗名を与えられて遠流に処された。自分はそのひとりである。したがって、自分は僧でもなく俗でもない。このゆえに「禿」の字を姓とすると述べて「愚禿」と自称した。

史の図式は石母田正に継承されているように見えます。マルクス主義になっているんだけれども、マルクス主義かそうでないかを除けば、枠組みは一緒のように見えるんです。

大山　足利義満とかかなり派手な文化だもんね、信長とか秀吉にしても。ほんとは元禄文化は芭蕉じゃなくて、近松とか西鶴だよね。関西の人たちは、そういうふうに日本の文化を思ってるのかな。元禄をたしかに、わび・さびで代表させちゃ、身もふたもなくなるね。だけど、東と西があるというのがヨーロッパと対比できるんですよ。ローマ教皇対ゲルマンとかね。

吉田　でも、ヨーロッパはあんなに広い中での東と西なのに、東アジアの中でチベット的なものと韓国的なものとか言うならわかるけれども、日本列島の中で東と西と言っても議論のスケールがずいぶん違うように思いますけど。

大山　スケールの違いを無視して「辺境革命論」とかね、昔はあった。

長谷川　いまは、そういうのは消えてるの?

大山　昔はローマ対ゲルマンという枠組みでしょ。石井進さんの中公の『日本の歴史　鎌倉幕府』[*28]の月報で、堀米庸三[*29]さんと石井さんが話していて、その議論だったですよ。ローマカトリックの世界があって、武士のゲルマンの世界があって、その対立関係が中世なんだとね。京都と鎌倉幕府も。

吉田　なるほど。

大山　それでね、ヨーロッパには、ローマ帝国の権威、キリスト教のカトリックの権威があって、それに対して辺境からゲルマン民族が台頭してきて、古代から中世というものが生まれてくるんだという、それが「辺境革命論」ですね。それと日本史を結びつけるときに、京都と東国の対比じゃスケールが小さいんじゃないかと普通は思いますよね。だれもそう言うんだ。だけど、そうじゃないなという議論をゼミでしたんだよ。

なぜかというと、たとえば、パリから電車でマルセイユに行っても途中の景色は全然変わらないじゃない、大平原で。ドイツに行ったってそうだよ。

ところが日本は、京都から鎌倉へ行くのは大変だよ。川は急流だからなかなか渡れないし、山はいっぱい。木曽義仲[*30]なんか大変だったよ。義仲は、木曽から北陸に出て京に向かうけれど、そんな簡単に出られない。義仲がいたのは中津川のちょっと先なのに、わざわざ遠回りして北陸の方から行くんだ。もちろん、軍勢を集める都合もあるけど、あれはかなり長いよ。苛酷な自然で、親不知なんて、簡単には通れない。というようなことを考えると、日本は、面積じゃなくて、地形的にけっして狭くない。それを言いたい。日本はひとつの宇宙なんで。

＊28　石井進『日本の歴史 七 鎌倉幕府』中央公論社、一九六五年。のち中公文庫、二〇〇四年。

＊29　堀米庸三（一九一三―七五）。西洋史。東京大学教授。著書に『西洋中世世界の崩壊』岩波書店、一九五八年。『歴史をみる眼』ＮＨＫブックス、一九六四年など。

＊30　木曽義仲。源義仲（一一五四―八四）。平安末期の源氏の武将。父は源義賢。平氏を破って北陸道から京都に入り、権力を得たが、後白河法皇と不和になり、源頼朝が派遣した源範頼・義経軍に討たれて敗死した。

ヨーロッパだって思ったより広くないよ。明治維新の頃の人がこんなこと言っていた。ベルリンからロンドンまで地図で見ると、せいぜい東京から山口県くらいなもんじゃないか。なんで、あんなに国や言語が違うんだと。だから、面積だけじゃないんだな。

中国の文化・思想と日本

大隅　丸山さんのことだけど、たとえば、奈良平安の日本の漢学や儒学と、もとの中国の儒教との比較をすれば、そこで「原型論」をもう少し具体的に論じられるんじゃないかと思うんですけどね。『古事記』と『日本書紀』を比較するのでも、ある程度はね。でもそういうのは、やってないわけでしょ。

吉田　文化交流史をあまり重視しないというところと、アジアの中における日本の特色をあまり考えないところに丸山さんの議論が、いまから見ると、もう古くなってしまっている最大のポイントがあるように思います。

長谷川　耳が痛いな。僕だって「東アジア」が視野に入らない点では丸山さんと変わらないからな。日本に閉じこもっていていいと思ってるわけじゃないけど、東アジアに開かれていくような文化交流史によって何がどう違ってくるんだろうかということが簡単にはイメージできないわけ。そういう意味では、戦後の日本の大きな思想傾向として、日本と対比するのはアメリカかヨーロッパが中心だった。かろうじて中国が多少視野の中に入ってきたとしても。

吉田　やっぱりアヘン戦争以降、中国の力が弱まって、近代日本は何か負け組みたいにアジアの国々を見ていたので、上昇志向のある日本としては、すぐれたものと自分を対比しなければならなくて、敗者たちと比較する必要はないと考えたんですかね。

長谷川　そういうことはあったと思う。いまだって、その傾向はそんなに変わってはいない。だから、東アジアのことを冷静に考えようという吉田さんの議論に対しては、振り返って忸怩《じくじ》たるものがあるんですよね。

吉田　近代でも、中国学、東方学とかいうのかな。東洋史だとか中国思想史という分野が人文学の中にガチッとあって、それは江戸時代の漢学の伝統をひいてるわけで、そういう先生たちは、西洋学者や日本学者たちが自分たちをすっ飛ばして〈文化の東西比較〉を展開するのをどういうふうに見ていたんですか。

大隅　西晋一郎[*31]とか。安岡正篤《やすおかまさひろ》[*32]とか、そういう人は依然として日本社会に大きな影響力を持っ

＊31　西晋一郎（一八七三―一九四三）。倫理哲学。東洋倫理。広島文理科大学教授。著書に『倫理学の根本問題』岩波書店、一九二三年。『東洋倫理』岩波書店、一九三四年など。

＊32　安岡正篤（一八九八―一九八三）。陽明学。思想家。金鶏学院、日本農士学校主宰。著書に『王陽明研究』玄黄社、一九二二年。『王陽明』ＰＨＰ文庫、二〇〇六年など。

てるわけですね。そんな人たちはね。丸山さんなんかとは全然別な世界。

大山　中国の古典は、日本人はずっと読んできたと思うんですけども、同時代の中国というのを仏教の世界では意識してたんですか？　黄檗宗《おうばくしゅう》＊33ぐらいまでは。

吉田　黄檗宗が最後ですね、大体。

大山　それ以後も漢籍はずいぶん入ってきてるわけだから、芸術とか技術なんかは江戸時代でもいっぱい入ってきてるけれども、思想はどう？　やっぱり朱子学者とか儒学者たちは、その時点での清朝の思想をかなり敏感に思ってたわけですか？

大隅　江戸時代の漢学者はそうですよね。永井荷風だって、詩をいっぱい引用しているけど、ほとんど清代のものですよ。

大山　じゃ、同時代で文化的交流みたいなものがあった。

大隅　江戸時代の学者文人は、同時代の中国の本をよく読んでいます。

吉田　落語の三遊亭圓朝もそうですよね。中国の明清のものをネタ本にして話を語ってますね。「牡丹燈籠《ぼたんどうろう》＊34」にしても『剪燈新話』の「牡丹燈記」を使っていて。

日本的なるもの

大山　『日本書紀』に戻りますけど、丸山が注目した「キヨキ・アカキ」とか、「クロキ・キタナキ」というのは道教とは関係ないですか。増尾さん（増尾伸一郎）に聞きそこなってて。神道だけども、神道なんて別に実体はないわけだから。道教とは関係ないですかね。

吉田　この言葉はアマテラスとスサノヲのウケヒのところ[35]とか、『続日本紀』の宣命《せんみよう》[36]とか、いろいろなところに出てきますよね。道教と関係あるんじゃないですか。「清明」は道教で用いる言葉ですから。日本の神道自体、道教の影響があって、というかアジア東部の神信仰の中から中国の道教も日本の神信仰もできてきますから。

大山　『日本書紀』を読んでて「アカキ・キヨキ」と「クロキ・キタナキ」とありますね。『日

＊33　黄檗宗。明末期〜清初期の僧の隠元隆琦《いんげんりゅうき》（一五九二—一六七三）が江戸時代初期の日本に伝えた新しい禅宗。隠元は自らの仏教を臨済宗の正統とした。一六五四年来日して長崎で活動。のち将軍家綱と会見し、山城国宇治郡に寺地を賜り、黄檗山萬福寺を建立してここを拠点に活動した。

＊34　「牡丹燈籠」。三遊亭圓朝口演「怪談牡丹灯籠」。浅井良意の『伽婢子』などをもとに翻案、創作された。『伽婢子』は明の『剪燈新話』の中から一九話を訳出・掲載し、「牡丹燈記」を収めている。

＊35　『日本書紀』巻一、アマテラスとスサノヲの誓約の場面。アマテラスに疑われたスサノヲは、みずからの「赤き心」「清き心」を証明するためにウケヒをする。『古事記』も同じ場面でアマテラスがスサノヲに対して「汝の心」の「清明」を問うている。

＊36　『続日本紀』文武元年（六九七）八月庚辰〈十七日〉条の詔では、「百官人」たちに対し「明き浄き直き誠の心」を持つよう求め、慶雲四年（七〇七）四月壬午〈十五日〉条の詔では、藤原不比等に封戸を与えるにあたって、その「明き浄き心」を称賛している。

本書紀』に価値観があるとすれば、それだけなんだ。善悪の基準というか、そもそも人間としての行動様式としていつもそれを強調している。たとえば歴代の天皇ごとに異母兄弟なんかが反乱を起こして、それが鎮圧されて、そのあとに天皇が即位するというのが普通なんだけれども、実は、負けた側ではなくて、勝った天皇の方がだましとか嘘とかやりたい放題なんだよね。ヤマトタケルだってそうですよ。みな、嘘、だましなの。でも、下のものに対しては「キヨキ・アカキ」と言う。それがあまりにもあからさまに書かれている。あの価値観というのは何なんだろうかね。

吉田　まあ、「清」とか「明」は王朝名にもなっているくらいで、中国思想ですよね。道教と言ってもいいのかもしれない。もちろん、だから、これらは中国的な概念を受容してできてるんだけれども、それを少し組み換えてそういうものに変えているんじゃないかなと思います。『続日本紀』の宣命なんかでも、「清」き、「明」きは、臣下に対してそういう心を持てと言ってますよね。

長谷川　丸山さんは中国的なものを除いて、純粋に日本的なものをとりだそうとしている。でも、そんなことが簡単にできるわけがない。どうやってやるんだろうね。

吉田　やっぱり本居宣長と考え方の型が似てますよね。

大山　丸山は、日本神話の中には編者の政治的意図を読み取ることができるけれど、そうしたイデオロギー性を越えて日本思想の「個体性」を探る貴重な素材があると言ってる。で、記紀から儒教、道教、諸子百家の思想、仏教といった中国的観念を消去していくと、全部なくなるかというと、なくならない。それでも残るサムシングがあると言って、それが「原型」の断片をあらわしていると言っている。[*37]

だけど、こういう「消去法」は方法として正しいのか、可能なのか。記紀神話から外来思想をとり除いて、「日本的なるもの」をとりだすというけど、それは不可能だよ。『日本書紀』と漢籍、仏典の関係についてたくさん研究があるけれど、『古事記』の神話だって、最近の瀬間正之さんの研究[*38]によると、漢籍と仏典が基礎になって創作されている。だから、記紀って中国文化の中でできたものだよ。中国の強い影響下で、日本の国家を作るんだという中でできたもの。

吉田　強い影響と引用の中でできた。だから、それを腑分けするのって容易なことではないですよね。

大隅　要するに漢字で書くんだからね。漢字は一字一字由来があって表音文字ではないところ

＊37　丸山眞男「原型・古層・執拗低音――日本思想史方法論についての私の歩み」（加藤周一・木下順二・丸山眞男・武田清子『日本文化のかくれた形』岩波書店、一九八四年〈原講演は一九八一年〉。のち『丸山眞男集』一二、一九九六年）。

＊38　瀬間正之『記紀の文字表現と漢訳仏典』おうふう、一九九四年。『記紀の表記と文字表現』おうふう、二〇〇五年。

が厄介です。

大山　丸山は、同時に、一九八一年の講演だけど、「原型」は特定の形をとらず、だから「教義《ドクトリン》」ではなく、外来思想を変容させる媒体のようなものだとも言っている。外来思想を「修正」するパターンには共通した特徴が見られるという。そうだとしたら、それは注目できるかもしれないけど。

吉田　その時期になると、「原型（プロトタイプ）」とか「古層」というより、むしろ〈体質〉、日本の考え方の体質みたいなものとしてとらえるようになったんですかね。

僕は、日本列島に展開した文化や思想の個性というのが何かあるんだろうと思うんですよ。ただ、それを抽出するには、ただちに西洋と比較するよりはアジアの中で比較しないといけないように思うんです。

サミュエル・ハンチントンの『文明の衝突』[*39]は世界の九つの文明ということを言うんだけど、そのひとつに「日本文明」というのを立てています。彼の世界文明の分類では、日本は一項目立つ。僕はそれは疑問だと思うけれど。でも、彼の専門は日本学ではないので、なぜそう分類したのかというと、たぶん、日本人学者の書いたものを勉強して、それに依拠して結論に至っているように思われて、だから彼が勉強した日本人学者の本に、「日本は特別だ」って書いたものが多かったんじゃないかと思います。

大隅　柳田國男が日本にしかないようなものは世界中どこにもないと断言した。そのとおりだと思うけど、やっぱり日本ってかなり特殊だと思いますね。特殊性を明らかにすることにそれほど執念はないけど、何か変わってますよ、日本って（笑）。

長谷川　その程度の感じが一番いいんじゃないですか。一生懸命やりたい人は、どこが変てこで、どこが変わっているのか、となるけれど。

吉田　僕は、日本的なものを抽出するには、さっきも言ったように、アジア東部の国々の思想・文化と日本を比較して共通性と差異を見出すという作業をして、それで次にインドとか中央アジアなんかと比較し、さらにゆとりがあったら西アジアとかヨーロッパと比較して、初めてここが同じで、ここが違うというのがわかるので、そうすると、「アジア東部的」とか、「日本的」な思想が抽出できると考えてます。もちろん「共通性」を明らかにする方も大事で。この共通性と差異を明確化するというのが大事だと思ってます。

＊39　サミュエル・ハンチントン著、鈴木主税訳『文明の衝突』集英社、一九九八年。

第Ⅲ章　仏教と日本思想史

アジアの中の日本仏教の思想——仏教史は日本史よりも大きい

吉田一彦

はじめに

日本の思想を考察する時、仏教の文脈で語られた言説がしばしば取り上げられ、〈日本の思想〉をよくあらわしたものとして理解・評価されることが少なくない。法然の思想、親鸞の思想、道元の思想、日蓮の思想、あるいは源信や空也、最澄や空海の思想などである。しかし、それらを単純に〈日本の思想〉だととらえてよいのか。小論はこの問いから出発する。

それらは日本列島において語られた思想であり、日本人の僧によって説かれた思想である。だから、それらを日本人が日本で説いた日本の仏教の思想だととらえることはもちろん可能である。けれど、仏教はインドで生まれ、中国に至り、中国周辺国へと伝わっていった国際的な宗教で、地域や国の単位を越えてアジアの広い範囲に流通した。日本にも、仏教は外来の文明として流入し、やがて文化、思想としてこの地に土着した。

今、右に名を掲げた高僧たちを見てみても、最澄（七六六または七六七―八二二）、空海（七七四―八三五）、道元（一二〇〇―五三）は中国に留学して中国の仏教を学んで日本に持ち帰った。ほかにも、中国に留学した僧として道照（六二九―七〇〇）、道慈（六七〇前後―七四四）、玄昉（？―七四六）、円仁（七九四―八六四）、円珍（八一四―八九一）、宗叡（八〇九―八八四）、奝然《ちょうねん》（九三八―一〇一六）、重源（一一二一―一二〇六）、栄西（一一四一―一二一五）、俊芿《しゅんじょう》（一一六六―一二二七）、中巌円月《ちゅうがんえんげつ》（一三〇〇―七五）、絶海中津《ぜっかいちゅうしん》（一三三六―一四〇五）等々の多数の僧の名が思い浮かぶ。

逆に中国から日本に渡来して活躍した僧として、奈良時代の鑑真（六八八―七六三）、平安時代の義空、鎌倉―南北朝時代の蘭渓道隆《らんけいどうりゅう》（一二一三―七八）、兀庵普寧《ごったんふねい》（一一九七―一二七六）、無学祖元（一二二六―八六）、一山一寧《いっさんいちねい》（一二四七―一三一七）、竺仙梵僊《じくせんぼんせん》（一二九二―一三四八）、江戸時代の隠元隆琦（一五九二―一六七三）などの名が思い浮かぶ。中国からばかりでなく、六、七世紀には百済から渡来した僧が活躍したし、奈良時代の大仏開眼会の中心になったのは、インド僧の菩提僊那（七〇四―七六〇）であった。

実際に、現在、アジア東部の国々に行き、寺院を訪ねてみると、当然のことであるが、日本の仏教と多くの共通性を持つ仏教が各国で信仰されていることを再認識する。中国の寺でも、韓国の寺でも、ベトナムの寺でも、台湾の寺でも、浄土教（阿弥陀信仰）が熱心に信仰され、その国の発音で「南無阿弥陀仏」の念仏が称えられている。「南無阿弥陀仏」の念仏は、日本の浄土教家のみに専門的に説かれた教えではなく、アジア東部に広く展開するものであり、多くの地域の日常的な信仰の姿になっている。禅の思想は中国仏教の中核の一つであるが、浄土教など他の信仰と融合しつつ、今も中国やアジア東部の国々の仏教の中心要素の一つになっている。密教の尊格に対する祈願の姿にもたびたび接する。また、『般若心経』の読誦の声や、観音菩薩に対する祈願にもあちらこちらで出会うことができる。今では、時間の進展の中で地域ごとの違いが生じているとはいえ、アジアの広い地域に〈仏教〉の共通性が残っている。アジア東部においては、仏教は漢訳経典に基づく教えであり、中でも密教、浄土教、禅、教、律がその中心になっているように私には思われる。

また、どの国に行っても、仏教寺院を訪れるとたくさんの女性信徒に出会う。仏教の信仰を支える中心が女性の信徒たちであることは、日本を含めてアジアに広く共通する特色であると感じる。

そうしたアジアの仏教史、あるいは仏教思想史の中で、では日本の仏教や仏教思想にはどういった個性や特質があるのかとあらためて問うてみた時、それが簡単には答えることができない難題であることに気づく。一体、「日本仏教思想史」は可能なのであろうか。もし可能だとするなら、どういう視座を持てば、それが可能になるのだろうか。

一　思想史としての連続性の枠組

日本の仏教思想史は、一つの系として内在発展するような歴史を歩んだわけではない。たとえば、奈良時代の道慈、玄昉、行基などの思想が発展して、最澄や空海の思想が生まれたというのではない。また最澄や空海の思想が直線的に発展して円仁、円珍、宗叡らの思想が生まれたというのではなく、さらにそれが発展して源信や空也、そして法然、親鸞、栄西、道元らの思想が生まれ出たというのではない。日本の仏教思想史を

○→○→○→○→○

というような一つの系の発展の歴史として描くことはできないし、二つ、三つ、四つほどの複数の国内の系が融合、複合しながら発展した歴史として描くことも難しい。

よく知られているように、最澄は奈良時代の日本の仏教を乗り越えるため、中国に留学して智顗（五三八―五九七）や荊渓湛然（七一一―七八二）の仏教を導入した。最澄の仏教のうち、仮に半分や三分の一は奈良時代の仏教を継承した側面があったとしても、もう半分、あるいはそれ以上は中国の天台教学を導入したものであり、最澄自身が主体的にその思想的系譜に連なろうとしていった。空海は奈良時代の日本の密教に飽き足らず、中国に留学して金剛智（ヴァジュラボーディ、六七一―七四一）や不空（アモーガヴァジュラ、七〇五―七七四）の密教を、恵果（七

四六―八〇六）を通じて摂取した。不空は、唐の玄宗、粛宗、代宗の三代の皇帝に仕えた僧で、父はインド人、母は康国（サマルカンド）人であり、師子国（セイロン）に留学してセイロンの密教を学び、中国の密教を発展させた。一説にセイロンの出身ともいう。

円仁、円珍、宗叡は、空海や最澄の密教思想を発展させたという側面が半分あるが、もう半分は空海、最澄が摂取できなかった中国の密教のさらなる部分を中国から導入したところにその特色がある。円珍や宗叡は、唐の法全や智慧輪に学び、その密教を持ち帰った。円仁は密教を持ち帰るとともに、中国の五台山で展開していた法照（七四七―八二一）の念仏の信仰を日本に持ち帰った。これが平安時代に発達する日本の浄土教の源流になった。*1 法然（一一三三―一二一二）は留学しておらず、半分は円仁や源信の浄土教を発展させたという側面があるが、もう半分は、五台山の念仏以前の善導（六一三―六八一）や道綽《どうしゃく》（五六二―六四五）などの中国の浄土教思想の書物を読みなおし、その思想を吸収、発展させたところに特色がある。

そう考えると、日本の仏教思想史は中国の仏教思想史と密接に連関して展開したと言うことができる。いや、連関という程度にとどまる話ではなく、不可分の歴史として進展したとするべきであろう。仏教思想史の考察の枠組として、〈日本〉という単位で範囲を区切るのは狭隘であり、実態にそくした考究が難しくなってしまうように思われる。日本の仏教思想史を考究するには、〈日本〉という枠組を一度取り外し、中国仏教思想史と一体に考察し、あるいは朝鮮半島やベトナム、モンゴルなどアジア東部の地域を含み込んだ枠組の中で仏教思想史を考え、その後に日本に戻ってくるという手続が必要になると私は思う。

これはあらためて言うまでもない当然のことかもしれず、諸先学も、道慈、玄昉にせよ、最澄、空海にせよ、奝然、栄西、道元にせよ、みな中国における修学と思想形成について考え、鑑真や蘭渓道隆や隠元隆琦などが日本の仏教に与えた影響について考えてきた。そうではあるが、私は、さらに一歩を進めて、個別の留学僧や渡来僧の思想のみならず、日本仏教思想史の全体について、国際的な思考を及ぼすべきではないかと考える。

二　度重なる伝播による重層

仏教は国境を越えて伝播、流通する。日本には、国家的には六世紀に百済から仏教が伝えられた。これ以後、仏教は、国家的、非国家的を含めて、一度だけでなく何度も伝えられ、新しい仏教がそれ以前の仏教の上に積み重ねられていった。
六、七世紀、日本は主として百済の仏教を摂取した。これが日本の仏教の第一層を形成した。百済の滅亡後には新羅の仏教を摂取した。それは薄い層ではあるが、日本の仏教の第二層を形成した。その後八世紀になって、大宝の遣唐使によって唐との本格的な交流が復活すると、唐

＊1　薗田香融『平安仏教の研究』法蔵館、一九八一年。

の仏教の本格的な受容が進展した。入唐した道慈、玄昉の活躍や、入唐はしなかったが、行基（六六八―七四九）の活動はよく知られており、やがて鑑真が渡来して日本に唐の道宣（五九六―六六七）の流れを汲む戒律を伝えた。また、中国の仏教説話が伝えられ、日本でも『日本霊異記』を皮切りに中国の説話に範をとった仏教説話が書かれ、語られるようになっていった。奈良時代には中国の仏教が波状的に伝来し、道慈、玄昉、行基の時代に日本の仏教の第三層が、鑑真の渡来以降の時代に第四層が形成された。

こうした国際的な傾向は平安時代になっても継続、発展している。平安時代前期には、入唐して中国仏教を持ち帰った最澄、空海、常暁（?―八六七）、円行（七九九―八五二）、円仁、恵運（七九八―八六九）、円珍、宗叡のいわゆる「入唐八家」が活躍して、平安時代の仏教の骨格を形成した。これにより、唐後期の仏教が日本に流入し、特に密教と浄土教が日本に流通するようになっていった。最澄・空海の時代に日本の仏教の第五層が、九世紀の中後期に第六層が形成された。

また、この時代、恵萼《えがく》も入唐して活躍した。恵萼には開創説話があって、五台山の観音菩薩像を浙江省の舟山列島の普陀山にもたらし、これが普陀山の観音信仰の始まりになったと語られている（『宝慶四明志』『仏祖統紀』など）。普陀山は中国仏教の四大名山の一つで、観音信仰の霊場として著名であるが、その興隆に日本の恵萼が関わったことは注目される。*2 なお、この恵萼との交流の中で唐の義空が日本に渡り、嵯峨天皇の皇后の橘嘉智子（檀林皇后）の周辺で活躍したことが知られている。[*3] 義空は馬祖道一《ばそどういつ》（七〇九―七八八）の孫弟子にあたる人物で、中国の南宗禅の法流の禅僧であった。義空が橘嘉智子のために創建した檀林寺はのち衰亡するも、室町時代になって夢窓疎石《むそうそせき》（一二七五―一三五一）によってその跡地に天竜寺が造られた。恵蕚も義空も、国の枠組を越えて活動した仏教僧であった。

その後、中国では唐が滅亡し（九〇七）、五代十国の時代になった。中国が不安定なこの時代も日本僧の渡海の希望は続いており、寛建、日延が中国に渡ったことが知られている。[*4] 寛建は興福寺の僧で、五台山を巡礼するために従僧とともに中国に渡り、中国で没した。日延は中国天台山で失われた書籍を日本から天台山に届けた天台僧で、仏教国であった呉越国（十国の一つ）の銭弘俶（銭俶）から紫衣を授けられ、多くの日本未将来の書籍を持ち帰った。

かつては、唐が末期的になると、菅原道真の政策によって遣唐使が停止され、以後日本の文化は唐風輸入の時代を脱却して〈国風文化〉が形成されたとする論が唱えられた。この学説は今日では様々な角度から批判されているが、仏教史や仏教思想史の文脈から見ても問題が多い。

＊2　田中史生『国際交易と古代日本』吉川弘文館、二〇一二年。田中史生編『入唐僧恵蕚と東アジア　附　恵蕚関連史料集』勉誠出版、二〇一四年。
＊3　高木訷元『空海思想の書誌的研究』著作集四、法蔵館、一九九〇年。
＊4　手島崇裕『平安時代の対外関係と仏教』校倉書房、二〇一四年。

唐の滅亡後には、五代十国を経て宋が成立し（九六〇）、また遼や金が成立した。日本の仏教は中国の新時代の仏教に関心を示し、積極的にそれらを吸収していった。

宋には、奝然、寂照（九六二―一〇三四）、成尋（一〇一一―八一）、重源、栄西、俊芿、道元、円爾（一二〇二―八〇）など多くの僧が渡った。元が成立すると、日本から古源邵元《こげんしょうげん》（一二九五―一三六四）などの入元僧が中国に渡り、明が成立すると絶海中津などの入明僧が中国に渡った。

日中の仏教の交流史については木宮泰彦氏の先駆的な研究があって有益である。[*5] この分野は近年研究が進展し、[*6] また禅宗史の文脈でも日中の禅僧による交流の様相が明らかにされている。[*7] そうした中で、木宮氏の研究をうけて、「入唐した学生・学問僧（三〇〇年間で一四九人）に比べると入宋僧（一七〇年間で一〇九人）・入元僧（一六〇年間で二二二人）の数ははるかに多い」との指摘がなされている。[*8] 木宮氏の一覧表を参照すると、その後の入明僧は約三〇〇年間で一一〇余人が確認でき、また江戸時代に日本に来た明清の僧は六〇余人が確認できる。[*9] 遣唐使停止以降も日中の仏教の交流は継続、発展していた。

三　アジア仏教の中の日本の仏教の特色

日本の仏教の特色や仏教思想の個性を考察するには、インド、中国、韓国、ベトナム、台湾、北アジア、中央アジア、東南アジアなどの仏教と比較しながら、それらとの共通性と差異を明らかにする作業をしなければならない。しかも、それを空間軸だけでなく、時間軸の中に位置づけて理解する視座が必要になる。それは容易な作業ではないが、そうした時空の座標軸の中に日本の仏教を位置づける営みが重要になると考える。

こうした考察は、日本の仏教史を「国史」の枠組から解放し、「アジア史」さらには「世界史」の中に位置づけるような思考の方向性を求めるだろう。私見では、仏教史は日本史よりも大きい。一国史の枠組を脱却して、アジア史や世界史の観点に立って考究した時、日本の仏教にはどのような傾向があり、また日本の仏教思想にはどのような特色が見いだせるのだろうか。

(1) 重層する日本の仏教

日本には朝鮮半島や中国から繰り返し新しい仏教が伝えられ、それ以前に伝えられた仏教の

＊5　木宮泰彦『日華文化交流史』冨山房、一九五五年。
＊6　村井章介『日本中世の異文化接触』東京大学出版会、二〇一三年。上川通夫『日本中世仏教と東アジア世界』塙書房、二〇一二年。伊藤幸司『中世日本の外交と禅宗』吉川弘文館、二〇〇二年。
＊7　西尾賢隆『中世の日中交流と禅宗』吉川弘文館、一九九九年。同『中世禅僧の墨蹟と日中交流』吉川弘文館、二〇一一年。
＊8　福井県編『福井県史』通史編　2中世、一九九四年。
＊9　木宮泰彦、注5前掲書。

層の上に重ねられた。日本は、従前の仏教を消去してしまって新しい仏教に全面変更するということはなく、新来の仏教の層を上へ上へと積み重ねていった。このような重層、複合の仕方は、必ずしも日本だけに見られるものではないが、しかし、たとえば宗教弾圧（廃仏など）、征服、戦乱などによって、従前の宗教を全く新しいものに変えてしまう国や地域もあるから、日本の重層する仏教の姿は一つの特色になっているように私は思う。

先に、日本の仏教の第一層から第六層までについての私見を述べたが、それ以降の時代にもいくつもの層が重ねられ、日本の仏教は多数の層を累積させていった。近代になるとさらにそれらの上に、大学の学問の発達の中で欧米の仏教学による仏教理解が流入した。また、仏教系新宗教団体による新しい仏教が勃興し、人々の支持を集めた。

したがって、日本の仏教の現況を見渡してみると、奈良の地に古層の仏教が残り、また京都、鎌倉などを中心に、浄土教、禅、密教などのそれより少し新しい仏教の姿が見られる。さらに、伝統的な地域社会が保持されているところには旧仏教系の寺院が存在し、その流れを汲む年中行事が伝えられている。

しかしながら、多くの現代人にとって、仏教と言えば、葬式、法事の場で触れるのがほとんどになっているように思う。これは戦国～江戸時代に形成された新仏教の特徴的な姿で、しばしば〈葬式仏教〉と呼ばれる。新仏教の寺院・道場は、江戸時代の寺檀制度のもとで山岳地帯や津々浦々にまで浸潤し、莫大な数になって今日に至った。多数の新仏教寺院の存在は、日本の仏教の大きな特色になっている。

一方、大学などの研究機関では、インドのサンスクリット原典によって原始仏教や初期大乗仏教の実像が研究され、その研究成果は読みやすい文庫本になって読書人に発信されている。さらに、仏教系新宗教が外国人を含む多数の現代人に支持され、新しい仏教の層を形成している。このように、現在の日本には、時間の進展の中で導入、形成された複数の仏教が重層的、複合的に存在している。

(2) 古い層の文物、儀礼、思想が残存

奈良には、古い仏教の層が残っている。特に、古作の仏像が多く今日に伝わるのは日本の仏教の大きな特色の一つである。私たちは、彫刻、建築、工芸などの仏教文物や古い伝統を保持する仏教儀礼を通じて、七、八世紀の仏教の思想を垣間見ることができる。

仏教儀礼で言うと、たとえば東大寺二月堂の「お水取り」(修二会)が現代にまで継続され、今も多くの見学客を集めている。これは、玄奘訳『十一面神呪心経』に基づく十一面観音悔過の儀礼と、阿地瞿多訳『陀羅尼集経』の巻四「十一面観世音神呪経」に基づく呪師の儀礼とが複合した儀礼で、どちらも奈良時代以来の作法を今日に伝えている。後者の部分は空海以前の奈良時代の密教儀礼を伝えるものであり、また日本の芸能の源流の一つになるものと考えられる。*[10]

さらに、病気封じ、疫病封じの仏教信仰が奈良時代にすでに受容されている。天平七年（七三五）と九年（七三七）、日本では「豌豆瘡《わんとうそう》〈俗に裳瘡《もがさ》〉」（「疫瘡」とも）が大流行し、多くの人々が亡くなった。今日の天然痘である。この恐ろしい災害は日本の宗教に大きな影響を与えた。この時代、すでに中国から病気の原因は鬼（鬼神）だとする思想が受容されており、仏教の文脈では、中国仏教の信仰を受容して般若系の経典が病気封じに効き目があると考えられた。これにより『金剛般若経』『大般若経』が読誦され、八世紀後期になると、『般若心経』『仁王般若経』も読誦された。『続日本後紀』承和二年（八三五）四月三日条には、「諸国に疫癘《えきれい》流行し、病苦の者おおし。其れ病は鬼神より来たれり。すべからく祈禱を以て之を治むべし。又般若の力は不可思議なり」とあり、般若系の経典の「力」が力説されている。

日本では、中世、近世にも地域社会で『大般若経』の転読が盛んに実施された。近代に至るまで人々に『般若心経』の読経、写経が流布しているのは、疫病封じ、病気封じの仏教信仰の流れを汲んだものだと考えられる。このように、日本の仏教の古い層に属する信仰が今日まで残存していることは注目される。

(3)　浄土教と禅と密教

中国では、南北朝～隋唐時代、仏教が繁栄した。唐中期以降には、善無畏や不空などの活躍によって密教が栄え、武宗による「会昌の廃仏」による中断があったものの、宋代になると再び密教が活性化した。宋王朝の政策によって多くの僧が西域やインドに赴き、一方、インドからは法天（ダルマデーバ、?—一〇〇一）、天息災（?—一〇〇〇）、施護（ダーナパーラ、?—一〇一七）などの僧が入宋して経典翻訳を行ない、インド本場の密教を中国に伝えた。[*11]

禅では、唐中期に馬祖道一と石頭希遷（七〇〇—七九〇）が活躍し、両者の法流から百丈懐海《ひやくじようえかい》（七二〇または七四九—八一四）、臨済義玄（?—八六七）、洞山良价（八〇七—八六九）など多くの名僧が現われて、唐後期—北宋期に五家七宗が成立した。禅は中国文化との親和性が高く、師資相承の法燈を形成して、中国仏教の中核を形成していった。

さらに、唐—宋に浄土教（阿弥陀信仰）が隆盛した。唐の善導は道綽の思想を継承して称名念仏を重視する思想を構築した。続いて唐中期—宋代に、承遠（七一二—八〇二）、法照、少康（?—八〇五）、延寿（九〇四—九七五）、省常（九五九—一〇二〇）などの浄土教家が活躍した（『仏祖統紀』）。円仁が日本に持ち帰ったのは、このうちの法照流の五会念仏であった。牧田諦亮氏によれば、宋代の浄土教は独立した団体として活動したというよりも、禅、教、律の三宗に共通する修法として重んじられたもので、また浄業社、浄土会、白蓮社、蓮華勝会、西資社などと称する熱心な念仏結社が作られて、同志を集め、また金品を集めて活動し、浄土仏典が印刷

＊10　吉田一彦「修二会と『陀羅尼集経』——呪師作法の典拠経典をめぐって」『藝能史研究』二一二、二〇一六年。
＊11　牧田諦亮「民衆仏教の展開——中国近世仏教史略」『中国仏教史研究　第三』大東出版社、一九八九年。

流布され、念仏浄土往生の信仰が広められていったという。[*12]

中国では、北方に成立した遼や金においても仏教が大いに栄えた。遼は、歴代皇帝をはじめとして人々の仏教の信奉があつく、多くの寺院、仏像を重修、建立し、特徴的な仏塔を多数造立した。[*13]金も、世宗をはじめとして仏教の信奉があつかったことで知られる。宋代には『宋版大蔵経』、遼代には『契丹大蔵経』、金代には『金大蔵経』が刊行された。奝然や成尋が日本にもたらしたのは『宋版大蔵経』であった。[*14]

続く元もあつく仏教を信奉した。元代には、前代に引き続いて禅、教（天台、華厳、慈恩）、律の三宗が栄えた。禅宗では臨済宗が隆盛し、また禅教一致、禅浄一致、儒仏一致などの融合の思想が説かれたという。[*15]新しい動向としては、モンゴル人がチベット仏教（ラマ教）を信仰したことによって、中国にチベット仏教が導入されたことが重要である。なお、元代にも大蔵経が刊行された。

アジア東部の国や地域には中国の仏教の潮流が繰り返し押し寄せた。そのうねりの中で、多くの国や地域が密教、浄土教、禅、教、律を吸収、配合した仏教を構築していった。日本もその例外ではない。平安・鎌倉・南北朝時代、日本にはまず密教が、次いで浄土教が、やや遅れて禅が伝えられた。教宗や律宗もあらためて伝えられた。

アジア東部でダイナミックに展開した仏教再構成のうねりの中で、日本は浄土教、禅、密教を中核に配置する仏教を構築した。日本の特色としては、華厳宗、慈恩宗（法相宗）、律宗の受容が一部にとどまり（日本史学ではこれを旧仏教の復興と評価するが、再考すべきである）、中核を構成するまでには至らなかったこと、チベット仏教（ラマ教）を受容しなかったこと、律の軽視と連動して戒律の疎外が進展したことが指摘できると考える。

(4) 日本の神仏習合の評価

仏教と神信仰の融合は日本では「神仏習合」と呼ばれ、しばしば日本の宗教の大きな特色であるように説かれる。だが、宗教や信仰の融合は世界のあちらこちらにごく普通に存在し、アジアの各地にも広く見られる。中国では早く仏教と神信仰の融合が進展し、日本は、その思想や論理を導入、受容した。日本の「神仏習合」は、中国で語られた「神身離脱」や「護法善神」、あるいは「垂迹」の思想など、仏教と神信仰を融合させる思想を取り入れて開始されたものと理解される。*16

日本の宗教の特質を考究するには、その融合の様相を他の国や地域の融合の諸相と比較し、

＊12　同前。
＊13　藤原崇人『契丹仏教史の研究』法蔵館、二〇一五年。
＊14　竺沙雅章『宋元佛教文化史研究』汲古書院、二〇〇〇年。同「漢文大蔵経の歴史」『斯道文庫論集』三七、二〇〇二年。
＊15　野口善教「元・明の仏教」（沖本克己編『新アジア仏教史 08中国Ⅲ 宋元明清』佼成出版社、二〇一〇年）。

それらの共通性を明らかにするとともに、国や地域ごとの差異を明確化していくことが必要になる。この作業によって、各地域の宗教、そして思想、文化の個性が明らかになるだろう。

(5) 戒律の変貌

日本の仏教の一つの特色は独特の戒律思想であり、それと密接に連関して展開したと考えられる僧の妻帯世襲である。まず戒律について。日本には、道慈の留学、帰国や鑑真の渡来によって、唐の道宣の戒律思想、儀礼が導入された。これは『四分律』に基づく具足戒の受戒によって正規の比丘になるという思想、制度であった。日本はこれを導入することにより、アジア東部の仏教の一般的、正統的な戒律思想の枠組に参入していった。

しかし、まもなく最澄によってそれとは異なる戒律思想が提唱された。最澄は、具足戒ではなく、大乗戒を受戒することによって正規の比丘になるという思想を主張した。大乗大僧戒の思想である。

最澄はこの思想を極めて政治的に提案した。最澄の使命は南都の仏教勢力の力をそぎ、それに対抗しうる、あるいはそれを凌駕するような新たな仏教勢力を構築することであった。最澄の背後には、桓武天皇、藤原氏、大伴氏など政権中枢部が存在した。最澄はこの目的の実現のために、具体的には僧尼の再生産のシステムである得度・受戒制度の改革を提案した。仏教集団の根幹部分を規定する制度に手を入れようとしたのである。このうち得度制度の改革については、南都の仏教勢力の賛同が得られ、延暦二五年（八〇六）に新しい年分度者の制度が開始されて、度者を宗派ごとに二人または三人と割り振る制度がはじめられた。これによって日本にセクトとしての宗派が成立することになった。この制度変更は大きな歴史的意義を持つ改革となった。

次いで、最澄は受戒制度の改革、具体的には大乗戒を比丘になる戒として認めるという制度変更を提案した。南都の仏教勢力はこの提案に賛成できず、猛反対の論陣をはった。しかし、最澄の背後には政治勢力があったから、最後には最澄の提案が認められることになった。こうして、『梵網経』に基づく「十重四十八軽戒」を受戒することによって正規の比丘（大僧）になるという新しい受戒制度が開始された。これ以後、日本には、具足戒の受戒によって比丘になるルートと、大乗戒の受戒によって比丘になるルートの二つの道程が併存するようになった。これは他のアジア東部の国々とは異なる独特の制度としなければならない。

ただし、『梵網経』の戒律が僧の妻帯や結婚を認めているわけではない。だから、最澄の戒律思想が妻帯世襲仏教の直接の源になったわけではない。ただ、これにより日本は戒律を相対化してとらえる思考を持つことができるようになった。

＊16　吉田一彦「多度神宮寺と神仏習合」（梅村喬編『古代王権と交流4　伊勢湾と古代の東海』名著出版、一九九六年）。同「垂迹思想の受容と展開」（速水侑編『日本社会における仏と神』吉川弘文館、二〇〇六年）。

(6) 戒律の軽視と妻帯世襲仏教の展開

日本では僧の性生活に関する戒律が軽んじられ、あるいは破られ、僧の妻帯が進展した。僧と妻との間の実子（真弟）が父の僧のあとを継いでいくという僧の世襲も進んでいった。早く『日本霊異記』には妻帯の僧や沙弥のことが見え、六国史にも破戒の僧のことが見える。ここから、八世紀後期にそうした動きが開始されたものと推定される。以後、平安時代を通じて僧の妻帯世襲が進展し、家の業としての僧という考え方が生まれ、平安時代末期には〈僧の家（僧の家系）〉とでも呼ぶべきものが成立した。[*17] この傾向は中世を通じて進展していった。

鎌倉時代初期頃から、入宋して禅、教（天台宗）、律を学んだ俊芿をはじめとして、貞慶（一一五五―一二一三）、覚盛（一一九四―一二四九）、叡尊（一二〇一―九〇）など律を重視する僧尼が活躍し、その後も歴史を通じて何回かの戒律復興運動が起こった。だが、日本において戒律が本格的に再構築されるということはなかった。江戸時代には、幕府の方針によって僧の女犯・妻帯は基本的に禁止とされたが、[*18] ただ一向宗（浄土真宗）は他とは異なる肉食妻帯宗と位置づけられており、妻帯が公認されていた。

近代になると、明治五年（一八七二）、太政官布告第一三三号「自今僧侶肉食妻帯、蓄髪等可為勝手事」によって、僧の妻帯は「勝手」（自分たちで決めてよい）となった。これをうけて、各宗派は宗派ごとにこの問題を議論して、次々と妻帯を可とする決定をしていった。こうして、浄土真宗以外の宗派も堂々と妻帯をするようになり、今日の妻帯世襲仏教が確立した。その結果、寺は〈僧の家（僧の家庭）〉になった。これは出家主義の思想の否定であって、他の国の仏教にほとんど見られない、日本仏教の大きな特色となっている。

(7) 新仏教の流布と〈葬式仏教〉の進展

いわゆる「新仏教」は、鎌倉時代ではなく、応仁の乱以降の戦国時代―江戸時代に人々の支持を得て日本社会に広く流布していった。中で最も大きい団体を構築したのは一向宗（浄土真宗）で、本願寺の蓮如、順如、実如は複数存在していた親鸞系諸門流の多くを再編、吸収して傘下におさめ、巨大な教団を作り上げた。これに次いで、曹洞宗や浄土宗も大きな団体を構築していった。旧仏教の諸寺が荘園からの収入を経済基盤としたのに対し、新仏教の経済基盤は門徒、檀家からの収入であって、葬式などの死者供養儀礼が重視された。

江戸時代になると、幕府の宗教政策によって寺檀制度（寺請制度）が確立し、すべての家がどこかの寺の檀家になるという社会制度が進展した。新仏教諸宗はこの制度に立脚して勢力を大いに拡大し、教線を伸張していった。その基本的なあり方は、死者供養、先祖供養を重んじ

＊17　西口順子『女の力』平凡社、一九八七年。
＊18　石田瑞麿『女犯』筑摩書房、一九九五年。

て人々の信心に応える、いわゆる〈葬式仏教〉であった。

近年の研究によると、中国、韓国、沖縄などのアジア東部の諸地域には「死者供養仏教」が広く展開しており、近年それはますます興隆しているという。[*19] したがって、死者供養を重視するような仏教は日本だけのものでなく、アジア東部に広く展開するものとすべきであろうが、ではそうした中で日本の葬式仏教にはどのような特色が見られるのかについては、霊魂観の相違や儒教の受容の問題を比較思想史的に考究する必要があり、今後の大きな研究課題になっているように思われる。

(8) 現実肯定の思想

インド仏教の思想では欲望を滅ぼすことが説かれ、出家者には性生活、食生活などに関する多数の戒律の遵守が求められた。家を出て、家族や財産を捨て、修行によって欲望を滅ぼすのが仏教の出家者の古典的な姿と考えられる。それは、種の維持、継続といった生物本来の生命活動を否定する現実否定の思想という側面を持っている。これに対し、現在の日本の仏教の僧尼、特に僧は戒律を遵守せず、結婚をし、家族を持って、世俗の人々とほとんど差異のない生活をしている。また信徒たちのニーズの中心は、葬式・法事を挙行してもらって死者や先祖を供養することや、自分個人や近親者、関係団体などに関する種々の現実的祈願を成就させること（「現世利益」）にある。それらは現実肯定の思想と言うべきものと私は考える。

家永三郎氏は、かつて日本思想史において否定の論理が発達する過程について論じ[*20]、多くの研究者から高く評価された。しかし、日本の仏教思想史では、歴史の進展の中で、むしろ現実肯定の思想が発達して今日に至り来たったとすべきだろうと私は考える。家永論は大筋としては成り立たないように思う。その現実肯定の思想が成立していく筋道を、辻善之助のように〈仏教の堕落〉とばかり評価するのではなく、アジア東部における宗教史の進展の中に位置づけていく作業が今後必要になると考える。

むすび——日本の仏教思想史の枠組

仏教はインドで生まれ、アジアの各地に広まり、日本にも伝わった。日本の場合、中国や朝鮮半島を経由して仏教が伝わっており、特に中国からの仏教の伝播は一度だけのことではなかった。中国から日本には、各時代に新しい仏教が伝えられ、日本も中国に新しい仏教を求めた。

＊19　池上良正「民俗と仏教——「葬式仏教」から「死者供養仏教」へ」（末木文美士編『新アジア仏教史 15日本V 現代仏教の可能性』佼成出版社、二〇一一年）。

＊20　家永三郎『日本思想史に於ける否定の論理の発達』学生版、新泉社、一九六九年。のち『家永三郎集 一 思想史論』岩波書店、一九九七年。初出は弘文堂書房、一九四〇年。

したがって、日本の仏教思想史を考究するには、中国の仏教や中国周辺国の仏教を含めたアジア東部全体の仏教という思考枠組を設置し、その中での考察を深めていく必要がある。

そのアジア東部の仏教史、仏教思想史が進展していく中で、それぞれの地域にはいくつかの差異が生まれ、個性が生じたが、では日本にはいつどのような地域的な特質が成立したのか。こうした枠組から日本の仏教思想史を再考することは、日本思想史を探求する際の一つの可能性ある視座になりうると私は考えている。

座談会

仏教と日本思想史

◎吉田一彦「アジアの中の日本仏教の思想」要旨

日本の思想を考察するとき、仏教の文脈で語られた言説がしばしばとりあげられ、〈日本の思想〉をよくあらわしたものとして理解・評価されることが少なくない。だが、それらとアジア東部に広範に展開した〈仏教の思想〉とはどのような関係にあるのか。もし、それを〈日本の思想〉だととらえることができるとしたら、どのような論理と限定によって〈日本の思想〉と言えるのか。

まず、旧来の「鎌倉新仏教論」の観点から日本仏教の歴史や思想を理解すべきではないと考える。鎌倉時代にはまだ「新仏教」の勢力は大きくなく、少人数の弟子や信徒を持つ団体にすぎなかった。「新仏教」は戦国時代〜江戸時代に流布し、多くの信徒を得るようになっていった。次に、旧来の「国風文化論」の観点から日本仏教の歴史や思想を理解すべきではないと考える。この論は、一九世紀末～二〇世紀、ナショナリズムの観点から唱えられたものであるが、再考すべきだと考える。仏教に関して言えば、平安時代の仏教は中国仏教の強い影響を受けたものである。平安前期だけでなく、平安後期にも日中の仏教の交流は盛んに行なわれた。日本はアジアにおける仏教をめぐる動向に敏感であり、常に新しいものや根源的なものを求め、受容しようとしていた。アジア東部における仏教の展開の中に日本の仏教を位置づけ、理解すべきである。

アジアの国々では、仏教と他の宗教、信仰との重層、複合、融合が見られることが一般的であり、日本の「神仏習合」もそれらとの比較の中で考察する必要がある。

アジアの仏教の中の日本の仏教の特色は何か。私見では、宗派仏教の発展、戒律の軽視あるいは消滅、妻帯世襲仏教の展開、寺檀制度の発展と葬式仏教の進展などをあげることができる。その中で日本の仏教の思想的特質は何か。「戒律」は仏教の根本的思想であるが、日本では、歴史の進展の中で戒律がほとんど捨てられ、むしろ〈現実肯定の思想〉とでも呼ぶべきものが発達した。ここに日本の仏教の思想的特質がある。

鎌倉新仏教論と顕密体制論

大山　では、最初の「旧来の「鎌倉新仏教論」の観点から日本仏教の歴史や思想を理解すべきではない」というところからですが、これによるといわゆる鎌倉新仏教というのは、鎌倉時代には萌芽しかなかったということですが、それはたしかに人口数で言えばそうかもしれないけど、歴史的意味というのはどういうふうに評価すべきなんですか。法然とかそういう人たちは。

吉田　たとえば親鸞の場合、同時代ではまったく世の中に知られていない無名の僧で、弟子とか信徒集団というのも小さい規模だったと思います。道元も、弟子とか信徒集団というのはほとんどないと見てよいのだろうと思います。僕は、そのことは、彼らの歴史的意味を考えるとき、重要なことになるだろうと考えています。

長谷川　黒田俊雄の本を読んでいて思ったのですが[*1]、仏教思想の内実と位置づけの問題には直接は触れないという形で話が進むんですね。だから「顕密体制」とか「権門政治」という社会構造を論じるとき、親鸞や法然や道元の思想について、新仏教の勢力がまだそれほど大きくないこともあって、直接に正面切って論じられることがない。そこは不満だった。法然や親鸞や

＊1　黒田俊雄『日本中世の国家と宗教』前掲。『日本中世の社会と宗教』岩波書店、一九九〇年。

道元の思想の特質については、社会的な勢力の大きさがどの程度かということとは別に論じてほしいなという気がしてたんだけど。

吉田　黒田さんの議論というのは西洋史の概念を借りてきて、「正統」と「異端」と「改革派」という三つの枠組みで宗教史を理解しています。それで、法然は弾圧もされているし、「異端」だという位置づけなんです。ここの「異端」というのはほめ言葉として使っているんだろうと思いますけど。

だけど、政府から弾圧されただけだと国家的、社会的に異端であるにすぎないので、本当に思想的に異端だったのかというのを問わなければならないという議論がその次に起こって、黒田さんのあとに平雅行さん[*2]が、法然の思想は社会的に異端であるだけじゃなくて、思想的にも異端だったという論文を書いたんです。ただ、この指摘が正しいのかどうかについては論争があって確定していません。

僕自身の意見では、日本の浄土教に決定的な意味を持っているのは円仁[*3]と源信[*4]で、そのあとに出てくる人たちは、その流れの中から出てきたもの、流れを汲むものだというふうに考えています。奈良時代にも光明皇后とかの阿弥陀信仰はあるんですけど、それと円仁以降のものとは連続しません。後世につながっていくのは、円仁、源信以降の比叡山の浄土教です。

法然や親鸞が重視されるのは、江戸時代に勝ち残った新仏教の諸宗派の「宗祖」として意味が大きいので、平安後期から鎌倉時代にかけては、たくさんの浄土教の僧がいる中のひとりとして位置づけてもいいのではないかと思っているんですけど、言いすぎですか。

大隅　それはそうだと思いますが、歴史の書き方はいろいろあるわけですから、大きな役割を果たした宗派の源流をたどれば、通説のようになるわけでしょう。

吉田　それから道元ですが、禅というのは本当はもっと日本に早く入ってもいいのではないかと思うんですけれども、浄土教の流入に比べると禅の流入の方が少し遅れるんですね。彼は浙江省の方へ行って帰ってきて、禅の導入という点では大きな意味があると思います。もちろん、道元以前に栄西が禅を導入していて、この栄西と俊芿[*5]はとても重要だと思います。だから、浄土教の導入より禅の導入の方が少し遅れるという感じがして、そのうちに中国の禅僧を呼ぼう

＊2　平雅行（一九五一―）。日本中世史。大阪大学・京都学園大学教授。著書に『日本中世の社会と仏教』塙書房、一九九二年。『鎌倉仏教と専修念仏』法蔵館、二〇一七年など。

＊3　円仁（七九四―八六四）。平安時代の僧。下野国壬生氏の出身。最澄の弟子。八三八年入唐。五台山や長安で唐の仏教を学び、廃仏に遭遇しながら八四七年帰国。天台座主。著書に『顕揚大戒論』『入唐求法巡礼行記』など。

＊4　源信（九四二―一〇一七）。平安時代の僧。恵心僧都とも。良源に師事。天台宗。比叡山の横川で活動し、浄土教を宣揚した。著書に『往生要集』『一乗要決』など。

＊5　俊芿（一一六六―一二二七）。平安末鎌倉初の僧。一一九九年入宋、一二一一年帰国。建仁寺、泉涌寺などで活動。泉涌寺を天台・真言・禅・律の兼学の道場とした。

という話になるのかなと思うんですけどね。

大隅　もともとは、禅は最澄だってやってるし、浄土教なんかよりも早いんです。ただ、禅っていうのは中国で正統の合理主義思想みたいなのに対立してる神秘主義の流れがありますよね。日本ではその対立相手の正統思想というのがないというか、わからないんですよ。だから禅の意味は日本人にはわからなかったんですね。全面否定するようなものがなんなのかは。それは玉村竹二[*6]さんなんかも、いま吉田さんからも出てきたけど、中世までの日本の禅僧は禅が一切わかってないと。

日本人が禅を理解するようになったのは江戸時代に入って、白隠[*7]あたりからあとで、それまでの禅はみな、中国のまねをしてただけだということを、玉村さんは日本の禅宗研究の代表者のひとりですけど、言い続けていたんです。

吉田　最澄が導入した仏教の中に禅はあるんです。ただ、その後、中国では宋の時代になると禅と浄土教が新しい展開に入ってきてて、それを導入しようということになる。つまり、日本はいつも何か新しいものが欲しいというのがあるように思うんですけれどね。

大隅　最澄は円・禅・戒・密の四宗融合が看板ですよね。だから禅はあった。だけど、禅が何なのかというのは、さっきも言いましたけど、日本人にはわからなかったんじゃないでしょうか。それで、叡山の権威が少し解体し始めて全体が混沌状態になったから、そこで禅が初めて注目されるようになった。禅の歴史で言うと、禅は唐の中葉に中国で成立するわけですから、その頃の禅が一番、禅らしいんですよ。最澄なんかが円・禅・戒の三つ全部を入れるというのは、その頃の中国の状況から出てくるんですけど。それで宋代の禅になると、もう官僚制や貴族制が合体してしまって、禅そのものの新しさとか意味というものがかなり薄れているんです。そこに道元が行って、いまの中国の現状の禅はみなダメだと言うんですね。

吉田　今日から見て思想的起点が法然にあるとか道元にあるとかいう議論が成り立つかどうかというのは、やはり微妙なところがあって、実際は彼らが「宗祖」だからというのがあるんじゃないかなと思います。

大隅　だから栄西なんかは、日本でのあり方は完全な密教僧なんだけど、臨済宗の開祖とされたから重視される。黄檗宗だって臨済宗ですけど、日本ではあとから日本に来た黄檗宗に臨済宗と言わせないわけです。既成の臨済宗がね。

長谷川　鎌倉新仏教は鎌倉時代には社会的な影響力がきわめて小さかったというときには、浄土宗や禅を社会的な広がりの観点から考えていますよね。吉田さんの話でもそうだけど、社会

＊6　玉村竹二（一九一一―二〇〇三）。日本禅宗史。東京大学史料編纂所教授。著書に『日本禅宗史論集』全三巻（五冊）、思文閣出版、一九七六―八一年。編書に『五山文学新集』全六巻、別巻二巻、東京大学出版会、一九六七―八一年。

＊7　白隠慧鶴（一六八五―一七六八）。江戸時代の禅僧。臨済宗。晩年は龍澤寺で活動。著書に『槐安国語』『夜船閑話』など。絵画・書でも知られる。

的広がりが議論の対象になったときに、それと思想史的なアプローチとはどうつながるのか。たとえば法然の『選択本願念仏集』[*8]とか、親鸞の『教行信証』[*9]や『歎異抄』というものの思想の実質と、その思想の社会的な位置の大きさとの関係をどう考えるのか。

思想書としていまに残るものについて、その思想の内実をとりあえず括弧に入れて、社会構造的な分析の方をどんどん進めていく。それはそれですごく魅力的だと思うけど、思想的な面と社会構造的な面をうまく融合させて論じるような視点はないのか。

吉田　さっき言ったように、「正統」と「異端」に分けるのが黒田さんの「顕密体制論」の大きなポイントです。一方、「鎌倉新仏教論」の方は、黒田さんが「異端」とするようなものを「新仏教」として、もとからある仏教を「旧仏教」としているので、そういう二分法みたいなところには大きな共通性があります。だから「鎌倉新仏教論」と「顕密体制論」は正反対のことを言っているようで、発想の根源には共通性がかなりあるのかなと思います。

思想史研究というのが仏教学の教理研究の分野にあって、法然の書いたものを詳しく読むとか、平安時代の浄土教家が書いたものを詳しく読むとか、教学書を読んでいく分野がありますが、それと「鎌倉新仏教論」とは融合しているんですけれども、「顕密体制論」とはあまり融合してこなかったですね。

だけれども議論をよく見てみると、「顕密体制論」は「鎌倉新仏教論」を逆さまにしただけというところがあるので、近い将来、両者が融合的になっていくんじゃないかなと思っています。

長谷川　そこのところをどう考えるのか、僕にはいまも疑問です。

吉田　昔、平雅行さんと話していたら、家永三郎先生から手紙をもらった。そこに、君の議論はわからないわけではないが、やっぱり自分には認められない。理由は、いかに社会的勢力として微々たるものであったとしても、彼らの説いた思想の高みは日本史の中で輝くべき頂点にあるからだ、といったような趣旨のお手紙を頂戴して平さんは、返事をするのにとても困ったという話を聞きました。平さんご自身は法然も親鸞も「異端」だとしますが、思想的には高く評価しています。

大隅　だから、そこのところは、僕は「思想史」と「文化史」というふうに分けているんですけど。「文化史」というのは社会の価値観とか何かを復元していくようなもの。「思想史」は、鎌倉仏教が親鸞が生きていた時代にはいかに影響力が限られていたにせよ、のちの時代にだんだんと大きな影響を与えたことを見て、それが始まった時代はやっぱり鎌倉時代なんだから、

＊8　『選択本願念仏集』。二巻。法然（一一三三―一二一二）の著作。一一九八年成立。称名念仏の思想を述べ、浄土門が末代相応の教えであることを論じた。

＊9　『教行信証』。六巻。親鸞（一一七三―一二六二）の著作。正式書名は『顕浄土真実教行証文類』。親鸞晩年まで修訂加筆がなされた。横曾根門流の坂東報恩寺（東京都台東区）に伝来した坂東本が自筆本として知られる。現在、真宗大谷派所蔵。

鎌倉時代は思想の揺籃として重要な時代だったと考える。「思想史」は大体そういう流れだと思うんです。

長谷川　僕もヨーロッパの思想を考えるときにも、いまから見てどうとらえるかという点はとても重要で、いまから見て意味や価値があるとすれば、その思想の生まれた時代と絡めてその思想の大きさを考えていきたい。

大隅　いわゆる新仏教は社会的に見て大きな存在じゃないと論じたのは平泉澄『中世に於ける社寺と社会との関係』です。僕も昔そういうことを言ったことがあるんですけど、鎌倉仏教の影響は小さかったと言ってみてもそんなに意味はないんじゃないかと思ってるんです。

長谷川　そこをどういうふうに考えるか。その点で吉田さんの思想評価には興味がある。吉田さんは社会的な影響力と思想の大きさを似たようなものと考えている気がする。

吉田　いやあ、これまでだって、思想的に独自性があるとか、重要だからという理由で彼らの書物が評価されてきたんじゃないように思います。あるいは、後の時代のすぐれた思想の起点にあたる思想が含まれてるからということで評価されてきたというのでもない。たぶん、あとになって大きな集団が形成されて、戦国時代から江戸時代くらいに、その大きな宗派の「宗祖」の書物だからというので大切にされてきました。だから、思想的に評価されてきたというよりは、社会的に評価されてきたという方が実態に合ってるように思います。それに、たとえば源信なんかに比べると、法然や親鸞のものは読んでいて物足りないような気がして。

大隅　それは『教行信証』や『選択本願念仏集』が主著だと考えるからそうなんで、『末灯鈔』[*10]とかそういうものが親鸞の思想の中心だと考えれば、最澄や源信よりも親鸞の方が小さいとは思わないいんですけど。親鸞のは手紙なんですよ。『教行信証』なんかは、生きてる時代には誰も読まなかったものでしょう。

長谷川　そうでしょうね、漢文だしね。

大隅　『教行信証』の注釈書を書いた人はずっとあとまでいないし、写した人もきわめて少ないんですよ、親鸞の時代には。それで、何代かあとの親鸞の子孫が注釈書[*11]を初めて書くんですけど、これはみなにはわからないだろうって言っています。

長谷川　親鸞の『教行信証』とか法然の『選択本願念仏集』なんかだと、普通の人にはなかなかとっつきにくいなというのがあるんだけど、でも「一枚起請文」[*12]とか親鸞の『歎異抄』とかは、ひとつの思想の形としては僕は十分評価に値するし、論ずるに値すると思っている。

吉田　たしかに、『選択本願念仏集』や『教行信証』は、経論疏の文が「〇〇云」と引用されて、

＊10　『末灯鈔』。二巻。親鸞の書簡集。覚如（一二七〇―一三五一）の次男の従覚（一二九四―一三六〇）により一三三三年編纂。親鸞の手紙二二通を収める。

＊11　『六要鈔』。一〇巻。覚如の長男の存覚（一二九〇―一三七三）の著作。『教行信証』の注釈書。一三六〇年成立。

＊12　「一枚起請文」。法然が臨終にあたり弟子の源智に授けた遺戒。一二一二年成立。

それを次々と連ねていく書き方ですよね。それに比べると、親鸞の手紙は、教学の話が弟子や信徒に向けて熱く語られていて、説法の現場の姿が読みとれる可能性があるのかもしれません。

長谷川　この時代になると法然や親鸞はごく普通の人と交わるところがあって、書簡などごく普通の人たちと交わってるところがとても新鮮な感じがします。仏教にたずさわる人びとが、思想家と言ってもいいし、坊主と言ってもいいけど、だんだんと、ああいい悩み方をしてるな、と感じさせるようになってきてる。そういう点で僕は、鎌倉新仏教というのは割合身近に考えられる存在だという感じを持っています。

作品の真偽の問題／同時代のものか後世のものか

大山　仏教というのは、釈迦が最初。昔、仏教青年会（東京大学仏教青年会）の仲間と飲んでるときに、仏教でだれが一番偉いんだろうねという話が出たんです。最澄はだれもいなくて、日蓮がどうのとか、良寛なんて言う人もいたんだけど、そのうちやっぱり釈迦じゃないかって（笑）。

問題は、釈迦の思想が深まってんの？　高まってんの？　こういう仏教史の中では釈迦を超えていくの？　それとももっと堕落していくの？　全体としては。

大隅　それは難しい。イエスとパウロの関係みたいじゃないですか。

大山　イエスの言葉の解釈だよね。

大隅　でも、パウロがいなかったらキリスト教はありませんよね。

吉田　難しいですよね。どう難しいかというと、これはまた歴史学の問題になるんだけれども、釈迦に仮託していろいろなものが書かれるじゃないですか。

大山　ああ、『仏説○○経』とかなんとかかと。

吉田　そういうものはたしかに後世の人が書いたものなんだけれども、釈迦に仮託するというのがどういう気持ちかというと、作った本人はだますつもりはなくて、釈迦の思想を発展させているつもりだと思います。仏教はそうやって時代を追うごとに大きく変化していって、釈迦が説いたものからかなり異なる宗教へと変わっていったと思います。

親鸞にしても、親鸞が書いたというものにも真作でないものがたぶんかなり混ざってると思うんです。手紙にしても自筆のものとそうでないものがあって、その史料批判はややこしい。だけど、仮に後世の人が親鸞に仮託したものだったとしても、それが思想的な高みにあれば、親鸞門流の後継者が、これが自分が考える「親鸞だ」と言って書いた親鸞思想なのかもしれない。だから『末灯鈔』はすごく難しいです。

大隅　『末灯鈔』はあとで編纂されたわけだけど。

長谷川　そういうのがたしかにずっと残っていて。

吉田　だから一宗一派の祖というのは後世からあれやこれやと仮託されるような存在になるの

で、テキストの量が膨大になります。たとえば、『伝教大師全集』は全部で五巻ありますけれども、そのうち三分の一くらいは後世の偽作で、最澄の真作とは言えないと思います。

大隅　それがもっと壮大で大変なのが弘法大師で……。

吉田　ええ。だからって人を欺こうと思って偽作したわけじゃなくて、きっと最澄だったらこう言うだろうみたいにして書かれているものが多く含まれてると思うんです。神仏習合関係のものの中には鎌倉時代まで成立年代が下るものもあります。

大山　そこのところが引っかかるんだろうね、みなね。仏教の理解、仏教史の理解としてはね。

吉田　『末灯鈔』は編纂物だから、一通一通、史料批判を行なって、どれが後世のものでどれが真作なのかを確定させる作業が重要になります。その上で、教学書の書き方とは違う、説法の場での仏教理解をどう掬い上げるかということになると思います。ただ、親鸞門流の場合は、井上鋭夫[*13]さんとか宮崎圓遵[*14]さんが言ったように、聖徳太子信仰の部分が強くて、信仰の中核のひとつが聖徳太子信仰だったというところを避けて通れないと思います。

前に小さいコラムを書いたことがあるんですけど[*15]、聖徳太子信仰と浄土教が結びつくのは四天王寺なんです。だから、親鸞の浄土教というのは、思想の系譜としては、法然というより、むしろ四天王寺浄土教の系譜に位置づけられると考えています。親鸞門流の信仰の中心に見られる聖徳太子信仰をどう評価するかは要の問題になると思います。

「国風文化」をどう理解するか

大山　次に、「旧来の「国風文化論」の観点から日本仏教の歴史や思想を理解すべきではない」というところはどうですか。「国風文化論」というのは吉田さんから見ると、明治のナショナリズムの中ででっち上げられた文化。

吉田　そうですね。僕の理解では。

大隅　中国に対して日本というのは、『日本書紀』とかの「六国史」が皆書名に「日本」という二文字を持っているみたいに、いつも意識してたわけですよ。だけど中国と日本を比べると、中国や朝鮮の方が圧倒的に文化が高いわけです。だから日本というのがなんなのかというのをうまく比較できないわけです、向こうが高いのに対してこっちが低いから。もし日本のさらに東側に大きな島国か何かが近いところにあったら、日本より遅れてる国に比べて、日本人は早

＊13　井上鋭夫（一九二三―七四）。日本中世史。新潟大学・金沢大学教授。著書に『一向一揆の研究』吉川弘文館、一九六八年。『山の民・川の民――日本中世の生活と信仰』平凡社、一九八一年など。

＊14　宮崎圓遵（一九〇六―八三）。日本仏教史。龍谷大学教授。著書に『初期真宗の研究』永田文昌堂、一九七一年。『宮崎円遵著作集』全七巻、思文閣出版、一九八六―九〇年など。

＊15　吉田一彦編『親鸞の聖徳太子信仰の系譜』『変貌する聖徳太子』平凡社、二〇一一年。

くから日本というものを自覚してたと思うんです。だけど地理的にそれができないところに日本があった。

それが、平安時代の中頃に、「国風文化」の頃に、日本の中の辺境というのを発見するわけですよ。それで中央・都と、地方・田舎、つまり中央貴族を中心にした社会と「東国」というのを作り上げた。この「辺境」を作るという営みによって自覚できたのが「国風文化」だと思うんです。たとえば、和歌のいろんな歌枕なんかにそれがすごくあらわれてる。

江戸時代には「中世」というのはあまり評価されてなかった。僕らがいま、「中世」と言ってる時代。『源氏物語』だって、一部には持ち上げた人もいて、和歌を重んずる人はそうだけど、そうでない人は皆、価値を認めてなかったわけです。それが近代化をするようになって、先進地帯と東北や九州の端の田舎という、内国植民地とでもいうのができるようになったのは明治の半ば過ぎですよ。その頃に、「国風文化」というのが再評価されるようになるんです。「三才女[*16]」という小学唱歌の歌ができて、それを歌うようになったりね。

明治の初めじゃないんですよ。開国して、かなりな段階に達したところで、近代化の最初の段階が終わったところで「平安文化」というのが再評価されるようになった。それで、北村透《とう》谷《こく》[*17]とか平田禿木《とくぼく》[*18]とか、ロマン主義者たちが「中世」を再評価するようになって。それまでは、「中世」なんていうのはやっぱり否定の対象なんですね。

長谷川　それまでは、評価されたことはないということですか？

大隅　あったでしょうけど、いま、吉田さんが言ったのと、「中世」の評価というのが重なっているのだと思います。もともとは平安時代に「東国、東国」と言うようになるんですよ。「国風文化」が成立するときに。

長谷川　東国を下に見てそういうふうに言うんだ。

大隅　そうです。だから実態以上に「東国」は野蛮な人間が住んでると言う。『今昔物語』とかみなそうですよ。武士というのは野蛮で恐ろしいものだというような。たまに武士でも歌が詠めるのがいるといったらそれを持ち上げるわけでしょう。だから日本の中における中央と辺境と言うんですか。

長谷川　辺境を見下して「国風」と言ったんだ。

大隅　明治時代になって、明治の後期ですけど、いろんな方言がある中で、ロシア文学を翻訳するとき百姓言葉というのができるわけです。そこで、やっぱり東国らしき言葉を作るわけで

＊16　「三才女」。尋常小学唱歌。芳賀矢一作詞、岡野貞一作曲。平安時代中期の三人の才女の紀内侍（紀貫之の娘）・伊勢大輔・小式部内侍を歌う。

＊17　北村透谷（一八六八―九四）。詩人。本名北村門太郎。キリスト教徒。ロマン主義的な詩と文芸評論を著作。二五歳で自殺。

＊18　平田禿木（一八七三―一九四三）。英文学。翻訳家。英語に堪能で、東京高等師範学校、明治大学等多くの学校で教鞭をとりながら、英文学を研究。多数の翻訳を行なった。

す。トルストイの翻訳なんかで、ほんとはどこにもないような言葉をロシアの百姓がみな話してるわけで西国ではない。そういうのが成立する時代と、「平安文化」がね、みなのあこがれの対象になるのが重なっているのだと思いますね。

大山　まあ、業平なんてね、エリートだもんね。東国の女なんてもう。それでも礼儀正しくレディとして扱ってやるよっていうすばらしさがね。

大隅　業平の「東くだり」がその代表です。身を要なきものと思った人が東国に下る。

長谷川　たしかに「みやび」は、そりゃ、田舎者には手が届きにくい。

大隅　田舎があって、それで自分たちの文化、みやびの文化が自覚されるわけで、中国に対してだけだったら、そんなもの作りっこないんです。

大山　でも、その話は、「国風文化論」の理解としては珍しい説じゃない？　だって中国に対して、日本が中国文化から一応、多少は自立するというのが普通の理解だから。仮名とか和歌とかね。そういう意味で普通「国風文化」って言ってますよね。

大隅　ただ、親鸞だって、田舎の人の文字が書けないことの浅ましきこと[19]というような言い方をしていますね[20]。

長谷川　戦後民主主義の時代は、文化の最上位にあるのがヨーロッパとアメリカの文化でしたね。僕は島根県の出身なんだけど、田舎から見るとヨーロッパというのはすごく高くてね、その次に東京がやや高いところに位置づけられてるのね。東京にはヨーロッパから来たいろんな文化がそれなりにあるという、だから、東京へのあこがれは強かった。

大隅　僕は大学受験で初めて東京に来て、東京に住むようになるんだけど、高校生の頃、『週刊朝日』を毎号読んでいました。何も考えずに読んでいたのですが、東京に来てみたら、『週刊朝日』というのは東京に住んでる人のためのものなんだ。そう痛感しました。そのときのことを忘れないですね。だって、どっかのガード下とかなんとか書いてあるでしょう。そんなものは地方にはないんですよ（笑）。

大山　村上春樹だって、『1Q84』は首都高速のところから始まるじゃない？　田舎の人は分かんないよね。

長谷川　いや、わかった顔はするんだけど、田舎は。でもわからない。

大隅　日本全体の雑誌だと思ってた『週刊朝日』が。

吉田　東京ローカルなんですね。

大隅　だから中央と地方というのかな。中央と辺境というのは文化の問題だと思ってるんです。

長谷川　言葉についても、出雲弁というのはなんとなくやっぱりみなコンプレックスがあって、田舎ではそういう方言をなくしましょうとか、正しい言葉を使いましょうとか言われてた。中

＊19　『唯信鈔文意』末尾に「ゐなかのひとびとの文字の心も知らず、あさましき」など。

＊20　大隅和雄『日本文化史講義』吉川弘文館、二〇一七年。

央と地方の文化的格差の意識は強烈だった。

大隅　そういうのは万葉の時代にはなかったと思うんですね。「東歌」なんかが、ああいうふうに『万葉集』にあるけど、「東くだり」みたいのはないですよ。そういう構造を作ったのが「国風文化」だと僕は思っていて、だからそういう構造を作るのに成功したときに「国風文化」が成立した。「国風」って田舎という意味でしょ？　「詩経国風[*21]」では。

吉田　なるほど。言葉の正しい意味ではそうですけれども……。「国風文化論」の教科書的な理解を乗り越える説ですね。

文化が日本化するのはいつのことか

吉田　〈文化の日本化〉というように「国風」をとらえるのが一般的な理解だと思いますけど、それは簡単な話ではなくて、たとえば、言語とか文字表記で言うと、『古事記』が和文というか、和化漢文で書かれた最初の本だということになってますから、『古事記』が本当に七一二年に書かれた本ならば、『古事記』が「国風文化」の始まりで、八世紀の初めということになります。けれど、今度は後ろの方の時代に眼を移して、室町時代の能の「幽玄」の美が日本的文化の始まりで、それで、千利休の「わび」や、松尾芭蕉の「さび」で日本的な美意識が誕生したと考えると、室町から江戸初期ぐらいということになる。「日本化」ということを言い出すと、だから、どの時代にもなんやかんやとあって、その中でどれを特別「日本的」と評価するかという話になります。

たしかに、大隅さんみたいに「東国」というのをメルクマールに使えば、ひとつの時代が設定できるかもしれないけれども、そういう物差しを使わないで、日本的なものがいつ生まれたか？　という話をすると、どの時代でもなんらかの「日本化」を認めることができるから、混乱してしまうんです。

長谷川　それは混乱するよね。教科書的には「国風文化」は平安時代の途中から遣唐使の廃止をきっかけにして起こったとするわけでしょ。そのときの「国風文化」は、仮名文字とか女房文学とか絵巻物といったところに中心を置いていて、あまり仏教の話は強くは表に出てこない。一応、平等院鳳凰堂なんかは出てくるのかな。だけどあれも美術としての評価で、仏教信仰の対象としてはあまり出てくることはないと思うんだけど。そのときに、吉田さんの議論で言うと、そういう仮名文字の「国風文化」も怪しいと思ってるのかどうか。「国風」というのが、仮に明治時代のイデオロギー的な命名だとしても、われわれが同じようにイデオロギー的に使わなくてもよいわけで、「日本化」されたものがそこにあることぐらいは承認できるのかどう

＊21　詩経国風。『詩経』は中国最古の詩集で、「風」「雅」「頌」の三つからなり、このうち「風」は「国風」（詩経国風）とも言い、諸国の民謡のこと。

かというのがひとつね。

それと、仏教の「国風」化というのは、あなたの議論でそもそも「仏教史は日本史よりも大きい」というような言い方をしたときに、そんな簡単に「国風文化」にのみこまれるのかというのがもうひとつある。どうも国風の流れに沿っていくようにはならないんじゃないのか。大筋として国風化されたというか、日本化されたというか、土着のものになったということと、仏教本来のあり方とは違うというようにとらえてるのかなと。その辺はどうなってるんだろう。

吉田　まずひとつ目の話なんですけれども、大和絵の成立はフィクションだと思います。岡倉天心の時期区分に「金岡《かなおか》時代*22」というのがあるんで、ここらあたりから始まった説だと思いますが、巨勢金岡は後世に一点も作品が残ってなくて、実在なのかもしれませんが、説話的な人物と言わざるをえないと思います。だから、これを国風文化のひとつの代表とするのは難しいですね。

一番重要で、問題になるのは、おっしゃるように、仮名文字の成立と、和歌の発達と、仮名文学の発達ということになると思うんです。文学が発達するということは非常に特別なことだと思うので、大きく評価すべきだと思ってます。

いまの研究水準でいうと、九世紀中頃あるいは前期にひらがなが成立していることは確実で、その時代の墨書土器が藤原良相の邸宅跡から出土しています。だから、時代区分でいうと、これまで唐風文化全盛時代とされてきた「弘仁貞観文化」の時代に仮名が成立していることが実証されています。

それから、仮名文字の成立について僕に大きな影響を与えたのは、金文京さんの『漢文と東アジア』[*23]という岩波新書の一冊です。中国周辺国では、日本だけでなくて、中国語でない人たちのいくつかが、漢文の訓読や顚倒読みをしているそうです。それから、一、二点だとか、返り点みたいなのもある。高麗の本にも一、二、三と語順符を書いたりするものがある。さらに、右側の方には、日本の送り仮名みたいなのが書いてあるのもあるとのことです。

大山　それはどういう字なの？　仮名文字？

吉田　日本のものとはちょっと違うんですけど。だけど、漢字の略体になっていて、「也」（や）とか「毛」（も）は同じらしいです。

そういう訓読の文化の中から、日本は、ひらがな、カタカナを生み出したけれども、たとえば契丹には契丹文字があるし、西夏文字とか、女真文字とかパスパ文字のようにいくつか文字を作った国がある。その中の一つとして日本の仮名文字を位置づけたらどうだろうかという議論なんですね。

＊22　「金岡時代」。岡倉天心『日本美術史』は、古代を「推古時代」「天智時代」「天平時代」、中古を「空海時代」「金岡時代」「源平時代」「鎌倉時代」とする。

＊23　金文京『漢文と東アジア』前掲。

朝鮮の場合は、仮名文字の源流みたいなものがあったのに、それを捨てて一五世紀に世宗がハングルを作って、新しい文字に移行していった。だから、日本が仮名文字を作ったということを、日本だけのことにしないで、アジア史の中に位置づけた方がいいというのがまず一点です。

それから、もう一点は、中国で漢民族が統治している時代は思ったよりも少ない。漢は漢民族が統治する国家だけど、五胡十六国は胡族、北朝の北魏、東魏、西魏、北斉、北周は鮮卑拓跋族で、それが隋や唐に継承されます。それを宋が引っくり返して漢民族が王朝をとりますけれども、すぐに南の方に圧迫されて、北部は遼とか金になる。その次はモンゴルが入ってきて元になる。明で久々に漢民族の国家を作るけれども、次は女真族の清になる。

そういうふうに考えたときに、漢字、漢文は共通のものとしてあったのかもしれないけれども、それぞれみな違う言語を使っていた。そういう歴史の中で、周辺の国や民族がそれなりに自前の文字や表記を作っていく中のひとつとして、ひらがな、カタカナを再評価すべきだという、金文京さんのご説を、だいぶ修飾をつけて、自分の考えを少し混ぜて紹介してしまったんですけれども、そういうふうに思っているんです。

長谷川　東アジアを大きく見わたしたそういう議論はわかるけど、だからといって日本化された文字や文学表現が「国風」ではないというわけではないでしょ。ほかの国でもいろいろその国らしくする試みがあって、日本は日本で、ひらがな、カタカナと作られていたと。

吉田　そうなんですけど、漢文の訓読法は新羅から伝わったという理解[*24]もあるし、ひらがな、カタカナを「国風文化」と言ってしまうと日本対中国の二国間関係の文脈になっちゃうので、もうちょっと別の言い方で、アジア史の視点から歴史と地理を説明できないだろうかということです。

長谷川　吉田さんは東アジア的な感覚が本当に強いんですね。僕の方はほかの国のことが視野の中にきちんと入ってないのはたしかで、まあ、ほかの国でも同じようなことがあちこちで起こってる、というぐらいの感じだけど。

吉田　もう一つは、「国風文化」を何世紀の話にするかというのが問題なんじゃないかと思います。

そもそも平安中期の文化を「国風文化」と言っているので、奈良時代や平安時代初期、鎌倉時代なんかはそうは言わない。『万葉集』は時代が違うから国風文化とは言わないんです。そんなある一つの時代だけ「国風文化」と呼ぶのは変だなあって思います。

さっき言ったように文学の発達という話になると、平安時代は江戸時代と並んで大きいんだろうと思います。だけど、日本語の表記ということになると、七世紀後期ぐらいから宣命体というのが始まって、木簡でも宣命体みたいな書き方のものや万葉仮名を使った「音義木簡」と

＊24　藤本幸夫「李朝訓読攷其一――『牧牛子修心心訣』を中心にして」『朝鮮学報』一四三、一九九二年。

いうのが出てくるんです。もちろん、ひらがな、カタカナの成立は大きいんですけれども、その前からの段階的な成立を考えると、そこは順を追って日本風の表記の歴史みたいなものを考えていくべきで、ある特定の時期の文化を「国風」としてしまうのはどうかなと。

長谷川　それはそうだ。

大山　日本語の場合、仮名が発明されても結局、補助的に使うしかないんだよね。仮名だけじゃ間に合わないんだよ。日本語で「カイ」という字を書いても、どのカイという字かわからないけれど、朝鮮語の場合は母音の数が圧倒的に多いから、かなり区別できるのね。だからハングルだけで文章になるわけだけど、日本語の場合は、仮名だけだと何言ってるのかわかんなくなっちゃう。

長谷川　たしかに。

吉田　だから漢字仮名交じり文になりますよね。

大山　結局は補助的にしか。ある狭い範囲の女房同士の間だけだったらまだいいんだろうけど。

大隅　ひらがなというのは和歌を書くために使われたと思うんですね。句読点もなしにザーッとやったら、読めないですよ。和歌だったら五七五という約束があるから読めます。だから和歌を書くことで普及した。『源氏物語』に明石入道（明石の上の父親）が娘と妻を京都に出して明石にいるわけです。それで、娘から来た仮名の手紙を見るのは時間がかかって修行の妨げになると言っている。[*25] 僕も旅行したときに子どもに、一字一字、カタカナやひらがなだけで手紙書いてやったことがある。子どもが書いた文章を読むのって大変ですよね。

吉田　なるほど、ひらがなは和歌を書くための文字なんですね。『古今集』の成立は「国風文化」の代表とされていますが、では『万葉集』と『古今集』の違いはなんなのか、なんで『万葉集』を「国風文化」としてこなかったのかは考える必要があると思います。まあ、『古今集』からあとが勅撰和歌集で、『万葉集』はそうじゃないというのがひとつありますけど、もうひとつは、『万葉集』が漢字で書いてあるということが重視されてきたのかなと思います。仮名で書かれた『古今集』が国風の始まりなんだ、と。だけどそれだって、だんだんと万葉仮名からひらがなになっていったんで。そこはどうなんですかね。

朝鮮半島では、『三国遺事』に万葉仮名の和歌みたいな朝鮮の歌が出てくるんです。「郷歌」と言います。朝鮮半島の人たちも漢詩だけでなくて、「郷歌」をうたって、それを万葉仮名表記で『三国遺事』に伝えて、全部で二〇いくつも現存しているんです。

大山　吏読《りとう》文字[*26]というのは、いつ頃できたんだろう。あれは朝鮮の仮名みたいなものでしょ？

＊25　『源氏物語』「若菜上」の明石の入道の文に、「仮名文見たまふるは目の暇いりて、念仏も懈怠するやうに益なうてなむ、御消息も奉らぬを」。

＊26　吏読文字。吏吐、吏道、吏書とも。漢字を用いた朝鮮語の表記法。三国時代の新羅で成立。漢字と漢字の音・訓を用いた助詞・助動詞を組み合わせた表記。日本の宣命体に似る。

三国時代ですか。万葉仮名のもとになる。

吉田　日本に影響を与えてる可能性がありますね。渡来人がね。

大隅　万葉仮名で使う漢字はセレクトされていて、だから表音文字として漢字を選ぶようになっているんです。それは、仮名の一歩前。

大山　『万葉集』とかの甲類・乙類も。やっぱり韓国人だったら完全に区別がつくんだってね。日本人には全然わからない。

吉田　「トヨトミミノミコト」(聖徳太子)の一文字目の「と(等)」と、三文字目の「と(刀)」は、発音が違うそうです。片方は「刀」で、片方は「等」だから、甲類と乙類で。

だけど、犬飼隆さんの説[*27]によると、字音仮名の甲類・乙類は朝鮮から来た渡来人が書いたもので、日本人はすでに七世紀の段階で甲類・乙類の区別がついてないと言ってました。難波宮木簡の七世紀中頃にはまだ上代特殊仮名遣いは整備されてなかったそうです。だから七世紀後期に渡来人が日本語を聞いて書いたのが甲類・乙類で、もっと言えば百済人が作ったのが甲類・乙類で、日本語としては区別がなかったんじゃないかって。だから「トヨトミミノミコト」の「と」は全部同じ発音だったかもしれない。

大山　ないよ。日本人にはない。日本人にはないけども、表記では区別してるんですよ。聞きとる能力がないだけなんで。

長谷川　LとRみたいなものなんだ。

大隅　「国風文化」で重要なのは「いろは歌」の成立だと思う。日本では、これで、音の順に言葉を並べることができるようになって、辞書を作ることができるようになった。これは中国では無理で、中国にはだから「類書」[*28]があるだけなんです。韓国語でも無理。日本はいろは順で辞書を作れるようになって、一二世紀に『色葉字類抄』[*29]が成立しました。

吉田　それはたしかに大きいですね。

仏教の日本化

大隅　「はじめに」のところで吉田さんが言ってるのは、仏教は「日本の思想」ではないのではないか、というつもりなんでしょ。

吉田　そうなんです。仏教は「アジアの宗教」で、日本にとってもともと外来ですよね、朝鮮

＊27　犬飼隆「白村江敗戦前後の日本の文字文化」（遠山一郎・丸山裕美子編『いくさの歴史と文字文化』三弥井書店、二〇一〇年）。

＊28　類書。中国の百科全書。各種の書物からテーマごとに関係する文章を抜き出し、それらを部門別に編集した書物。『芸文類聚』『太平御覧』『冊府元亀』など。

＊29　『色葉字類抄』。『伊呂波字類抄』とも表記する。辞書。橘忠兼著。一二世紀中期成立の二巻本、同後期に増補した三巻本。鎌倉時代成立の一〇巻本がある。「いろは」別の辞典の最初のもの。

半島や中国から来た。もちろん、いまの日本の仏教は日本に定着していて、これは日本文化と言えると考えてます。それは歴史の中でだんだん外来文化が日本に土着して、「日本文化」になっていったということだろうと思います。

それから、思想史から見ても、たとえば法然にとって自分の先人は善導[*30]であったり道綽[*31]であったりするので、国境を越えてるんですね。そんな本ばかり引用してるんですよ。日本の先人でなくて中国の本を引く。思想史の系譜としては中国に遡っていく。

前、長谷川さんのお話で、ドイツの哲学者にとって古代はギリシャやローマなんだという話をされてたじゃないですか。それがとても気になるんです。法然にとっては自分がやっているのは「仏教の思想」だけれども、「日本の思想」だとは思ってないんだろうと思います。

大隅　それはそうだけど、じゃ、「日本の思想」というのはなんなんだと。だから、日本列島に生きてた人間が抱いた思想を、みな「日本の思想」と言うよりしようがないと思ってます。

吉田　仏教はアジアの宗教で、日本の仏教の場合はアジア東部の宗教だと思います。だから、一度「日本」という枠組みを外してアジアの中で考えて、そのあとにもう一度日本に戻ってくると、日本の仏教の姿が見えてくるように思います。僕は「仏教史は日本史よりも大きい」と考えているので、アジアの仏教史の中で日本仏教史を考えたいということです。

源信の本を読んでても、『往生要集』でもあんまり日本のことなんか出てこない。でも、もちろん日本で書かれた本なわけです。だから、どのような論理と限定によって「日本の思想」

と言えるのかを考えなければならないかなと思います。日本の浄土教の起点ということになるのかな、円仁と源信は。

長谷川　多少日本人が読んでるよね、源信は。

大隅　「国風文化」の「文化」というのは、宗教を含んでいないのではない？　文化史って明治以来考えてきたのは、美術史とか何かで、宗教史というのは入ってない。

長谷川　親鸞とか法然とかの思想が日本化した仏教だという言い方は、そんなになじめるようなものじゃないということかな。日本人なら別に異を立てるようなことじゃないかもしれないけど。そこは面白い問題ですね。

吉田　長谷川さんの二つ目の質問になるわけですけど、教科書の「国風文化」の項目には、いま、仏教では「本地垂迹説」とか、浄土教や末法思想のことが書かれていて、空也と源信があって、法成寺と平等院鳳凰堂、定朝と来迎図があるから、文字や文学、絵画、書だけでなくて、仏教がかなり出てきます。でも、ほんとは仏教を「国風文化」で語るべきではないと思います。

＊30　善導（六一三—六八一）。唐の僧。光明寺和尚とも。道綽に師事。『観無量寿経』を学んで十六観法を修めるなど浄土教を重視した。弟子に懐感など。著書に『観無量寿経疏』『往生礼賛』など。

＊31　道綽（五六二—六四五）。隋唐の僧。『観無量寿経』を研究。口称念仏を重視して、日々数多くの念仏を称えたという。弟子に善導。著作に『安楽集』など。

＊32　冨島義幸『平等院鳳凰堂』吉川弘文館、二〇一〇年。

『往生要集』は中国仏教の受容だと思うし、法成寺も平等院も、冨島義幸さんの研究[*32]によると、伽藍の中には阿弥陀堂があるけれど、正面の金堂は大日如来が本尊で、密教の修法が行なわれていたことがわかっています。密教も浄土教も中国仏教の受容だと思います。

大隅　いつも気にしてるのは「仏教」という言葉です。古い時代は「仏教」という言葉はあまり使われてなかった。「仏教」と言ったらお経のことなんです。仏の教えを書いたもので、普通は「仏法」とか「仏道」とかって言う。『愚管抄』には「仏教」という言葉は一度も出てこない。「仏法」は出てくるけど。ここで「仏教」というのは、思想のことをどう考えようとしているのか、制度というか社会的なあり方としてなのか、どう仏教のことを論じてるのか。

吉田　たしかにね、ごちゃまぜになってますね。思想史としては分けた方がいいところがあるかもしれないんだけど、でも分けずに「仏法」で考えた方がいいかなと思います。

僕は、仏法が日本化するのは、平安中期とか後期の院政期にも一定はあるんだろうけれど、まだまだ輸入の傾向が強いと思っていて。一五、一六世紀頃になると本格的に日本化して、土着化の道に入るのかなと思っています。

平安時代の仏教と中国仏教

大山　次に、「平安時代の仏教は中国仏教の強い影響を受けたものである」。これはいままでの研究の中でもそういうようなことは確認されてるわけでしょ。

吉田　まあ、これはあたりまえと言えばあたりまえなんでしょうね。だけども研究史を振り返ると、平安前期はともかく、平安後期における中国仏教の導入の研究は遅れていて、最近になって研究が進んできました。中国に留学した僧は、九世紀では最澄、空海をはじめとする「入唐八家」[*33]が有名です。だけど、一〇世紀以降も、寛建、日延、奝然、寂照、成尋、重源、栄西、俊芿というように続いていきます。だから、日本はその時代ごとの中国仏教を吸収しようとしています。

大隅　ただ、仏教というのは中国だったら正統思想じゃないですよね。強力な統一国家が崩れたときに仏教が盛んになっている。中央の権力が堅固なときには、仏教というのはそんなに活動しないんです。それは『水滸伝』や『紅楼夢』を読んでも仏教の坊さんといったらみな、怪しげなインチキなやつに決まってて、偉い坊さんなんて出てこない。それが、中国社会における仏教の位置ですよ。

日本における仏教というのは外来文化の窓口だから重要なんですよね。権力者とも結びついているし。だけど中国ではそういう時代は、どっちかと言うと特殊な時代でね。そのことをち

＊33　入唐八家。九世紀に入唐した最澄、空海、常暁、円行、円仁、恵運、円珍、宗叡の八人の僧。

ょっと考慮する必要があるんじゃないかと思いました。ここの議論は。

吉田　なるほど。中国がむしろ不安定な時代にこそ仏教が前面に出ている。

大隅　南北朝の時代とかね。逆に、中央権力がしっかりしてる時期には、仏教はひっそりしている。中国思想史を考えるとね。

吉田　中国に仏教が伝わるのは一世紀頃ですが、それが中国社会に広まり始めるのは四世紀頃からと考えられていて、[*34]五胡十六国の時代からなんです。それは非漢族、つまり胡族が統治する王朝ができて仏教が広まり始めたんで、漢族が統治する王朝からじゃないんですね。北朝の北魏も鮮卑族ですよね。それから、統一国家が崩れた時期で言うと、唐の後期を経て、五代・宋・遼・金・南宋の時代なんかもほんとに仏教の全盛時代なんですよね。

長谷川　国としてはなんかガタガタしていて。

吉田　大隅さんの言うように、中国では仏教は正統の宗教じゃなくて、それはインドでもそうだったんだろうと思います。それが日本に来ると、仏教が中心になっていくというのはとても重要な問題ですね。中国南北朝時代の北魏は仏法興隆の王朝だけど、仏教がとても流通したので、太武帝[*35]のように弾圧した皇帝も出ましたね。

大隅　弾圧というのは日本にない。だから日本の国がすぐれてるというのは、『元亨釈書』の主張です。

大山　日本の僧兵の活躍というか、南都北嶺の。ああいうのはほかの国ではどうなんですかね。

大隅　中国にはそんなのないでしょう。そんなことやったら完全に弾圧される。

吉田　僧兵は対権力という側面もあるのかもしれないけど、あれは内ゲバのためですよ。比叡山は園城寺と仲が悪いし、興福寺も内部抗争をやって焼き合ってますから。

大山　比叡山も上と下で戦争ばっかりやってるのね。

大隅　禅だって、中国では何か変なやつが山奥にたてこもって勝手なことをやってるというように見られている。南宋の五山制度のような時代もありますが、日本では禅をありがたがっているけど、中国ではけっして正統な思想ではない。

大山　なるほど。ということは日本から行って仏教を選択して学んでるだけで、中国の文化全体を学ぶというのとは違う？

大隅　違うんですよね。日本はね、仏教という安全なバイパスを使って中国文化を受容しようと考えたんだろうと思います。

大山　目的意識があるんだな。最初から。

＊34　三﨑良章『五胡十六国　中国史上の民族大移動』東方書店、二〇〇二年。妹尾達彦「中華の分裂と再生」『岩波講座　世界歴史　九　中華の分裂と再生』岩波書店、一九九九年。

＊35　太武帝（四〇八―四五二）。北魏の第三代皇帝。華北を統一して五胡十六国時代を終わらせ、さらに華南の宋（劉宋）を攻撃した。仏教を弾圧した皇帝として知られる。

吉田　だから儒教の位置づけが本当は問題ですよ。
長谷川　結局そうなるよね。
吉田　結局そうなるんですよ。中国では儒仏道のうち道教も怪しげな宗教という評価だから、儒教が正統ですよね。朝鮮半島は儒教を受け入れたから、儒教を受け入れるかどうかは朝鮮と日本の根本的な差異です。日本は江戸時代になると儒教が一定は重視されるようになるんだろうけれど、それ以前は仏教ですよね。
大山　権力秩序というのは、日本の場合、何を考えてたのか。日本の場合、たしかに儒教ではないんだよな。

アジアにおける仏教の展開と交流

大山　次の、「アジア東部における仏教の展開の中に日本の仏教を位置づけ、理解すべきである」というところはどう？
吉田　さっきも言ったように、僕はアジアの仏教史の中で日本の仏教の特質を考察したいと考えています。特に、思想史となると、日本の僧は中国の教学書を学び、留学僧は自身の法脈を中国僧から始まる系譜に位置づけようと考えていたと思います。智顗[*36]とか、玄奘[*37]とか、吉蔵[*38]とかから。

最澄は、自分を智顗からの系譜に位置づけています。空海だって、インドから連なる密教の系譜に自分を位置づけていますよね。法然は、中国浄土教の道綽とか善導を自分の先人だと位置づけています。長谷川さんが言ったように[*39]、日本の思想史では、自分の思想を日本の先人からの系譜に位置づけなくて、どうも国外の思想からの系譜に自分を位置づけるというような特色があるように思います。だから、日本国内の仏教思想史というのを考えても、要になる人物の一人ひとりが系譜的につながらなくて、最澄も、空海も、あるいは法然も道元も、中国なしには位置づけることが難しいんですよ。

大山　沖縄はどうなの、沖縄に仏教ってあるの？　ないでしょ。もちろん江戸時代のものは多少あるでしょうけれども、根本的にないですよね、沖縄には。

吉田　一三世紀初伝というけど、本格的には一五世紀ぐらいからですね。北海道も遅れます。

＊36　智顗（五三八―五九七）。南北朝～隋の僧。天台宗の開祖。天台大師、智者大師とも。慧思に師事。玉泉寺、次いで天台山で活動。『法華経』『維摩経』などの研究で知られる。著書に『摩訶止観』など。

＊37　玄奘（六〇二―六六四）。唐の僧。経典の翻訳で知られる。六二九年インドに向かい、経典を研究、六四五年に中国帰国。多数の経典を漢訳した。インド旅行記に『大唐西域記』がある。

＊38　吉蔵（五四九―六二三）。南北朝末～隋唐の僧。嘉祥大師とも。『法華経』や、三論教学の研究で知られる。著書に『三論玄義』『法華遊意』など。

＊39　長谷川宏「西洋の近代思想と日本思想史」本書所収。

世界宗教が島にたどり着くってすごく大変なことなんですよね。日本も島国だから六世紀にならないとたどり着かなかったんだけれども、沖縄と北海道はもっとずっと遅れてたどり着いて、たどり着いたときには手遅れだったので、ほとんど流布しない。

大山　流布してないよね。ここは、吉田さんの言っている趣旨はもっともですよね。

次の、「日本はアジアにおける仏教をめぐる動向に敏感であり、常に新しいものや根源的なものを求め、受容しようとしていた」はどうですかね。まあ、しょっちゅう日本から中国に行ってるんだからね。

吉田　まあ、これもあたりまえだと思うんです。遣唐使はたしかに停止するけど、それは唐が滅びるからで、唐の滅亡後には五代、宋と交流するし、遼の仏教も入ってきてるようです。元とも交流しますし、中国の禅僧もたくさん日本に来ます。その中で、たくさんの僧が渡航する時期と、少しインターバルがあく時期があることには注意しなければならないとは思いますけど、全体の傾向としては、いつも新しい仏教の導入を求めていたように思います。

大山　ここの「新しいもの」はいいけども「根源的なもの」というのはどういうこと?

吉田　たとえば、真如[*40]は中国からインドまで行きたいと考えました。さっきの大隅さんの話で言うと、日本対中国という二者関係で考えると、常に向こうが高くて、こっちが低い。大隅さんの話は三つ目として自分より下を見つけるということですよね。

もうひとつの解決策は、三つ目として中国より上を見つければ中国を相対化して乗り越えることができる。それがインドだった。中国は偉いけど、仏教の文脈で言えばインドがそれより上でしょということになる。これは前田雅之[*41]さんの説です。

大山　「天竺」というのをそういうふうに本格的に意識するのはいつなんですか?

吉田　慈円はすごく意識してますよね。日本の和歌はサンスクリットに近いと言います。[*42]ゆえに日本の仏教は偉い。サンスクリットに近いから(笑)。それから『今昔物語集』が天竺、震旦、本朝という構成になっているのも。

大隅　意識としては、仏教が生まれた国というのがあった。

吉田　それから近代。

長谷川　東大に印度哲学科ができたのはいつ頃ですかね?

大隅　明治。イギリスのインド学が入ってくるわけです。高楠順次郎[*43]とか。さっき吉田さんが言っててた「根本仏教」[*44]というのも。

吉田　マックス・ミュラーですか?

＊40　真如(七九九―八六五)。高岳親王。平城天皇の子。出家して真如。東大寺大仏の頭部が落下したとき、その修復を担当。八六二年入唐。唐からさらに天竺に海路で出発したが、行方不明となった。

＊41　前田雅之(一九五四―)。古典学。明星大学教授。著書に『今昔物語集の世界構想』笠間書院、一九九九年。『記憶の帝国』右文書院、二〇〇四年など。

＊42　慈円『拾玉集』。これについては、伊藤聡『中世天照大神信仰の研究』法蔵館、二〇一一年。

大隅　ええ、そうですね。一番最初はドイツで、サンスクリットの文献を要にして、比較言語学が成立し、インド・ヨーロッパ語という概念が生まれた。それでインドの仏教をもとにして「根本仏教」というのを考えるようになり、根本仏教の大学を作ろうと言ったけど、掛け声だけで、宗派の大学ができた。

吉田　日本の仏教は宗派単位なんです（笑）。これは大隅さんの説ですね。

大山　朝鮮に仏教が四、五世紀に伝えられて、日本には、僕の考えでは五八八年でいいと思うんだけど、仏教が伝えられた。それ以前、仏教が朝鮮半島にあるということは当然知ってるけれども、いろんな国家機密とか技術とか呪術だから百済が仏教を出さなかったんだよね。新羅は日本とは敵対関係にあるしね。ところが隋が中国を統一して、高句麗を攻撃して朝鮮半島は大混乱という、その瞬間に百済が日本に仏教を持ってくるわけです。ということは島には簡単には伝わらない。陸続きだったら行ったり来たりできるから伝えられるけど。

吉田　隋や唐の滅亡後も日本は中国と交流していて、やがて宋の仏教を取り入れるんです。宋の仏教は禅・教・律と念仏で、「教」は教学仏教のことで、天台と華厳と慈恩がその中心でした。日本にこうした仏教を導入したのはさっき言った栄西とか俊芿だと思います。

大山　最後が明の仏教で、黄檗宗は臨済だったな。

吉田　臨済です。隠元は中国で偉いんですよ。

宗派仏教の発展

大山　最後の「アジアの仏教の中の日本の仏教の特色」。日本では宗派が発展した。これ、ほかのところは宗派ってないの？

吉田　いやあ、ありますよ。中国にも○○宗ってあるし、韓国だって曹渓宗なんですけれども、ただ日本みたいな自律性の強い団体としてあるかというとそうではない。そこは強かったり弱かったり世界各地いろいろなんだろうと思うけれど、日本の宗派性の強さは仏教では最強だと思います。

長谷川　アメリカのプロテスタントはどうですか？　宗派の数も多いし、日本風に言えば宗派ですよね。

＊43　高楠順次郎（一八六六―一九四五）。仏教学、印度学。東京帝国大学教授。梵語学講座を創設。門下に宇井伯寿、木村泰賢、織田得能など。「大正新脩大蔵経」を企画・編纂。著書に『高楠順次郎全集』全一〇巻、教育新潮社、一九七七―八二年、二〇〇八年。

＊44　フリードリヒ・マックス・ミュラー（一八二三―一九〇〇）。インド学、比較言語学、比較宗教学。ドイツに生まれイギリスに帰化。オックスフォード大学教授。南條文雄など日本の仏教学に大きな影響を与えた。著書に『比較宗教学の誕生――宗教・神話・仏教』国書刊行会、二〇一四年など。

大山　ああ、ムスリムもスンニ派とシーア派がある。東ヨーロッパに行けば東方教会ですよ。ロシア正教会とかセルビア正教会とかって、民族ごとに全部あるでしょ。イギリスはせいぜいプロテスタントと国教会とカトリックと。

ただ日本の場合は、やっぱり真宗とか、日蓮宗も政治集団だよな。いろいろな手工業者や運送業者なんかを集めた真宗とか、もうちょっと都市的な日蓮宗とか、かれらは政治絡みなんじゃないの。

吉田　政治絡みで宗派が発展したということは言えると思います。最澄が得度制度を変えて年分度者を宗派ごとに割り振ったときに宗派が成立するわけですけど、これは明らかに政治の意向が入ってるし、江戸時代も政治の意向が入っている。で、結果として宗派仏教が非常に強いと思ってます。

大隅　そのもとは鎌倉時代にできて、それ以後はできないというのはどうしてなのでしょうかね。

吉田　新しい宋の仏教の導入があって、それから、江戸時代に公認された宗派を後に「鎌倉新仏教」と言うんで、公認されない宗派は「新仏教」になれなかったということだと思います。

長谷川　宗派そのものは江戸時代にちゃんと確立するということだね。

吉田　宗派の確立という点で江戸時代は決定的です。

大山　中国にも専修念仏はあるの？

吉田　法然の念仏には独自性があって、平雅行さんの読解が正しいなら、念仏以外の方法による極楽往生を否定したところに大きな特色があるそうです。平さんはこれを「選択本願念仏説」と名づけて、往生行の一元化だと説明しました。これは、諸行往生の否定、つまり念仏によってしか往生することができないとする教説だったようで、多くの反発をかい、「異端」として弾圧されたとします[*45]。

ただ、念仏自体は、どこの国の仏教でも一般的・常識的なもので、中国でも、韓国でも、ベトナムでも、僧も信徒も称えています。日本には、円仁が中国の五台山の念仏を持ってきて、これで比叡山の念仏が始まって、広く称えられるようになりました。念仏は、アジア東部の仏教では、宗派とは関係なく日常的なもので、いまでもどこに行っても「南無阿弥陀仏」と称えてますよ。だから、これで宗派とするのが日本の特色ということになります。

大山　宗派というのは、教祖を釈迦から日本人に替えちゃうのだから、これは完全に仏教の日本化だ。戒律でもなんでも、教祖を替えればそれで決まっちゃう。

＊45　平雅行『日本中世の社会と仏教』前掲。

天皇と仏教——日本仏教の特質

大隅　大山さんの天皇論との関係で言うと、天皇と仏教の僧綱《そうごう》*46とかの関係というのも日本の仏教の特質じゃないかと思います。大僧正とか、比叡山の座主*47だって、実際はわからないけど、名目上は、天皇が任命している。

大山　律令制の延長上というか、原理的には律令制の枠内みたいな。

大隅　天皇に対抗するような仏教界のトップがいて、それが天皇と交渉するなんていうことはないわけですよ。みな、分割支配になっていてね。なぜ日本の仏教は宗派に分かれてて統一ができなかったのかについて、村上重良の『国家神道*48』という本では、それは神祇があったからだって言います。

大山　だけど、敵がいなきゃ、団結ができないからね。そういうのがなんかなきゃ、団結しえない。あとはだってライバルの関係だから。

大隅　で、天皇に全部抑えられて言いなりになってた。天皇というか朝廷に。大僧正、僧正などの僧綱は皆そうでしょう。平安時代にそれをもらおうと思って、坊さんはあくせくするわけです。

吉田　僧綱については、平安時代以降ややこしい事情があります。最澄は、天皇や政権中枢部から、これから南都を抑圧して新しい仏教を作るからそれを一緒にやろうと命じられている。南都の側もそれをわかってるんです。で、すごく天台宗のことを警戒するんですよ。南都の側がどうするかと言うと、天台僧を主要なポストに就けさせないようにする。最初は諸国の国師で、次は僧綱です。そのために、僧正・僧都・律師の僧綱になるには、興福寺の「維摩会」の講師を務めて、その次に宮中の「御斎会」の講師を務めて、それから八三〇年ぐらいに薬師寺の「最勝会」というのを追加で作って、これの講師を務めるようにする。それで、この三つの講師をやらないと僧綱になれないというようにしました。それで、南都はこの三会の講師を絶対に天台僧にさせないようにするんですよ。だから天台僧は、僧綱になれないで九世紀の末近くまでいきます。天台で最初に僧綱のポストに就くことができたのは、和歌でも有名な遍照[*49]と

＊46　僧綱。僧尼の管理職。日本では、僧正、僧都、律師。のち僧正の上に大僧正。また僧都、律師は大少に分かれ、権僧正などの権官も成立して多くの僧が僧綱に就任するようになった。

＊47　座主。天台座主。天台宗の長の称号。最澄の弟子の義真（七八一―八三三）が八二四年、初代の天台座主に就任した。

＊48　村上重良『国家神道』岩波新書、一九七〇年。

＊49　遍照（八一六―八九〇）。遍昭とも表記。父は正三位大納言の良岑安世。祖父は桓武天皇。俗名は良岑宗貞。仁明天皇に蔵人頭として仕え、天皇死後に出家して天台僧となる。陽成天皇の護持の僧。八七九年権僧正。八八五年僧正。天台僧で初めて僧綱に就任した。

いうことになります。

彼は、「僧正遍照」と呼ばれて、「僧正」という肩書がついててなんか変だけど、それがついてるのは天台で最初に僧正になった僧だからなんです。なぜ彼が僧綱になれたかと言うと、結局、彼が桓武天皇の孫だったからだと思いますけれども、それまでの天台僧はずっとポストから干されていた。だから南都の集団が僧綱就任に関係する最勝会を作ったのは、なんとか天台をポストに就けないためだったと思いますね。

大山　藤原氏は興福寺なんだから、そういう意味では南都が有利だよな。

吉田　そんなことないですよ。藤原北家は最澄を応援してるんです。

大山　そうか。日本の仏教は天皇制に迎合して繁栄した。最澄も、空海もそうだ。親鸞の聖徳太子信仰だって天皇制への迎合で、卑俗な信仰でしょ。門跡寺院*50というのもたくさんあるし。仏教と違って、キリスト教やマルクス主義は天皇制に逆らったから弾圧されて不遇になったけど。

戒律の軽視

大山　次は〈戒律の軽視〉ですけど、これはとても重要だね。なぜ日本の仏教はそうなるのかな。

長谷川　ここは、面白い。どうして戒律を軽視するようになったか。

吉田　最澄に始まると言う人もいて、僕も一時期そう考えたこともあるんですけど、最澄は戒律を守ってたし、大乗戒だって結婚してはいけないわけですから、この説は無理です。だけど、最澄は具足戒[*51]を否定というか相対化したので、戒律に対する観念を弱めるというか、相対化する役割はしたんだとは思うんです。ただ、それが根本要因だとまでは言えない。

すでに『日本霊異記』に地方寺院の僧の世襲の話が出てくるんです。下巻の第三十[*52]です。寺を親から子へと代々世襲してます。やっぱり、この寺院の世襲、血縁相続が大きいと思います。

大山　その僧侶は得度した沙弥じゃなくて。

吉田　沙弥じゃなくて僧です。

大隅　「仏教の日本化」の研究とか、日本的仏教の展開とか、大正時代から昭和の初め頃まで、

＊50　門跡寺院。皇族・貴族が住持を務める特定の寺院。のちには寺格化し、特定の大寺の長を門跡と言うようになった。

＊51　具足戒。比丘（僧）、比丘尼（尼）が守る戒。『四分律』では、比丘は二百五十戒、比丘尼は三百四十八戒を守らなければならないとされている。

＊52　『日本霊異記』は上中下の三巻からなる仏教説話集。薬師寺の僧の景戒撰。弘仁一三年（八二二）以降まもなくの成立。下巻第三十では、紀伊国名草郡能応村の能応寺は観規という僧の先祖が造った寺で、観規には妻子があり、息子の明規も同じ寺で弟子として活動していたという話が語られる。

そういう本が何冊もあるんですけど、内容は、簡単に言ったら戒律の骨抜き過程の研究です。

大山　日本はよそから見られてないから内々でもって、いいことにしようということなのかな。

吉田　世界の仏教徒の会議では問題になったことがあると聞いたことがありますけど。

大山　中国人とか韓国人の留学生がよく言うよ。日本の僧侶は結婚してるんですね。いいんですかって。

大隅　留学生から言われるのはその話と、どうしてお寺に塀と門があって、夕方になったら閉めちゃうのか。

大山　閉めないんだ。門がないか。

大隅　ないですよ、韓国でもね。

吉田　ネパールのネワール仏教も僧の妻帯が認められているそうです。

大山　でも、まだ理由がよくわかんないな。どうして戒律がそうなるの？　一言で言うと。

長谷川　だって、戒律なんて上層の者だけでなく、下まで皆関係することでしょ。

大山　その次の「妻帯世襲仏教」というのは、この問題とだぶった話ですよね。家業だ。

吉田　家業なんですよ（笑）。

長谷川　結婚ぐらいまではいいとなるのかな。だけど、そこが崩れると全部崩れるような気がしないでもない。

大山　そうだよ。結婚したら子どもができますよね。それに跡を継がせるということになっちゃうよね。

長谷川　そうだよね。

吉田　いや、それは逆でね、跡を継がせるということが目的になっている。家業の相続ですよ。僧という職業やそれにともなう権益を継承させるため、あるいは寺を継がせるために妻帯して子どもを作るという側面がある。「継続」というのが大きな価値になっているんです。だから、さっき話に出た天皇制度と同じ価値観に立っているというところがあります。権益を継承すること、「タスキ」をつなぐことが妻帯世襲の重要な目的の一つなんです。

大隅　ほんとは結婚しちゃいけないから、禅宗なんかはそういう点、弟子が継いだということになってるのが多いんだけど、実際は実子ですよ。

吉田　「真弟」と言いますよね。弟子だけど実子なんです。

安井　それって男の僧だけの話なんですか。尼さんは？

吉田　そこなんですよね。いまネットで「僧　結婚」とか「妻帯」とか引くといろんなつぶやきが出てきて、日本の僧は尼が結婚するのをとても悪く言うらしくて、女性の投稿で、お坊さんに対して、自分だって結婚してるくせに何で尼が結婚することに文句言うのかというのがいくつも出てきます。いまは尼がとても少ないんですけれども、尼は戒律を守るべき存在であり、僧は結婚してお寺を継ぐ存在であるというような考え方が長くあって、現在のお寺さんの多くの方々の中にもまだそういう発想をお持ちの方がいるんじゃないかなと思うんですけれども、どうですかね。

大隅　菅原征子さんはそういうのを調査して、文集を何冊も出してますよ。[*53] 尼さんや寺の女性のつぶやき。

大山　まあ、でも妻帯を認めちゃうんだ、みな。明治五年の太政官布告一三三号、こんなもの出す必要があるのかね。これを出すようにどこからか圧力があったのかな。

吉田　この布告の「今より僧侶の肉食・妻帯・蓄髪等、勝手たるべきの事」の「勝手」について、各宗派から太政官に質問がいくんですよ。「勝手」とは妻帯してよいということですか、どういう意味ですかって。そしたら、僧のことは僧に任せるという意味で、政府がよいとか悪いという類のものではないと。幕府はよいとか悪いとか言ったかもしれないが、新政府はそういうことは自分たちで決めなさいというスタンスである。だから「勝手」に自分たちで決めなさいという、それが政府公式の法解釈なんですね。で、それに従って、宗派ごとにうちの宗派はどうしようかという会議をやっていくことになりました。これも宗派単位です。

大隅　表向きは認めてない。

長谷川　そうですか？

大隅　なかなかそこは複雑なんです。

大山　江戸時代の場合、真宗だけ結婚してもいいというのに対して、ほかの宗派から非難とかはないんですか？

大隅　真宗は、ある意味で差別されていると思います。

吉田　親鸞の血筋を引くという覚如の子孫が代々血縁相続するのが本願寺の基本コンセプトになっています。だから、ここは教団の相続というか、血筋で「継続」することがとても重要な価値になっています。まあ天皇制度と同じ構造ですね。万世一系ですから。

江戸時代に妻帯が認められているのは二つあって、一向宗と修験。修験も妻帯可というのが幕府の立場です。幕府がそういうふうに一向宗と修験を並べました。やっぱり少し下に見てるんでしょうね。

大隅　いまでも差別しますからね。あれは修験の息子だとかね。

大山　修験も世襲ですか？

大隅　修験は出家ではないのですが世襲です。

吉田　日本の仏教は、仏教の基本思想と言うべき戒律を軽視するようになったのが大きな特色で、それは時代を追うごとにだんだん進展していったんだと思います。仏教の日本化だと思いますね。

大山　日本仏教は基本の戒律を守らず、建前としてさえ掲げなくなった。中国までは守ってる戒律を無視し、それに天皇制にもすり寄ってるんだから、もう「遁世《とんぜ》」するしかないな。

＊53　女性と仏教・関東ネットワーク編『女たちの如是我聞』。二〇一七年までに一七号刊行。

日本の神仏習合の評価

大山　それから、神仏習合というのはいろいろ議論がありそうですね。

吉田　まあ、たとえば梅原猛さんが新聞なんかに連載してるのを見ても、神仏習合は日本の宗教の最大の特色であるというように書いてあって、でも日本だけじゃなくてアジアの仏教国にはどこでも見られるから、やっぱりこれは事実認識の問題からちゃんと批判しておかなきゃいけないのかなと思うんです。

大山　神信仰というのが仏教と対置できるようなものかどうか。

大隅　そうなんですよ。神仏分離で仏教と対置するような対等な神道があるというのが建前ですからね。神道はそうですが、対立する仏教の方も何が仏教なのかよくわからないのです。

長谷川　もともと神道が仏教と対等ではない。

大山　それは全然だめだよね。融合してることは事実だとしても。

吉田　そうそう。だから最近では、僕は「仏教と神信仰の融合」という長ったらしい表現を使うようにしてるんですけど、「仏教と神信仰の融合」と言っても一般には通じないので、「神仏習合」のタームも使います。

大隅　「神仏習合」なんていう言葉はおかしいんです。仏教と習合するなんて、「神道」は仏教と対等にあるものじゃないから。
大山　しかも「神」の方を上にして。
吉田　吉田神道の吉田兼倶《かねとも》が*54一五世紀後期に「両部習合神道*55」ということを言いだして、この「習合」の言葉を使っています。日本の特色は、この「習合」という言葉を持ってるところにあって、他の国にはこういう言葉はないように思います。台湾とかベトナムとか、融合がもっと進んでいるのに、特にそれをあらわす言葉もないし、あたりまえのことになっている。
大山　ベトナムも仏教国なのかな。
吉田　寺院や道観があって、「祠」とか「廟」とか「亭」と呼ばれる神をまつる施設があります。でも、それらは濃密に融合していて、仏教と、道教と、民間信仰がもう溶け合っちゃってるところがあって。それから、モンゴル軍を撃退した陳興道という将軍がベトナムのいたるところで、お寺とか廟でまつられています。あとはカオダイ教……。
大山　カオダイ教はね、前に行ってきたことあるんだ。拝んでる対象は、孔子、釈迦、キリス

＊54　吉田兼倶（一四三五―一五一一）。神道家。本姓は卜部氏。吉田神道の創始者。父は卜部兼名。子に兼致、兼永、孫に兼右。著書に『唯一神道名法要集』（卜部兼延に仮託）など。
＊55　「両部習合神道」。吉田兼倶『唯一神道名法要集』は、神道を「本迹縁起神道」「両部習合神道」「元本宗源神道」の三つに区分して解説し、「元本宗源神道」を唯一神道とする。大隅和雄校注『日本思想大系 19 中世神道論』所収、岩波書店、一九七七年。

ト、ムハンマド、ソクラテスとかトルストイもいたよ。そういう世界中の偉そうな人を寄せ集めちゃう。とっても面白かった。世界宗教を全部集めちゃう。

吉田　仏教と神信仰の融合、あるいは道教とか儒教とか民間信仰も含めた諸宗教の融合は日本だけでなくて、中国にも朝鮮にも東南アジアの国々にも広く見られます。台湾とか、ベトナムとか、日本よりもっと融合が進んでます。

大山　ネパールのカトマンズに行ったとき、日本人の天台宗の僧侶が来ていて、その人は天台からハワイに派遣されてる人で、話してて急にね、ネパールに来て、日本の神仏習合がわかったよと言うんだね。というのは、ネパールには立派なお寺も結構あるけど、街を歩くとリンガとかヒンドゥー教の小さい祠みたいなのがいっぱい。だから、庶民は全部ヒンドゥー教みたいだけど、寺院は寺院なんだ。両方とも信仰されてる。僕らもお正月、初詣でお寺と神社と区別しないじゃない。成田山に行こうが、明治神宮に行こうが。そういう点でネパールも同じだね。

吉田　それはたしかにそうですよね。僕はネパールに行ったことないんですけど、すごく融合が進んでるらしいです。僧が結婚できるのは、ヒンドゥー教と融合が進んでるからでしょうね。

日本仏教の思想的特質

吉田　最後の、「日本の仏教の思想的特質は何か」ですが、まだ考慮中なんですけれど、〈現実肯定の思想〉ということかなあと考えています。

長谷川　〈現実肯定〉というのは漠然としてるけど、全体はそれなりに覆ってるような感じがするけどね。

吉田　インドで生まれた仏教思想とは大きく異なるのかもしれませんが。ただ、これは日本仏教だけの特色じゃなくて、アジア東部に展開した仏教の全般的傾向かもしれない。

大山　それは北東アジアね。

吉田　まあ、ベトナムも入るけど、大体、北東アジアですね。人間の欲望を「苦」の源だとして否定するんじゃなくて、金持ちになりますように、成功しますようにとか祈願します。欲望を肯定し、それをかなえる。

大山　東南アジアも変わるんだろうな。ミャンマーとかも。いまはみな、貧しいから、あれでやってるけど、もっと楽しいことがいっぱい出てくると。

吉田　儒教ですと、結婚をして子どもを作って、子どもが先祖をまつる。まつらないと霊魂が慰撫できないので、まつることはとても重要で、女子が独身のまま死ぬと、まつってくれる子孫がいないので困ってしまう。それで、仏教徒になって、だから結婚しなかった女子とか、早く亡くなった女子は、仏教のお坊さんが儒教の祭祀とは別の形で、というふうに中国仏教は展開してるらしい。

大山　朝鮮では、死んだもの同士をあとから結婚させるという儀式があるでしょ。

吉田　「冥婚」ですね。中国でもあります。儒教だと生物本来の種の維持が重要な価値なんです。この家の維持、一族の継承・発展、つまり集団の継続という考え方が儒教の根底に流れていると思うんです。だけど仏教はほんとはそうじゃない。そうじゃないんだけれど、日本の仏教の場合は、祖先のお祭りとか、中国では儒教が担当していたようなことを一部肩代わりするような役割を果たしてきたという面があるのかなと思います。

安井　仏教は極楽浄土、次の世ということですか。

大山　いや本来は全然違うと思うんだよね。修行したい人が集まって修行する集団だけが本来の仏教なんで、それを全部広げて国民全部仏教徒にするなんていうのは、仏教の本来の趣旨じゃないんじゃないの？

吉田　欲望を滅ぼしてブッダになるということですかね。

第Ⅳ章　中世の歴史書と天皇観

『愚管抄』の天皇論

大隅和雄

一

『愚管抄』の著者慈円（一一五五―一二二五）は、藤原氏北家九条流の生まれで、道長六代目の子孫にあたり、父忠通は、鳥羽天皇の関白、崇徳天皇の摂政・関白、近衛天皇の摂政・関白、後白河天皇の摂政と、三七年もの間、摂関の地位に座り続けた人物であった。兄も基実・基房・兼実の三人が、父の後を継いで摂関になり、兼房が太政大臣になったから、慈円は出家の身ではあったが、摂関家の立場に立って世の中の動きを観察し続けた。慈円が生きた時代は、院政の時代であったから、摂関政治から院政に移ったことに、それなりの道理があることを認めようと努めながらも、院の近臣の跋扈を憎み、摂関家は末の世にいかに対処すべきかを考え続けた。

摂関政治を脅かす院政への胎動は、後三条天皇の時代に始まった。後三条天皇は、後朱雀天皇の皇子で、兄後冷泉天皇の後を継いで即位したが、兄の母が藤原道長の娘嬉子であったのと違い、三条天皇の皇女禎子を母としていたために、荘園整理令を出すなど、摂関に対して天皇自身が政治に関与しようとして、藤原頼通と対立した。在位四年で皇子白河天皇に譲位した後、上皇として政治に関わろうとしたが、翌年に亡くなって、院政の開始は白河上皇を待つことになった。

従って、『愚管抄』の中で後三条天皇は、取り扱いの厄介な天皇であった。慈円は、「諸国七道ノ諸領ノ宣旨官符モナクテ公田ヲカスムル事、一天四海ノ巨害ナリトキコシメシツメテアリケル」（日本全国にある荘園が、天皇の命令を伝える文書や太政官の正式の文書もないままで、国家の土地を掠め取っているのは、日本の国にとってこの上ない害悪であるとかねて考えておいでになった）と述べ、天皇が荘園整理令を出したことは、国家制度の道理に従った正しい政策であると認めながら、関白頼通が横車を押し通して、天皇の計画を挫折させてしまったことを、宇治殿頼通が荘園整理令にたいする異議を「サハヤカニ申サレタリケレバ、アダニ御支度サウイノ事ニテ」（きっぱりと御返答なさったので、天皇の御計画は齟齬し、無駄に終ってしまった。）（日本古典文学大系『愚管抄』巻四、一九五頁。『愚管抄』の引用は、以下「日本古典文学大系」の同書による。）と記しているように、天皇の意志を妨げた頼通の言動をさわやかな振る舞いであったと肯定的に記している。

後三条天皇は、量制の統一を図る指示を出したことも広く知られているが、慈円はそのことについて、

延久ノ宣旨斗ト云物サタアリテ、今マデ其ヲ本ニシテ用ヒラルル斗マデ御沙汰アリテ、斗サシテマイリタレバ、清涼殿ノ庭ニテスナゴヲ入テタメサレケルナンドヲバ、「コハイミジキコトカナ」トメデアフグ人モアリケリ。又、「カヽルマサナキコトハ、イカニ目ノクル、ヤウニコソミレ」ナド云人モアリケリ。コレハ内裏ノ御コトハ幽玄ニテヤサ〳〵トノミ思ヒナラヘル人ノ云ナルベシ。（巻四、一九四頁）

（延久の宣旨枡というものが定められ、現在までそれを基準として用いられている枡についてまで御指示があり、枡を用意して御前に奉ったところ、清涼殿の庭で砂を入れて試そうとなさったのを、「これはえらいことだ。」と賞賛して仰ぐ人もあった。又、「こんなくだらないことをなさるとは、何か目の前が暗くなるような気がする。」という人もあったが、それは、天皇というものは、宮中の奥深くあるかなきかに上品にしておいでになるべきだと思い込んでいる人がいったことであろう。）

と書いている。度量衡の統一を図った天皇が、現在まで基本として用いられている枡を新しく作り替えるように命じ、新しい枡が献上された時、清涼殿の庭で実際に砂を入れて試そうと

したのを、大変立派なことだと誉めはやす人があったが、他方、こんなつまらないことをなさるとは、目の前が真っ暗になったようだという人もあったと記し、それは、天皇というものは、宮中の奥深く、あるかなきかに優雅にしているべきだと、思い込んでいる人のいったことであろうと書いているのは、平安時代末の貴族達の天皇観が、注文した枡ができてきた時、実際に砂を入れてみようとする主体的な行動を、天皇のあるべき姿とする見方と、天皇はそんなことに関わらず、あるかなきかにしていればよいという見方の間を揺れ動いていたことを語っている。

摂関家の立場に立てば、天皇は幽玄の中に鎮座しているのが好ましく、廷臣注視の中で枡に庭の砂を入れてみるなどもっての外ということになるが、慈円は、主体的な判断と行動が天皇には必要であることを認めていた。

後三条ノ聖主ホドニヲハシマス君ハ、ミナ事ノセンノスヱ／＼ニヲチタ、ンズル事ヲ、ヒシト結句ヲバシロシメシツ、御サタハアル事ナレバ、摂籙ノ家関白摂政ヲスヾロニクミステントハ何カハヲボシメスベキ。タヾ器量ノ浅深、道リノ軽重ヲコソト（ヲ）ボシツ、、御沙汰ハアル事ナルヲ、スヱザマニハ王臣中アシキヤウニノミ近臣愚者モテナシ／＼シツ、、世ハカタブキウスルナリ。（巻四、一九九頁）

（後三条ほどの聖主であられる天皇は、すべて物事の行きつくところについてしっかりとその行く末を見通して世をお治めになるのであるから、摂籙の家や摂政関白を何の理由もなく憎み棄てようなどとどうしてお思いになることがあろうか。ただ人の人格才能の浅さ深さや、道理の軽重によって世を治めようとお考えになりながら御処置をおとりになっているのに、末世になると天皇と臣下の仲が悪いようにばかり愚かな臣下が扱って、世は衰え亡びて行くのである。）

と書いているのを見れば、後三条天皇は、世の中の行方を見通すことのできる天皇であったから、諸々のことに配慮して、収まるところに落ち着くように政治を進めていたのを、愚かな近臣は天皇の意図を理解せず、政治を妨げるので、世が傾いて行くのだといって、後三条天皇の振る舞いを支持していたことが読み取れる。慈円が、摂関家にとって無難な天皇とはいえない後三条を肯定するのは、後三条の時代に村上源氏や閑院流の人々が宮廷に進出して、摂関家と競い合うようになる中で、後三条天皇が、摂関家の娘を白河天皇のもとに入内させるように促したことを述べて、摂関家と村上源氏や閑院流藤原氏などとの違いを明らかにしようとする意図が、背後にあったと思われる、慈円は、摂関家だけが由緒正しい補佐の臣であることを主張しようとしたが、そのためには補佐する天皇というものがいかなる存在であるかを説明しなければならなかった。

二

慈円は、天皇家の祖神で伊勢太神宮に祭られる天照大神と、藤原氏の祖神で春日大社に祭られる天児屋根命との間で取り交わされた、二神の約諾によって、天皇を補佐する臣下は、藤原氏から出すことに決められているという。『日本書紀』以来、日本国の歴史は神代の物語に始まって、神代に次ぐ神武以下の人皇の事績を述べる形になっているが、『愚管抄』は「神ノ御代ハシラズ」（巻三、一二九頁）として、神代の物語には触れず、人代のことから書き始めている。人皇歴代の事績を記して、藤原鎌足が登場するところで、

サテコノ、チ、臣家ノイデキテ世ヲオサムベキ時代ニゾ、ヨクナリイル時マデマタ天照大神アマノコヤネノ春日ノ大明神ニ同ク侍ヒテ二殿内ニ一能ク為セ二防ギ護ルコトヲ一ト御一諾ヲハリニシカバ、臣家ニテ王ヲタスケタテマツラルベキ期イタリテ、大織冠ハ聖徳太子ニツヾキテ生レ給テ、又女帝ノ皇極天皇御時、天智天皇ノ東宮ニテオハシマスト、二人シテ、世ヲヲシヲコナイケル入鹿ガクビヲ節会ノニハニテ身ヅカラキラセ給ヒシニヨリ、唯国王之威勢バカリニテコノ日本国ハアルマジ、タヾミダレニミダレナンズ、臣下ノハカラヒニ仏法ノ力ヲ合テ、トオボシメシケルコトノハジメハアラハニ心得ラレタリ。サレバソノヲモムキノ

マ、ニテ、今日マデモ侍ニコソ。（巻三、一四〇―一四一頁）

（さてこののち、臣家というものがあらわれて世を治める時代になるのであるが、そうなる前に、天照大神が天児屋根命〔藤原氏の祖神。春日神社に祭られている〕である春日大明神に対して、「同じ殿の内にいて、よく警備に努めよ」（『日本書紀』神代紀下の天孫降臨の条にあることば）と、御約束をなさったのであるから、臣家の力に依って天皇をおたすけ申しあげなければならない時代が来ると、聖徳太子のあとに続いて、春日大明神の末に大織冠（藤原鎌足）がお生まれになったのである。そして女帝である皇極天皇の御代に、東宮にお立ちになった天智天皇と鎌足の二人は心を合わせて、当時勝手に政治をとっていた（蘇我）入鹿の首を朝廷の儀式の場で切ってしまわれたのであった。この出来事が示しているのは、日本の国はただ国王の権威と力だけでは保てなくなったのであって、国王の力だけで治めようとすれば乱れに乱れるばかりであろう。国王の力に臣下のはからいと仏法の力とを合わせていくのが道理であるということであって、そういう神の思し召しが明らかに知られるはじめての出来事なのであった。それゆえに、日本の国を治めていくためのそういう方法が今日まで続いているのである。）

と述べて神代の二神約諾に触れ、聖徳太子に続けて現れた藤原鎌足が、東宮であった天智天皇と心を合わせて蘇我入鹿を討ち、国家の体制を守ったのは、世が乱れた時には、仏法と天児屋根命の子孫が天皇を守るようにという、神々の思し召しの顕われであり、それが今の時代まで続いているという。

二神約諾というのは、『日本書紀』「神代下」の第九段（天孫降臨章）一書第二に記されている伝承で、天児屋根命が天照大神から、大神の形代である鏡に、同じ殿舎で寝食を共にして仕えるように命じられたという伝承であるが、慈円は、『日本書紀』を読んでいなかったと考えられるので、二神の約諾によって、藤原氏が天皇を守る氏であることが定められたという伝えは、摂関期の藤原氏の内部で生まれ、氏長者が主役を果たす春日大社の神事などに際して語られたものと思われ、慈円はその伝承によって、藤原氏の立場を考えたものと思われる。

慈円の家集『拾玉集』には、「それ天照大神は、王神なり。春日明神は、臣神なり。御約諾にいうごとく、同じ殿の内に侍り、能く防ぎ護れと云々。」（第三冊、原漢文）という文があり、「たのむぞよ天照神の春の日に契りしすえのくもりなければ」（第二冊）という歌が収められている。二神約諾は、慈円にとって深く心すべき氏の伝承であった。慈円は、二神約諾の説を信じて摂関家の正統性を主張する。

太神宮・八幡大菩薩ノ御ヲシヘノヤウハ、「御ウシロミノ臣下トスコシモ心ヲオカズヲハシマセ」トテ、魚水合体ノ礼ト云コトヲサダメラレタル也。コレ計ニテ天下ノヲサマリミダル、事ハ侍ナリ。アマノコヤネノミコトニ、アマテルヲオン神ノ、「トノ、ウチニサブライテヨクフセギマモレ」ト御一諾ヲハルカニシ、スヘノタガウベキヤウノ露バカリモナキ道理ヲヱテ、藤氏ノ三功トイフ事イデキヌ。（巻七、三二九頁）

（太神宮（伊勢）と八幡大菩薩の御教示によると、「御後見役の臣下との間は少しも心をへだてることのないようになされよ」といわれて、魚水合体（魚と水の間柄にたとえる）の礼ということを定めておかれたのである。天下の治乱はこの君臣の間柄だけで決まることがある。はるか昔のこと、天照大神（皇室の祖先神）が、「神鏡と天皇の御殿の中に侍して、よく御守り申し上げよ」と命ぜられ、天児屋根命がそれを承諾なさったが、末の世になってもそのお約束を違えるような理由は露ほどもない。そういう道理に支えられて藤氏の三功ということが起こったのである。）

平安時代には、八幡大菩薩は応神天皇だと考えられていたが、応神の前後六代の天皇に亘って、武内宿禰が大臣として仕えたと考えられていた。太神宮と八幡大菩薩は、天皇と後見の臣とは心のへだてなく、魚と水のようであれと教えたという。しかし、君臣の間が魚と水のように不可分であるだけでは、その関係が世の治乱の原因になるのを防げないので、天照大神が天児屋根命に、自らの形代である神鏡を祭る殿舎の中で鏡に仕え、祭れと命じ、両神の間で約諾が成立したという。この時、天照大神の子孫である天皇を天児屋根命の子孫に補佐させるという二神の約諾が成立したというのである。

この、天皇の後見を藤原氏から出すという伝承が、ここでは、太神宮と八幡大菩薩、アマテルヲオンカミとアマノコヤネノミコトという二段構えで説かれていて、『愚管抄』の中でも重要な文章となっており、この「二神の約諾」に拠って、「藤氏ノ三功トイフ事イデキヌ。ソノ三ト云ハ、大織冠ノ入鹿ヲ誅シ給シコト、永手大臣・百河ノ宰相（ともに不比等の孫）ガ光仁天皇タテマイラセシ事、昭宣公（藤原基経）ノ光孝天皇ヲ又タテ給シコト、コノ三也」が、史上藤原氏が天皇を守った大功績だという。

中臣鎌足が中大兄皇子とともに蘇我入鹿を殺して、政治の刷新を行なったこと、奈良時代末、天武系の皇位継承に替えて、永手・百川が天智系の光仁天皇を立てたこと、平安時代の中期、摂政藤原基経が陽成天皇を退位させて、光孝天皇を立てたことは、皇位継承の動揺を正して天皇の権威を守った藤原氏の功績として、その経緯が説明されている。

藤原良房、基経の二代によって日本国は、天皇を補佐する藤原氏が政治の実権を握る体制が築かれたが、慈円はそれを歴代天皇について説明している。

清和ハワヅカニ御歳三十一（で崩御）、治㆓天下㆒十八年ナリ。
陽成ハ（在位）八年ニテヲリサセ給ヌ。八十一マデヲハシマセド世モシラセタマハズ。
光孝ハ（在位）タヾ三年、コレハサラニイデキヲハシタル事ニテ（これはことさらに出てお出になったので）五十五ニテハジメテ（皇位に）ツカセ給。

宇多ハ（在位）三十年（十年の誤記）ニテ位ヲサリテ御出家、六十五マデヲハシマス。醍醐ハ（在位）卅三年マデヒサシクテ、御年モ四十六ニテ（崩御）、タヾコレバカリメデタキ事ニテヲハシマス。

朱雀ハ（在位）十六年ニテアレド卅ニテウセ給フ。

村上ハ（在位）廿一年ニテ四十二マデ也。

コレ延喜・天暦（醍醐・村上天皇の元号）トテ、コレコソスコシナガクヲハシマセ。

冷泉ハ（在位）二年ニテ位ヲオリテ、六十二マデヲワシマセド、タヾ陽成トヲナジ御事ナリ。

円融ハ（在位）十五年ニテ卅四。

花山ハ（在位）二年ニテ四十一マデヲハシマセド云ニタラズ。

一条ハ（在位）廿五年ニテ卅二、幼主ニテノミヲハシマスハ、ヒサシキモカイナシ。

三条ハ（在位）五年ナリ。東宮ニテコソヒサシクヲハシマセドモ又カイナシ。

後一条ハ（在位）二十年ナレド廿九ニテ（崩御）、又幼主ニテヒサシクヲハシマシキ。

後朱雀ハ（在位）九年ニテヲトナシクヲハシマセドモ卅七（崩御）、又ホドナシ。

後冷泉ハ（在位）廿三年ニテ四十二（崩御）、コレゾスコシホドアレド、ヒトヘニタヾ宇治殿ノマヽナリ。

コノ国王ノ代々ノワカ死ヲセサセ給ニテフカク心ウベキナリ。（巻七、三三〇―三三一頁）

慈円は日本国の歴史を、上古、中古、末世の三つの時代に区分した。上古は神武に始まり光孝まで、宇多から中古になり、白河の時に起こった保元の乱以後を末世としている。中古の時代は、藤原氏が摂政関白の職に就いて世を治めた時代であった。長い引用になったが、慈円が、摂関が政治の実権を握るに至った経緯を説明するために、年代記などから中古の歴代天皇について摘要を記した後、国王が六〇、七〇まで健在であれば、摂政関白が国政を執ることはありえない。天皇が五〇、六〇まで、退位することなく政務を執れば、上古の時代のように、摂関は不要であろう。しかし、中古の天皇は若くして位についたので、初めは摂政が政務を行なわねばならず、ようやく適当な年齢になっても、自分で政務を処理しようという心は持っていないので、すぐれた摂関が政治を行なって、無事国が治まっているうちに、天皇は三〇にならないで亡くなってしまう。これこそ、太神宮が中古の時代には天皇が天皇としてありえなくなるので、天児屋根命に対して、子孫に国を守るように命じたことの顕われに外ならないというのである。

慈円はこの時代を振り返って、醍醐・村上までは、君臣は魚水の関係であったが、後冷泉以後、「ヒシト天下ハ執政臣ニツキタリトミユ」と記し、道長までは摂関が天皇を軽んじることなく補佐したが、円融・一条については、摂関が天皇を軽んじていると考えた。しかし、それは天皇の心得違いであると思われると述べ、ただ頼通には天皇を軽んずることがあったから、後三条と対立したが、後に二人が自省して事なきを得たのだと説明している。

紫式部は、「いづれの御時にか」という書き出しで、光源氏の物語を書き始めているが、慈円の記述を見ると、「長恨歌」の玄宗皇帝と重ねて語られる桐壺帝のように、物語の主役になれる天皇は、醍醐以外にはなさそうで、代々の天皇は幼く、政治的な判断のできない若年の天皇ばかりであった。

それはともかく、幼主には摂政がなくてはならず、成人しても関白が必要な天皇が、若いうちに亡くなっているという事実を挙げて、摂関政治が歴史の道理に支えられていると論ずる慈円は、幼い天皇を立てて摂政の地位を確保する藤原氏の策略には目を覆っている。摂政がいなくてはなり立たない幼主と、摂関政治との因果関係は、慈円の説明で明かされたとは考えられない。

三

摂関政治が道理に支えられていることを、歴代の天皇が幼くして位につき、壮年に至らずに亡くなった事例を列挙することで明らかにした後、白河院が七七まで、鳥羽院が五四、後白河院は六六まで政務を執ったことを記して、院政は道理に適った政治体制であると説き、それは後三条天皇が見定めていた道理が実現したものだという。後三条天皇は、中古歴代の天皇とは違う聖主であったというわけであるが、宮中の奥深く幽玄の中にいるのが好ましいという摂関政治の天皇ではなく、宣旨枡に砂を入れさせた天皇を肯定した慈円には、天皇を幽玄の中の存在としてしまえない事情があった。

『史記』『漢書』『後漢書』の三史と、儒教の経書を学んでいた平安時代の貴族知識人は、歴史を論じ、政治の在り方を考える時、中国の歴史と思想の中に、基準を求めるのが一般であった。慈円は、寺院に住む仏徒であったが、政治を論じ歴史を書くに必要な外典の知識は十分に持っていた。『愚管抄』は巻頭に「漢家年代」を掲げた後に、巻一、巻二の「皇帝年代記」を置く形になっており、巻七には

ヲ、キニコ（レ）ヲワカツニ漢家ニ三ノ道アリ。皇道・帝道・王道也。コノ三ノ道ニ、コノ日本国ノ帝王ヲ推知シテ擬アテ、中サマホシケレド、ソレハ日本国ニハ、日本紀已下ノ風儀ニモヲトリ、ツヤ〳〵トナキ事ニテ中〳〵アシカリヌベシ。ソノ分際ハマタシリタカラン人ハ、ミナコノ仮名ノ戯言ニモソノホドヨナドハ思アハセラレムズル事ゾカシ。
（巻七、三二二頁）

（中国の帝室には大別すると三つの政治の道がある。皇道（三皇・五帝の政治の仕方）・帝道（帝者の政道）・王道（夏・殷・周の三代に行なわれた政治の仕方）がそれである。この三つの道に日本国の帝王の政治の仕方を類推しあてはめて説明したいのであるが、三つの道と

いえば、日本国にとっては『日本書紀』以下にあらわれているならわしにも劣っており、対比できるものなど少しもないのであるから、かえってよくないであろう。その程度をまた知りたいと思う人はみな、この仮名の戯言（『愚管抄』のこと）を読むと、なるほどこの程度であるかと思いあわせられるであろう。）

と記しているところにも表われている。

天皇の政治を、中国の皇道・帝道・王道に擬して考えたいが、『日本紀』に書かれていることは、それに較べてみることもできないほど劣っているので、その日本の国王について知りたいと思う人は、この仮名書きの本を読んで欲しいというわけである。

慈円は中国の歴史を基準にして、

ソレニ漢家ノ事ハタヾ詮ニハソノ器量ノ一事キハマレルヲトリテ、ソレガウチカチテ国王トハナルコト、サダメタリ。コノ日本国ハ初ヨリ王胤ハホカヘウツルコトナシ。臣下ノ家又サダメヲカレヌ。ソノマ、ニテイカナル事イデクレドモケフマデタガハズ。（巻七、三四七頁）

（それに中国の王朝でただ眼目とされることは、国王となる人の器量の一点だけであり、器量が大変すぐれているということをとりあげ、その人が打ち勝って国王になるものと定められている。しかし、この日本国では初めから王の血筋がほかへ移ることはない。臣下の家も定められているのである。そしてそのままに、どんなことが出てきても、今日まで違えられることはなかった。）

普遍的な道理では、国王は国王の器量を持つ者たちが競い合い、最終的に勝ち残った者が王になるのだが、日本国ではその道理は通ぜず、国ができた時から、国王の血筋が決まっており、国王に仕え、補佐する臣下の家も定められていて、今まで続く不変の決まりになっているという。

外国に普遍的な道理があることは認めた上で、日本国は特殊な国であり、普遍的な道理は日本国には通用しない。日本だけの道理があるという主張は、外国のことを知っている日本の知識人が、日本の在り方を主張しようとする時に、常に持ち出す論法であるが、それが『愚管抄』の天皇論を支えているのを見ることができる。

国王の血統が決まっていて、他氏に移ることがなければ、すぐれた「器量」を持つ者が「ウチカチテ国王トナル」ことは保証されない。陽成のような悪い国王が出た場合は、謀反といわれても退位させて、光孝を立てた基経のような関白がいなければ国は保てない。物の分からない幼主の場合も同じであり、国王の血統が決まっているのならば、補佐の臣は不可欠ということになる。

補佐の臣も、中国の歴史を見ると、競い合いの中ですぐれた人材が選ばれるわけであるが、日本では伊勢の大神が春日の神に誓約させたことで、藤原氏から出ることに決まっているという。しかも、菅原道真の失脚を、

日本国ハ小国也、内覧ノ臣二人ナラビテハ一定アシカルベシ、ソノ中ニ太神宮鹿島ノ御一諾ハ、スヱマデタガフベキコトニアラズ、大織冠ノ御アトヲフカクマモラントテ、時平ノ讒口ニワザトイリテ御身ヲウシナヒテ、シカモ摂籙ノ家ヲマモラセ給ナリ。（巻三、一五五頁）

（日本国は小国である。こんな国に内覧の臣が二人並び立てば、きっと悪いことが起こるであろう。その中で伊勢と鹿島の神の御誓約は、末の世まで違えられてよいようなことではない。大織冠の御子孫を深く守ろうとして、天神（道真）は藤原時平の讒言にわざと陥って御自身を滅ぼして、そのうえ摂籙の家をお守りになるのである。）

と説明するに至っては、慈円の藤原氏擁護の詭弁も極まれりというところである。さらに、道真は観音の化身であるのを、「フカク思シル人ナシ」とまで記すことになる。その藤原氏も、摂籙の家として固定して、他氏と競い合うことがなければ、常に器量の人材が出るとは限らない。慈円は特にそのことを論じてはいないが、藤原氏内部の摂関の相続争いについて、さまざ

また挿話を記して、すぐれた器量の持ち主が勝ち残ったと述べているように思われる。御堂関白道長を称賛する記述は、その例であるが、後世の読者に道長の偉大さは伝わって来ない。

四

摂関は九条流の家に器量の人が現われ続けて、王朝貴族の栄華を誇ったが、外戚の立場を確保するために、四人の娘を四代の后妃に立てた道長のような幸運は続かなかった。慈円は、摂関家の地位が不安定になって行く経緯を細かに記しているが、先に引用した慈円による中古の天皇の記述に倣って、後三条以後の天皇と外戚について概観してみたい。

後三条は三四歳で即位。在位四年。後朱雀の第二皇子。母は三条の皇女陽明門院禎子。関白には藤原教通（頼通の弟）（この項の年齢は現行の数え方による。以下同じ）

白河は一九歳で即位。在位一四年。院政四三年。後三条の第一皇子。母は藤原公成（閑院流）の娘茂子。関白は藤原教通。摂政・関白に藤原師実。

堀河は七歳で即位。在位二一年。白河の第二皇子。母は藤原師実の養女賢子。実父は源顕房。賢子の母は源俊房の娘。摂政は藤原師実、関白は藤原師通。

鳥羽は四歳で即位。在位一六年。院政二七年。堀河の第一皇子。母は藤原実季（閑院流）の娘苡子。摂政・関白に藤原忠実・忠通。

崇徳は四歳で即位。在位一八年。鳥羽の第一皇子。母は藤原公実（閑院流）の娘璋子。摂政に藤原忠通。

近衛は二歳で即位。在位四年。鳥羽の皇子。母は藤原長実（式家）の娘得子（美福門院）。摂政藤原忠通。

後白河は一八歳で即位。在位三年。院政三四年。鳥羽の第四皇子。母は崇徳に同じ。関白は藤原忠通。

二条は一五歳で即位。在位七年。後白河の第一皇子。母は源有仁（後三条の孫）の娘懿子。関白に藤原基通。

六条は一歳で即位。在位三年。二条の皇子。母は伊岐致遠の娘（『愚管抄』巻二には、「母不分明」と書かれている）。摂政に藤原基通・基房。

高倉は七歳で即位。在位一二年。後白河の第七皇子。母は平時信の娘滋子。摂政に藤原基房、関白に基房・基通。

安徳は二歳で即位。在位五年。高倉の第一皇子。母は平清盛の娘徳子。摂政に藤原基通。

後鳥羽は三歳で即位。在位一五年。院政二三年。高倉の第四皇子。母は坊門信隆の娘殖子。坊門家は藤原氏北家道隆の子孫。摂政に藤原師家・兼実、関白に兼実・基通。

土御門は三歳で即位。在位一二年。後鳥羽の第一皇子。母は源通親の娘在子、在子の実父は

能円法印。摂政に藤原基通・九条良経、摂政関白に近衛家実。

順徳は一三歳で即位。在位一一年。後鳥羽の第三皇子。母は藤原範季の娘重子。関白に近衛家実。

仲恭は四歳で即位。在位三ヶ月。順徳の第四皇子。母は九条良経の娘立子。摂政に九条道家。

この末代の歴代天皇を一見すると、慈円が概観した中古の天皇とは、情景が一変していることに驚くばかりである。摂関家の娘を母とする天皇は、一五代の中に一人しかいない。堀河の母は、師実の娘として入内した中宮賢子で、後三条に娘を白河のもとに入内させるように促された師実が、宇治の頼通のもとに駆けつけ、親子手を取り合って摂関家の将来が明るくなったと喜ぶ場面は、『愚管抄』の中の名場面であるが、賢子の実父は村上源氏の顕房である。ただ一人の摂関家の孫は仲恭で、九条良経の娘立子を母とし、慈円の兄兼実の曾孫にあたるが、承久の乱が起こったために、在位三ヶ月で廃位された。

後三条の母は、三条の内親王。二条の母は後三条の孫。白河、鳥羽、崇徳、後白河は、藤原師輔の子公季を祖とする閑院流藤原氏の娘を母とし、近衛の母の父は式家藤原氏の出で、高倉、安徳の母は平氏の娘である。後鳥羽の母は坊門家の娘、六条、順徳の母も藤原氏の主流ではなく、土御門の母は村上源氏の娘であるが、実父は僧侶であった。

この時代は、白河、鳥羽、後白河、後鳥羽と院政が続いたので、摂政、関白は形骸化して、摂関家が別れた近衛と九条から摂関を出したが、公家社会の形骸化の中で、他氏、他家に対する対抗意識が強まって行った。

五

慈円は、閑院流や村上源氏が台頭して来た時、摂関家の立場を守るために、新興勢力との差別化を考えようとした。摂関家は、伊勢大神の命を受けて、天照大神の子孫を守ることを誓った天児屋根命の嫡流であり、その誓約を歴史の中で果たしてきたと主張する。そのことは縷々述べてきたが、もう一度、初めに立ち戻って、天皇とは一体いかなる存在なのかを論じて、摂関家の位置を明らかにしようとしたところを見ておきたい。

世ト申ト人ト申トハ、二ノ物ニテハナキ也。世トハ人ヲ申也。ソノ人ニトリテ世トイワル、方ハヲホヤケ道理トテ、国ノマツリコトニカヽリテ善悪ヲサダムルヲ世トハ申也。人ト申ハ、世ノマツリコトニモノゾマズ、スベテ一切ノ諸人ノ家ノ内マデヲヲダシクアハレム方ノマツリコトヲ、又人トハ申ナリ。其人ノ中ニ国王ヨリハジメテアヤシノ民マデ侍ゾカシ。（巻七、三二八頁）

（ここで世といい、人ということばを使っているが、その二つは別のものではない、世というのは結局人のことなのである。人にとって世というものは何かといえば、それは人が国家・朝廷の道理にもとづきながら国政に関与して、善悪を定めたもののことである。また人というのは何かというと、公的な政治にかかわりを持たずに、いっさいのすべての人々が、私的な家の内をおだやかに情趣深く治めていくことをさしていうのである。したがってそういう人の中に国王からはじまり賤しい民までさまざまな者があることになるであろう。)

慈円は、世と人とは別のものではなく、人が家の外の公的なことにかかわりながら、善悪を定めて行くことで作られているのが世であり、人がそれぞれの家の内で、日々の生活を続ける私的な営みが人なのだという。そうした人は、国王にはじまって、公卿から士大夫、いやしい民までさまざまな在り方をしている。そして、慈円のこの考えはさまざまな問題にかかわっている。天皇から賤しい民まですべての人は、家を治めて生きており、その私的な営みを人というのだが、人が集まると、善悪を定める公的な営みが必要になる。しかし、公的な営為に関わることができるのは、人としての営みを続けて行くことで精一杯で、それ以外のことに参加する余裕のない人には無理で、公的なことにかかわる余裕と能力のある人ということになる。慈円の論は、天皇から民までを視野に入れたもので、天皇にも公的な役割の外に、私的な面のあることを考えていた。院政期に次々に建立された六勝寺を、「国王ノウヂデラ」(巻四、二〇六頁)

と呼んだいい方は、そうした考えに繫がっているように思われる。天皇にも家があり、氏の寺があってしかるべきだと考えたのは、摂関家が父子相続の近衛家と九条家に別れ、さらに五摂家が成立して行く時代の動きに合わせて国王のことを考えていたことの表われであろう。公的な役割を担う人には、摂籙の家、大臣の家、諸大夫の家というように、大家から小家まで序列があった。摂関家と、村上源氏、閑院流の家とは、世とのかかわり方が違うということになる。そうした序列の頂点に立つのが天皇であったが、それは貴族社会の建て前であって、実体は全く別のものになっていた。

六

以上、慈円が天皇をどのようなものと考え、論じてきたかを見てきたが、この稿の終わりに『愚管抄』の中で最後の天皇となった仲恭天皇について記しておきたい。

一二二一年（承久三）四月二〇日、順徳は四歳の皇子懐成親王に譲位した。新帝の母藤原立子は、九条良経の娘であるが、良経は一五年前に亡くなっていたので、立子の弟の左大臣九条道家が摂政になった。治天の君後鳥羽院は新帝の祖父で、伯父の土御門院、父の順徳院と三上皇が並ぶ異例の状況であった。他方、鎌倉では二年前に第三代将軍源実朝が殺されたため、その前年に生まれた道家の子頼経が、頼朝の姪の孫にあたるということで、将軍となる予定で鎌倉に迎えられていた。

慈円は、兄兼実の死後、兼実の子良経の後ろ盾になっていたが、その良経が若くして亡くなると、九条家の後見人を自任して、立子、道家のために心を砕いた。そんな中で良経の孫が天皇になり、道家が摂政になって、久しく叶えられなかった摂関家の夢が実現したのである。その上、いずれ頼経が将軍になると、九条家を軸にした公武合体の構想が現実のものになる。慈円は心の高揚を抑えきれなかった。

しかし、その頃後鳥羽院の周辺では、討幕の動きが始まっていた。討幕の計画が実行に移されれば、公武合体の構想は瓦解してしまう。後鳥羽院の周辺の動向を伝え聞いた慈円は、恐怖と焦燥の中で、実行を阻止しようとして『愚管抄』の終わりの部分を書き続けた。全巻の終わりに、ことばではもう何も説明することができなくなった。最後は自問自答を試みる以外に、心を慰める術もない、と記して問答を書いているが、その中で、天皇と補佐の臣が、よくよく心を合わせて事に当たれば、世の中は必ず立ち直ると言っている。

しかし、現実を考えれば、その時天皇は四歳、鎌倉の将軍予定者も四歳、摂政は二八歳だが、後鳥羽院政のもとで何ができたであろうか。慈円にそのことが分からないはずはない。慈円は、四歳であっても、天皇という建て前にすがる以外に術がなかった。天皇とは、中国の帝王とは違う特殊な存在で、日本だけの在り方をしている国王で、藤原氏摂関家の立場もそれと一体のものだったのである。

新帝が立てられて一ヶ月も経たない五月一五日に、後鳥羽上皇は北条義時追討の院宣を下し、六月一五日には幕府軍が都に攻め入り、上皇方はあえなく敗れた。天皇は廃位され、後に仲恭天皇という称号が贈られた。慈円の言う天皇は、日本国の在り方を考える上での仮構の国王であった。

座談会

中世の歴史書と天皇観

◎大隅和雄「『愚管抄』の天皇論」要旨

『愚管抄』の著者の慈円は摂関家の生まれ、父は藤原忠通で、一族は摂政・関白を、本人は天台座主をつとめた。『愚管抄』は神武から村上までは「天皇」と記しているが、冷泉以後はすべて「院」と記し、統治者のありようを論じるときは「国王」と呼んでいる。巻一の「皇帝年代記」が「漢家」つまり中国の話から始まっているように、中国を基準にものを考えていて、中国を「普遍」とし、日本を「特殊」であるというように考えている。その特殊な日本の中心にあるのが「天皇」で、中国と対比させて議論するときは「国王」という言葉を用いた。

日本では、国王の家柄を定めたとき、伊勢の神と春日の神の間で約束があって、伊勢の神の子孫が国王をつとめ、春日の神の子孫がそれを補佐するという約束――〈二神約諾〉と言われる約束――がなされ、それゆえに摂関家が政治の実権を握っているという論理を展開する。

また、藤原氏の功績として「藤氏の三功」が説かれ、①大織冠（鎌足）、②永手と百川、③昭宣公（基経）をたたえる。菅原道真が失脚したことについても、日本は小国だから補佐の臣は藤原氏一つだけでいいことを表しているのだという強引な論理を述べる。

慈円は、「世」と「人」とは別のものでなく、「世」は人が作るもので、「人」には「国王」から「あやしの民」までがいるが、その中の上の方の人たちの集まりが「世」であるとする。これは儒教的な考えと言える。「国王」はその「世」を治める存在であるが、慈円にとって、日本の天皇は中国の皇帝とは異なる、特殊なあり方をとる存在であり、いわば「仮構の国王」と位置づけていると見ることができる。

「世」という概念

長谷川　質問です。『愚管抄』には「世《よ》トハ人ヲ申也」とあって、ここの「世」という言葉は貴族社会の限られた上層部を指すということですが、一般的に「世」という言葉は平安から鎌倉にかけては、どういう使い方になっていますか。

大隅　よ（代、世）という言葉は、人の一生、生涯を言う言葉なのですが、あなたの一生という意味の「君が代」が、天皇の治世という意味だとされているように、いろいろな意味で使われていて、人間関係や俗世間を指す言葉として、和歌などに頻出します。

ここで慈円が言っているのは、人間の私的な営みを「人」と言い、公的な活動を「世」と言うわけで、人と世は同じ人間の働きの側面だとした上で、すべての人間に「人」はあるのだが、「世」にかかわる余裕、余力は貴族、国王にしかないのだと言って、貴族、国王の説明をしているわけです。

大山　たしかになんとか天皇の「世」と言うし、「世々《よよ》」というのはたとえば埼玉県の稲荷山古墳の鉄剣の銘文の中などにありますけど、それは歴代大王という意味ですから。

長谷川　われわれが現在「世」と言った場合、たまには総理大臣や天皇の名前をかぶせて呼ぶこともあるけど、基本的には社会を考えるでしょ。そのイメージは多少でもあるんでしょうか。

大隅　世には、われわれが社会という言葉で考えているような意味はありません。広く考えれば、仏教の前世、現世、後世という言葉に飛んでしまって、現世の構造についてきちんと考えていない。『愚管抄』で世の人というのは、貴族たちのことで、世の人が誉めそやした、こぞって非難したと書かれているのは、貴族たちを指していて、広く社会のみんながという意味ではありません。

大山　「世の中」という言い方はありますよね。貴族のその下の人間社会全部を「世の中」と言うのは、これどうなんだろう。

長谷川　「世」が貴族の世なら人間社会全体を指す言葉が別にあったかもしれないとも思いますが、それはなんと言うんだろうな。

大隅　その問題は、日本思想史の大きな問題だと思います。「世」というのはわかりにくい。「遁世」と言いますね。僕は皆が注視している舞台に上がっている人間のいるところが「世」だと思っています。舞台から下りるのが遁世です。そして世に出るのを出世と言うようになりました。大寺院の中では、枢要な地位に就いている坊さんを出世僧と言ったりしました。日本人のあいだに、仏教の出世間で言う、世間、世という考えがなく、世というのは時の脚光を浴びている人が上がっている舞台だと思われていたわけで、これも思想史の大きな問題だと思います。

吉田　「世」を構成しているのは三〇人ぐらいだということですが、中国はどうなのかなと考えて思い出していたら、『礼記』では、士大夫階級より上と、士大夫階級より下とに分かれていて、士大夫階級より上は「礼」をもって扱う階層で、それより下の庶人は「刑」をもって扱うというようになっている。その場合、中国社会で士大夫階級以上というと結構、人数が多いような気がするんですけど、日本はもっと少ないんですかね。

大隅　三〇人よりは多いと思います。昔、中央公論から出た日本史の講座に、家永三郎さんの

「貴族論」[*1]というのがあって、貴族というのは二四、五人しかいないと書いてありました。でもだんだん、なんとかの法則じゃないけど増えていきますから。土田直鎮さんの本[*2]にも二〇人だとありました。

大山　それは、「律令」の概念ですよね。律令では三位以上が「貴」、五位以上が「通貴」ですから、三位以上というと最初は大納言以上、その場合は数人、その後参議ができますから、それ以上だとたしかに一五人から三〇人。平安時代には三〇人くらいになるけど、奈良時代は一〇人前後ですよ。簡単に言えば議政官で、つまり太政官メンバーですね。平安時代になると参議が多くなるんですよ。だから三〇人と言われたのは、参議以上ですよ。

吉田　それに天台座主[*3]とか東大寺別当[*4]というのも入っているわけですか？

大隅　いや、入らない。

吉田　入らない？　そうですか、やっぱり、慈円のポストは、「世」ではないんだ。

大隅　そうでしょうね。そこが慈円の微妙な立場です。

＊1　家永三郎『新日本史講座　古代後期　貴族論』中央公論社、一九四九年。
＊2　土田直鎮『日本の歴史　五　王朝の貴族』中央公論社、一九六五年。のち中公文庫、二〇〇四年。
＊3　天台座主。天台宗の長。最澄の弟子の義真に始まる。円仁以降は勅によって任じられた。
＊4　東大寺別当。東大寺の長。歴代の東大寺別当を列記した『東大寺別当次第』がある。

吉田　地方の受領とか、そういうのはいけませんか、やっぱり。中級貴族とか下級貴族は入らない。

大隅　それも入らない。

大山　途中からは、源氏や平氏の棟梁もいわゆる権門体制の一角を占めるようになるけどね。

吉田　日本の場合、とても人数が少ないという特色があるんですね。

皇統の継承を守る

吉田　『愚管抄』が『日本書紀』にしたがって〈万世一系〉史観を説いているというのは明らかで、大隅さんの言うように、大変注目すべきことだと思います。日本ではずっと皇室が続いていて、王朝交替はないが、中国には王朝交替があるということを慈円はとても意識していて、王朝交替のある中国に対して日本は〈万世一系〉だから偉いんだと思っているというのはとても重要ですね。

それから、藤原氏の功績、「藤氏の三功」というのもたしかにとても面白いですね。これについての僕の印象は、鎌足は蘇我氏を倒して権力をとった、だからこれをあげるのは、藤原氏の最初とされているんだし、よくわかります。次の永手[*5]と百川というのは、要するに光仁天皇を立てたところで、それから、基経は光孝天皇を立てたということです。いまの感覚だと、「光仁」とか「光孝」は、王朝交替とまではいかないにしても、それに近いイメージがあります。でも、それは、『日本書紀』で、武烈天皇のあとに後継者がいなくて、応神天皇の五世の孫の継体天皇[*6]を、越前の三国から迎え入れて何とか血筋をつないだのと同じように、王朝交替に見えるけど、王朝交替にはならないつなぎ方をしたから偉いんだと考えているんですかね。

大山　継体の場合は、通説的にも新王朝とされているように、これは王朝交替だよ。ただし、光仁と光孝は王朝交替ではない。血がつながっているから。光仁と光孝のような候補はほかにもいっぱいいたはずなんで、その中からこれを選んだということが大事なんでしょう。それが、藤原氏にとってベストだったということですよね。光仁が即位したら、その光仁と次の桓武のまわりを藤原氏の娘でかためて、順調に外戚政策を復活させるわけだから。

吉田　一番重要なのは基経で、陽成天皇[*7]に乱行などの資質の問題があったにせよ、臣下が君主を辞めさせるというのは中国なんかではちょっと考えられないことだと思います。けれど、日

＊5　藤原永手（七一四―七七一）。父は房前。母は美努王の娘の牟婁女王。正一位。左大臣。藤原百川とともに光仁天皇を擁立した。

＊6　継体天皇。『日本書紀』の生没年では四五〇―五三一。『日本書紀』は、武烈天皇のあと、血筋の近いものではなく、応神天皇五世の孫という遠い親戚筋の継体を越前から迎え、河内で即位したと記す。

＊7　陽成天皇（八六八―九四九）。父は清和天皇。母は藤原高子。在位は八七六―八八四。退位後長寿をまっとうした。

本では、基経の方が天皇よりも権力があるというか偉いから、さっさと陽成天皇を辞めさせて次を立てることによって天皇制度を守ったという論理なんだろうと思います。また、それだけの力があったということなんだろうと思います。

ただ、陽成を辞めさせたのはいいとして、その次に皇位継承の順位が低い光孝を即位させたら、天皇にしてくれた人たちを裏切って自分の後継を息子の宇多にしたというのは、藤原氏にとってみれば、ひどく裏切られたというか、身勝手なことをやられたというような感じがするんですけど。そうではないんですか？　どんなつもりで書いているんですか、慈円は。

大隅　阿衡《あこう》の事件*8によって危機だったのを救ったっていうことですね。阿衡のことは必ず出てくるわけです。それから、慈円は中国には易姓革命があって、それが自然の道理だと考えていると思うんですね。それで、王家には必ず悪いやつが出てくるから、そのときにその王家は滅びてしまい、次の王朝が出てくる。それを一系でやっていくためにはいろんな手立てが必要なんだと思っている。

吉田　悪い天皇が出たとしても、藤原氏が政治をやっていれば、悪い天皇を辞めさせて別の天皇を立てればいいと。そしてそれは藤原氏にはできるということですかね。だから、たとえば陽成天皇のような人物が出て、ほかの国だったら、その王朝はそこで終わるはずなのに、うちの場合は基経がそういう天皇を辞めさせてくれたから天皇制度を保つことができたということですか。

大隅　そうだと思います。

吉田　天皇制度を続けられたところが大きな功績だということですね。継続の功績。

神代紀の評価

吉田　今日の話で、もう一つ質問したいのは、慈円の説く年代記では、始めの方が漢家年代から始まっていて、その次に本朝の皇帝年代になるという順番になっています。〈万世一系〉を考えているなら、天照大神などの日本の神々から始まればいいのに、漢家の年代記から始まって本朝の年代記に移るというのはどういうことなのか。ドイツの哲学者がわれわれの古代はギリシャにあると考えるのと似ているような気がしてしまうけど、その辺はどうなんですか。

大隅　やはり慈円は歴史を考えるときはまず中国だと考えた。書物の世界を知っている日本人の思想だと思います。『神皇正統記』は「神代」から始まっているわけですね。だけど『愚管抄』はそこを一切書いてない。「神代のことは知らず」と書いてそれだけ。ただ、さっき言ったよ

＊8　阿衡の事件。八八七年、宇多天皇即位の際に起こった事件。基経を関白に任ずる詔に「阿衡に任ず」とあった。基経は、「阿衡」とは位のみで職掌がないとする藤原左世の助言に従って出仕をやめてしまい、政争となった。翌年、天皇側は詔文の非を基経に詫び、藤原温子が入内して事件は落着した。

うな〈二神約諾〉のところでは神代の話がちょっと出てくるんだけど、それだけです。
大山　慈円は『日本書紀』を読んでない。
大隅　読んでないですね。持ってないですよ。要約した年代記、便覧の類で済ませています。
長谷川　そんなに『日本書紀』は特殊なものなんですか？
安井　だれも読まないんですか？
吉田　いや読むだろうとは思うけれど、『日本書紀』を読むのは大変なので、ダイジェスト本とか改編本が作られて、それを皆が読むような時代に変わるんですか？　『年代記』[*9]とか『簾中抄』[*10]って言っていましたけど。
大隅　ええ。『簾中抄』はよく使ったようですね。それから、慈円の意識では、神話の世界というのはずうっといまもあるんです。慈円はそう思っている。『神皇正統記』は、たしかに神々があって、神のわざで風が吹いたとかいうようなことを言ってますけど、大体は記紀の書き方に従っていて、「神代《かみよ》」からスッと「人代《じんだい》」に入るというようにつながっているわけですね。
　だけど、慈円は、歴史は人間の営みだって考えていて、歴史はそこから始まってて、神代はそれとは別なんですよ。いまも神々の世界があるっていう意識がとても強いんですよね。だからいまもいる神になんか祈ったりする。
大山　じゃ、神々がいまを見てるわけね。
大隅　そうですね。

吉田　『神皇正統記』だと大昔は神々の時代で、そこから時間の進行とともにわれわれの時代になってしまったとするんですか?

大隅　それに近い。だけど、神はいるんです。皇統を守っている。

吉田　慈円の場合は、ずっと高天原の神々の世界が鎌倉時代のいまも厳然とあって、そこから人間の時代に移ったわけではないということですか。

大隅　そうです。それははっきりしていますね。

大山　『日本書紀』を読んでいても、アマテラスは最初だけでなく途中でも出てきますね。あとからの人代のところでも。だから、やっぱり神はいるんだよ。アマテラスはいつもいるんだ。まあ、イザナミみたいに死んで黄泉の国へ行って、墓まであるとなると少し違うのかもしれないけど、アマテラスは別に死んだわけじゃない。だからいつも出てきますよ。神功皇后とかが何か祈ったりすれば。

吉田　平安時代の『日本紀』の講書[*11]では、貴族たちは巻一と巻二の「神代」のところばかり勉

＊9　『年代記』。年代順に歴史上の出来事を記した書物で、平安時代後期以降複数のものが作成された。『皇代記』『一代要記』などの名称のものもある。便利な書物として広く活用された。

＊10　『簾中抄』。『雲上聞録』ともいう。「年中行事」「帝王」「摂政関白」など貴族の基本的な素養として必要な事項を項目別に記した事典的な書物。平安時代末期頃の成立。

強してるんです。注釈でも神代の巻一・巻二の注釈をしたがって、その解釈をめぐって異説が飛びかっています。だからそこの神々のところが『日本書紀』のもっとも大事な部分だとされていた。それは、さっき話の出た「世」を構成している人たちにとっては、うんと大事なことだったらしいんです。では、なんで大事なのか。ひとつは貴族たちにとって、自分たちの権力や権益のもとになる話が、もとをたどればそこにあるから大事なんだろうと思います。それから、いまの大隅さんの話によると、神代は時間的に人代の以前にあるというのではなくて、いまも神々はいるということなんですね。

巻二の神代の下は、『日本書紀』を編纂するときに一番もめたところのようで、たくさん「一書」の説がありますね。巻三からあとは、一書はほとんど出ないのに、神々のところにはたくさんの一書が羅列されています。だから、意見の対立があったんだろうけど、各論併記というやり方をとって、何とか全力で一つの書物にまとめあげようとしています。

大山　それは「神代紀」のところだね。だけど、神代紀には祖先神としては中臣氏と忌部《いむべ》氏の神以外出てこないよ。中臣氏の祖の天児屋《アメノコヤネ》とか。忌部関係では鏡作の祖の石凝姥《イシコリドメ》とか玉作の祖の玉屋《タマノヤ》とか、そんなのですね。基本的には天児屋とその周辺の神だけですよ。神々の世界は中臣と忌部でかためられている。

吉田　でも、まあその忌部の祖先神の太玉命《フトダマノミコト》がが出てくるから、『日本書紀』の「神代紀」は一方では中臣大島が書いて、もう一方では忌部子首が書いてるんだと思います。けれど、そこで構成された神話に対していろいろな人が文句を言っているらしく、何かもめてるように思います。その結果、「一書」がたくさん並記されることになったと僕は思っています。

大山　「神代紀」には、天皇家につながるアマテラスとスサノヲとこの二神が生んだ神々は出てくる。それ以外には、天孫のニニギを葦原中国《あしはらなかつくに》に降ろすときにかかわった神が出てきます。思兼神《オモイカネノカミ》とか、高皇産霊《タカミムスヒ》とかも出てきますけど、これは別にどの氏族ともつながってない。全部が中臣というか藤原氏とだけにつながってる。大伴氏と物部氏の祖先は高天原では活躍しない。神武東征には出てくる。原理的にそうなってる。

吉田　アマテラスが天の岩戸にこもる話では、そのあとに三種の神器（神宝）のもとみたいなものを榊の上の枝や中の枝や下の枝に掛けるシーンがありますよね。それっていまのわれわれにはよくわからないところがありますけれど、『古語拾遺』[*12]を読むと斎部広成《いむべのひろなり》はそれにこだわっているんで、この時代の人たちは三種の神器に強くこだわった。三種でなくて二種の場合も

＊11　『日本紀』の講書。講日本紀、日本紀講とも。『日本書紀』を講読する貴族たちの勉強会。養老、弘仁、承和、元慶、延喜、承平、康保の各時代に複数年にわたって実施された。『日本書紀』に詳しい学者が「博士」となり、多くの貴族が参集した。関連書物に『日本紀私記』がある。

＊12　『古語拾遺』。斎部広成撰。八〇七年成立。斎部氏（忌部氏）は神祇祭祀を担当する氏族であったが、中臣氏と対立し、訴訟を繰り返した。広成は斎部氏の立場からの神話と歴史を説いた。

ありますけれど。

大山　真賢木《まさかき》でしょ。あれは全部忌部系の神がやるんだ。忌部は手工業集団を抱えていて、勾玉や鏡や布の幣を作る。そういうのをクリスマスツリーみたいに飾りつけて、それでもって祈禱するんだよ。祈禱師だから、忌部は。それに対して中臣は、鹿の骨か亀の甲羅で占う。卜占。占い師だよ。この二つの氏は威力を常に争っている。どっちが威力があるかって、卜占の方が圧倒的に有利なんだ。神の言葉を自分で作れるんだから（笑）。

三種の神器は黛弘道*13さんをはじめとしていくつか論文があるけれど、三種じゃないんだよね。もとは鏡と剣なんだ。それは道教の宝なんだよね。中国系の思想なの。それに玉が入るのが日本的なんだよ。

それと、伝国璽《でんこくじ》*14というような璽、あれはまた中国的なんだよ、印鑑なんだ。字が彫ってあるんだから。あの印鑑は、始皇帝かな、最初は。始皇帝の時代にどこかから出してきてね、字を彫って、それを伝えて、のちに王朝がそれをとりっこするようになる。

吉田　その神宝がなんで天皇の権威の根幹になってるのか。仲麻呂の乱のときも何かありましたよね？

大山　駅鈴と官印を奪おうとして奪えないで逃げちゃったんだね。

吉田　そうですよね。なんか強くこだわってますよね。

大山　問題になったのは平家が滅亡するときですよね、最初は。

大隅　剣が沈んで出てこない。
大山　持っていっちゃったからさ、平家が。
大隅　剣は武力のシンボルだから、剣の代わりとして鎌倉幕府が成立して、剣は沈んだんだという夢のお告げで慈円は『愚管抄』を書くんです。
吉田　やっぱり三種の神器は大事なんですね。でも、なんでそんなに大事なんだか難しいですね。
長谷川　わからないですよね。『神皇正統記』にも出てくる。肝腎なところで出てくる。何でこんなにこだわっているのか。
大山　即位の儀式のときには、たしかに忌部が鏡と剣を献上するんですよ。ただ、践祚の規定には玉はないですね。

天皇をどう位置づけているか

大山　そこも大事だけど、問題なのは、天皇を「国王」とか「王」とかと言ってますが、実際

＊13　黛弘道『律令国家成立史の研究』吉川弘文館、一九八二年。
＊14　伝国璽。周の時代以来中国の歴代の王に伝えられてきたという玉璽（印章）。秦の始皇帝以後にも歴代王朝に伝えられたとされるが、五代十国時代に行方不明になったという。

には実権がないということを貴族たちはどういうふうに考えてたのか。

大隅　そこなんですね。いや、実権はないけど、なくしてしまうわけにはいかないというのは、あった方がよいということです。

大山　なんというか奇妙な権威というかね。それこそ、まさに天皇制そのものなんで。

大隅　そういう無責任な体系です。

長谷川　さきほど大山さんが言ったように、中国の皇帝に比較すべきは日本の摂政関白だということは、理屈上ではなるほどと思うけど、そういう発想はないんでしょ、この種の議論の中では。

大山　なぜ天皇を、形の上だとしても置いているのか。なぜか、ですよね。

長谷川　比較すべきは皇帝と天皇なので、その上で普遍と特殊とかいろいろ理屈をつけるにしても、要するに実力から見ていって皇帝と摂関を対比するというふうにはならないわけでしょ。

大山　でも、実力はもう摂関の側にあって、天皇をなめてることはたしかなんだよ。『大鏡』なんかを読んでも、摂関はどっしりとした権力なんだけど、天皇はまったく小道具のように扱われている。にもかかわらず、天皇の権威は、それはそれとして必ず守るという。守らないと自分自身が危なくなるからでしょうね。それは平安時代のことだけでなくて、薩長から始まって明治以後の権力者もみなそうですよね。五・一五や二・二六の将校たちだってそうでしたよ。かれら、全然なめてる。

吉田　僕の考えを言ってもいいですか。僕は、天皇制度が成立して日本は「中世」になると考えています。日本の「中世」は貴族制度の時代で、そこでは自分たちの権力が続くことが大事なんです。貴族たちの世の中が。さっき大隅さんが説明した慈円の概念で言うと、これが「世」にあたるのかもしれません。自分たちの「世」が世襲によって続いていけばいい。貴族がみなで連携して、政治的権力と、経済的権益と、豊かな精神生活を享受するのを、子どもにも孫にもひ孫にも継続させていこうと。でも、簡単には継続できない。

そこで考えたのが天皇制度で、君主に実権を持たせるといいことがないから、天皇自身に権力は持たせない。政治的決定権は持たせない。経済力も軍事力も持たせないとした。

では、なんのためにあるのかというと、この人の最大の仕事は、最初の人たちが考えた、われわれの豊かな権力や権益や精神生活を継続することである。だから天皇の任務は、それを継続させることなんです。そういうように天皇制度が最初からプログラミングされているんじゃないかと考えてます。

天皇制度は貴族社会の継続が目的だから、この人の役割りは何かというと、子孫を作って血筋を継続させること。だから、政治にも軍事にもかかわらずに、ただ、子孫を作って継続させていくことが重要だというように構想されていると思います。大山さんの概念を使えば、不比等の頃から、最初からそうだったと思います。

大山　そうなんだけど、継続するのが仕事なんだけど、じゃ、その天皇って一体何なのかと言われたときに……。

吉田　「継続するための装置」でいいんじゃないでしょうか。

大山　そうなんだけど、じゃ、天皇はいつから、だれがどうやって、どうして生まれた？　たとえば「高天原」から降りてきたというのは作り話だよね。でも本当は、いたわけでしょ、最初の天皇が。だれがどういうふうに決めたの、天皇を。

吉田　それは、大山さんの説によれば藤原不比等が作って、それから僕は持統天皇自身が深くかかわってると思うけど。その辺の人が天皇のシステムを作ったと思います。それはそれ以前とは全然違うシステムだと思います。

大山　そうだよ。だから「作った」んだけど、ただ、「天皇」ひとりだけを作ったというのではなくて全体をね。

吉田　だから、『日本書紀』の内容をわれわれは〈古代史〉だと習ってきましたけれど、それがいけないんだと思います。何で日本では天皇の時代が「古代」になったかというと、『日本書紀』が神代の昔から書いてあるし、どの本を読んでも『日本書紀』の記述を翻案して歴史の最初のところが始まっている。だから、天皇の時代が「古代」だとわれわれは習ってきたんですけれど、事実はそうではないのではないか。天皇制度を貴族制のシステムだと考えれば、むしろ邪馬台国とか大王の時代が日本の「古代」で、それが天皇制度の成立によって終わり、これで「中世」になっていったと考えればよい。

大山　だけど「貴族」って普通、古代なんじゃない？

吉田　僕は天皇制度についてそう思っているのですけれど。だめですかね。

大隅　いや、そうだと思う。王土王民思想[*15]と言うでしょう。だけど、日本と中国とが同じ天をいただいているという発想がほとんどないんですよね。「王土」「普天の下」とかって言うけど、いつのまにか日本では「王」は「天皇」になって。だから王土王民思想とか、「率土の浜」とかって言って、中世でそれが広まったことは、いろいろな武家法なんかにもあるけれど、日本と中国とが同じ天のもとにあるという観念はほとんどない。いつのまにか日本の天は天皇。

それはね、さっき言ったように、普遍的な理屈を中国から全部借りるけれど、日本は例外だというふうに伝わっていきますよね。

大山　漢籍の引用という形では、『日本書紀』にそういう中国の言葉がいっぱい出てきますよ。「憲法十七条」にだってそういうような文章があるけれど、ただ漢籍を使って書いているというだけで、なんの実感もないですよね。たとえば、三善清行[*16]みたいな貴族とか、明法道や文章

＊15　王土王民思想。中国思想で、すべての土地人民は帝王のものであるとする思想。日本にも取り入れられたが、表面的な受容にとどまった。『詩経』に「溥天の下、王土に非ざるは莫《な》く、率土の浜、王臣に非ざるは莫し」とあるのに由来する。

＊16　三善清行（八四七―九一八）。平安時代の貴族で漢学者。文章博士兼大学頭。明法道、算道にも造詣が深かった。著作が多数ある。

道の博士たちは、儒教関係の書物を一生懸命読んでるから、それはそれとして理解しても、日本のことになると、その部分を天皇に読み替えて理解するんだと切り替えてますよね。
大山　易姓革命は口にしちゃまずいなということでしょう。
大隅　だから、その切り替えが通用するというのが問題です。近代の思想家だとそうじゃない。

『日本書紀』の影響力

大山　中国人の「天」に相当するのが「高天原」なんだけど、それは文武天皇の即位の詔[*18]に初めて出てくる言葉で、それまでは「アマノハラ」なんだよね。アマノハラは、要するに上空を見て何もない空白、途中のものを全部とり払っちゃったところが「アマノハラ」なんで、それは、だからわれわれの世界の延長上が「アマノハラ」。その上に、もうひとつ作っちゃったのが「高天原」なんです。
吉田　やっぱり、『日本書記』の呪縛じゃないですかね[*17]。結局、「天」は中国では本来はもっと抽象的なものだろうと思うけど、日本では高い天に原っぱがあって、その「高天原」に天照大神という神を造形した。それは中国人が考える「天」とは違うような気がします。
『続日本紀』によると、持統の諡号は「天広野姫《アマノヒロノヒメ》」で、これが本来のものだけど、『日本書紀』ではそれを「高天原広野姫《タカマノハラヒロノヒメ》」と呼び換えてますよね。それは、「天原」から「高天原」というのが独立して生まれたということでしょう。それが文武元年（六九七）なんですよ。
ちょっと続きだから聞くけれど、たしかに『日本書紀』の呪縛なんだよ、明らかに。だけど、なぜ『日本書紀』がそういう呪縛力を持っているのか。その根源は何なんだ。その理由は。

吉田　それは現実の政治制度と密接に結びついていて、それでみなが現に生きていけるからじゃないでしょうか。最初は貴族たちがそれで生きてきて、後になるとそれに代わる権力もそれで生きてきた。みなが生きていける、そのための装置が天皇。みなと言っても、もちろん上の方の人たちですが。

それからそれを続けるということが一番大事で、駅伝のタスキのような存在が天皇だと思います。だからタスキをつなぐこと自体が価値になっている。「継続」が価値で、それが『日本書紀』に書いてある。

大山　もうちょっと詳しく。

吉田　時間の継続をとり仕切るんだから、それは〈時間の支配〉なんです。時間の支配は、〈過去の支配〉と〈現在の支配〉と〈未来の支配〉で、過去は具体的には歴史と神話を作って、未

＊17　吉田一彦『『日本書紀』の呪縛』前掲。

＊18　『続日本紀』文武元年八月庚辰〈十七日〉条。ここに「高天原尓事始而、遠天皇祖御世」と見えるのが「高天原」の初見史料。

来は天孫降臨神話と「天壌無窮の神勅」を作って支配しました。

それがうまくいって、『日本書紀』が思想の枠組みを作った。それ以後のものは、その枠組みに縛られてものを考えるようになった。それしかやりようがなくなった。それは『続日本紀』とか六国史はもちろんだけど、それだけじゃなくて、『古語拾遺』だって、『新撰姓氏録』[*19]だって、『先代旧事本紀』[*20]だってみんなそうなんです。『源氏物語』とか『栄華物語』みたいな文学も。

中世以後の『愚管抄』も、『神皇正統記』もそうなんで、本居宣長だって、自分では『古事記』が大事だなんて言うけれど、発想の根柢には『日本書紀』が大前提にあって、その枠組みの中で思考している。それで、そういう書物だけでなくてね、人の頭の中、心の中がそうなっている。そうした頭や心の内部まで縛る「規範」になっている。

大山　うん。そのとおりだね。

吉田　いまでも『日本書紀』の呪縛は残ってると思うんですよ、学校教育を見てもね。みな、「大化改新」について習っているし、大山さんが聖徳太子虚構論の論文や本を書いたけれども、[*21]生徒たちは聖徳太子についてまだ昔ながらの聖徳太子像をあれこれと習っています。『日本書紀』の呪縛が今でもあるのは、いまでも天皇制度が続いているからで。だから、天皇制度と『日本書紀』の関係は不可分で、あたりまえなんだけども、天皇制度が始まったときに、その理論的側面を支えるものとして『日本書紀』を創作したわけだから。天皇制度の思想を神話と歴史を作って説明したんです。

大山　所詮、作りものだよね。

吉田　それでそういう政治形態が実際にいままでずっと長く続いてきていて、仮に革命でも起こって根本的に変わったなら『日本書紀』を否定できるけれど、それはなくて、現にそういう政治形態が今日まで続いてきたからじゃないのかなと思います。

「固有」と「外来」という発想から考えてきた日本思想史の研究史

長谷川　大隅さん、日本の思想史はずっと「固有」と「外来」を軸として考えられてきたということですが、そうではない視点というのは、あまりないんですか？

＊19　『新撰姓氏録』。氏族の系譜と歴史を記した書物。万多親王、藤原園人ら撰。八一五年成立。全三〇巻と目録一巻。抄録本のみ現存。各氏族の主張が取捨選択された上で記述されている。

＊20　『先代旧事本紀』。神代以来の神話と歴史を記した書物。全一〇巻。序には聖徳太子、蘇我馬子らの撰とする記述があるが、実際には九世紀後期～一〇世紀初期頃の成立。著者は不明であるが、物部氏の立場からの神話と歴史が記されている。

＊21　大山誠一『長屋王家木簡と金石文』前掲。『〈聖徳太子〉の誕生』前掲。同編『聖徳太子の真実』平凡社、二〇〇三年。

大隅　前も言ったように、日本の思想史や文化史は、みな「固有」と「外来」というやり方でした。ただ、和辻さんはちょっと違うけど、大体はみなそうですよね。

長谷川　それは不思議な話ですね。

大隅　「固有」と「外来」という問題の立て方をしなかった人はあまりないです。ただ、和辻さんは「外来」を受け入れて、次にそれ自体が変質していって前の時代と変わっていってという……。

大山　それは非常にリーズナブルだ。

吉田　「固有」と「外来」というのは本居宣長的ですよね。

長谷川　宣長の前の人たちはどうなるのかな？

大隅　宣長よりも前からあるんじゃないかな。『元亨釈書』の仏教史観とかもね、やっぱり日本固有のものがあると言っていて、それがあるから日本に入ってきた仏教はすぐれたものになったという。

長谷川　それはそれで、日本人の歴史意識としてはなかなか面白い問題ですね。そういう図式にこだわってきたというのは。

大隅　『日本書紀』がそうじゃないですか？

大山　どういう意味ですか？

大隅　やっぱり『日本書紀』は中国的な歴史思想の影響を受けている。それが普遍的な価値なんですよね。

大山　中国的なね。

大隅　『愚管抄』なんかはそう言うんだけど、普遍的な思想として易姓革命の思想があって、国王が交替していくのは当然のことで、国王というのはそういうものでなければならない。けれど、日本は違うんだと言う。違うところに価値があると言うんですね。

大山　さすが天皇制だ（笑）。

大隅　天皇制を説明するためにそういう歴史があって、でもそれが現代まで続いてきてるわけです。

大山　だけど、なぜ日本には易姓革命がないかという、「なぜ」という問いはないでしょ？日本は違う形なんだと言うだけですよね。

長谷川　これでいいんだということだから、「なぜ」を問わないんだ。

大山　その「なぜ」をつきつめようとしたのが、僕の天皇制論です。

日本思想史は可能か

大山　これはどうしたら「日本思想史」を論じることができるかという問題になるね。

吉田　そうすると、この研究会で最初から考えてきた「日本思想史の可能性」の話に戻るわけですよ。

大山　「可能性」だな。ないって言ってもしようがないし。

吉田　「日本思想史の可能性」というのは増尾（伸一郎）さんの言葉ですね。この研究会の、昔の二〇〇七年一一月二五日のメモが出てきて、そのとき大隅さんはこう言っています。

「日本の思想史、文化史というのは外来文化の受容と変形の歴史で、だからいろいろな思想の選択の問題だった。日本が一から作ったものは果たしてあったのか。何を作ったのか。「固有」「土着」「基層」と言うけれど、それは何なのか。

たしかに「神道」の問題はある。しかし神道を果たして土着とか固有ととらえてよいのか。「神道」という言葉は新しいもので（イギリスのアストン）[*22]、明治の初めにはまだ「神祇」と言っていた。宮地直一[*23]が「神祇史」という言葉を「神道史」に変えたのが昭和六年から七年頃のこと。その「神祇」とは何か。それは思想的には考えられていない。その内実は「神祇令[*24]」とか『延喜式[*25]』とかで、祭祀の制度です。

さらに「神道」というのも簡単に言えば全部外来である。それは「神儒仏」のひとつで、これは室町時代頃に「儒仏道」の言い換えとして出てきた言葉です。最近はそんなわけで、それ以前の縄文ブームになっている。

神道史はうまく書けない。まず「神道思想史」というのはない。すべて、宮地直一さんのものも「神道制度史」になっている。なぜ思想史にならないのか、それが問題です。村岡典嗣[*26]さんは西洋の思想史、哲学史みたいな装いで「神道史」をまとめられないかと四苦八苦したが、どうしても書けなかった。

それはなぜなのか。「神祇令」や『延喜式』を書いた人と民衆のあいだにはギャップがあるから。民衆の神信仰は無知蒙昧で、支配層はその価値を認めない。中国では、士大夫と民衆の格差は日本よりももっと大きい。日本の神祇制度もその枠組みを模倣した。民衆を統治する役人たちは、日本でも民衆のドロドロした神信仰を記録するようなことはしない。それでも儀式

＊22　ウィリアム・ジョージ・アストン（一八四一―一九一一）。イギリスの外交官・日本学者。著書に『Shinto : The Way of the Gods』一九〇五年など。邦訳は、補永茂助・芝野六助訳『日本神道論』明治書院、一九二二年。のち安田一郎訳『神道』青土社、一九八八年。

＊23　宮地直一（一八八六―一九四九）。神道史、神道学。國學院大學・東京帝国大学教授。神社本庁顧問。著書に『神祇史綱要』明治書院、一九一九年。『神祇史の研究』古今書院、一九二四年。『神道論攷』一、古今書院、一九四二年など。

＊24　「神祇令」。『大宝令』『養老令』の編目の一つで、神祇祭祀のことを規定した。全二〇条。唐令の「祠令」を参照し、それを大幅に改変して作成されている。

＊25　『延喜式』。平安時代の法典。折々に発布、施行された「式」を集成したもの。全五〇巻。九二七年撰進。その後も補綴がなされたが完了しないまま九六七年施行。

＊26　村岡典嗣（一八八四―一九四六）。思想史。広島高等師範・東北帝国大学教授。著書に、『日本思想史研究』全五巻、創文社、一九五六―六二年。『新編　日本思想史研究――村岡典嗣論文選』前掲など。

帳の類が今日まで残っている。『太神宮諸雑事記』[*27]などがそれで、そういうのを使えば「神道思想史」は書けなくもないのかもしれないけど。

たしかに中世の神官は、教義のようなものを書き始めた。「両部神道[*28]」「伊勢神道[*29]」がそれだけど、しかしそれらは仏教に対する対抗心で作られている。度会神道は仏教に対抗しようとしたが、うまくいかなかった。それは、戦うべき相手の「仏教」なるものが明解な形で存在せず、敵対するものが一体」なんなのかわからなかったので、思想としてまとまりようがなかった。

土着の思想をきちんと見つめて、そこから日本思想史を見つめることは大切だと考えるが、なかなかうまくいかない。土着の思想をきちんと見つめるなどというのは容易なことではない。

一方の「固有」に対する「外来」はどうか。これは選択的受容だった。たとえば道教がそうで、これは取り入れられず、儒教でも孟子みたいなのは避けようとした。室町時代に中国の絵画を受容するが、正統的な絵画は受け入れられていない。

仏教は浄土教と禅に尽きる。しかし日本で宗教として定着したものはない。日本人が本当に仏教を理解できたのかどうか。三論とか法相の教学が理解できた僧はごく特殊な存在。中国では仏教は非正統思想で、だから仏教はそんなに重視されなかった。日本は、律令とは別に、仏教という安全なバイパスを使って外来文化を受容しようとしたのではないか。そこは二重の構造になっている。医薬とか音楽など、貴族社会のそれとは別に寺院に伝えられている。

日本では「仏教思想史」は書かれなかった。寺院史や説話はあるけれど。また仏教がまとまって朝廷に対抗するなどということもなかった。総意を結集するなどということは不可能だった。大きな寺はあるが、「思想」にはなっていない。日本にあるのは仏教思想史ではなく、宗派単位の教学史。だから、「日本仏教史」と言っても、宗派史の合成体である」と述べています。

大隅　吉田さんのノートですか？

吉田　そうです。大隅さんはそう言ってますよ。

大隅　そんなこと言ってないとは言えない（笑）。まあ、そうだと思いますね。

吉田　そうだと思いますって、自分で言ってます（笑）。

大隅　その場の雰囲気で思わず言ったわけじゃなく、そう思いますよ。

吉田　その場の雰囲気で思わず言ったんじゃなくて、考え抜いて言っているということですね。

＊27　『太神宮諸雑事記』。平安時代後期に成立した神道書。二巻。伊勢神宮内宮の神主を務めた荒木田氏が書き継いだ書物で、伊勢神宮を中心に関係の記事を垂仁天皇の時代から延久元年（一〇六九）まで、編年体で叙述している。

＊28　両部神道。両部習合神道、真言神道とも。真言密教の思想と神信仰とが融合したもので、両界曼荼羅によって神と仏の関係を説明した。吉田神道の創始者の吉田兼倶『唯一神道名法要集』でこの名が用いられた。

＊29　伊勢神道。鎌倉時代以降、伊勢神宮の外宮の神官を務めた度会氏が中心になって提唱した神道説。儒教、仏教に対して神道の優位を主張し、また外宮が内宮より劣るものではないことを説いた。

大山　普段から思ってるということです。

吉田　さらに続けますと、「儒教の歴史が書かれないことの理由や意味はどうか。日本に「儒教史」はない。「儒学史」ならば近世ならある。日本の儒教の実態は古代国家の官人の文筆技術みたいなものだった。明経道はだめ。結局は統治のための教養にすぎない。「春秋に曰く」などと貴族の日記に書いてあっても建前にすぎない。

中国では士大夫と人民ははっきり分かれている。日本では人民のことを心配する官人はたまにいる。だけど、日本では官人の上の方の人のほとんどは儒教なんてどうでもいい。制度を維持運営するための知識にすぎなかった」

と。それで「まとめ」として、「日本社会の中の上層と下層について考えること、文字言語と口頭言語の問題を考えること」と言ってまとめてます。

大山　これはすごいな。

大隅　明治の開明官僚は、日本の土着の文化をできるだけ外国の人に見せたくなかった。ヨーロッパ風にやれると言いたかったから。音楽も軍楽隊なんかにやらせて、日本の音楽を外国人に見せたくなかった。戦後になっても東京オリンピックのときも、開会式をできるだけスマートに西洋風にやったわけです。ところが、長野オリンピックのときは、高天原の女神や「御柱《おんばしら》」のようなものを見せて、あれは大失敗だったと思います。だけど、そうやれるようになったことはたしかで、最近は日本を強調して「和の文化」とか言っている。

律令官僚にも明治の官僚と同じようなところがあって、日本の神道の儀礼がいかに未開社会のものであるか知ってるんですよ。中国に対して主張するために「律令」を作った。神祇に関しては見せたくない部分があったんですよ。岩波の日本思想大系の『中世神道論』[*30]の解説で書いたんですけど、太政官に比べて神祇官は小さいですよ。神祇伯の官位も従四位下で、これだけ大きな役割を背負わされているのにひどく小さい。そのずれというか、二枚舌を使っているところがずっと残っていく。

神祇官と太政官を統合するところに天皇がいるわけだけど、それが果たして機能したのかどうか。天皇は両方のバランスをとる位置にいたけれど、微妙だった。その辺を考えたら、思想史の問題になるんじゃないかと思います。

大山　「神祇令」ができる前は、日本の神社は地方地方でバラバラだったと思います。『常陸国風土記』から香島（鹿島）神社の作り方がわかるんですが、まず、下総の海上郡の一部と常陸の那賀郡の一部を割いて香島郡を作って、付近の有力な神社を二つ合わせてね、そこに惣領（国司）が中央から「天の大神」というのを降らせて、まとめて「香島大神」と称することにしてます。現地の神をもとにして、上から天神を下して新しい神を作るというのは、実は伊勢

＊30　大隅和雄校注『日本思想大系19　中世神道論』前掲。

や出雲も同じなんですよ。こうして全国的な神祇秩序を構想するんだと思います。

大隅　律令官人たちは、当時の日本の神々たちが未開・野蛮だったことを知っていたと思います。明治の開明官僚と同じですよ。官人たちは外来の先進文化と日本の未開とのあいだで苦労していたんだと思います。

吉田　八世紀の初めでも「神道は祭天の古俗」だったんですね。

大山　ここで言いたいのは、「神祇令」は神社の統制なんだけど、それまで各地方ごとにバラバラだった神まつりを、春夏秋冬の季節ごとに全国一律に決めてしまったことだね。その基本は農耕儀礼だね。それと、核になる神社を上から設定している。大嘗祭もある。こういうのは中国とはまったく違う。中国は、農耕儀礼なんて設定していないし、皇帝がまず「天」「地」をまつる。それが基本。それと先祖をまつる宗廟、それに孔子をまつる釈奠です。

大隅　中国のは、コスモロジーの表現としてある。

大山　日本思想史はどうすれば可能なのか。大事なのは日本にオリジナルな思想があったかどうかということ。それから外来思想の受容と変形の問題が大変重要。それは日本の内と外と言ってもいいし、普遍と特殊と言ってもいい。この外来思想の受容と変形について考えることが「日本思想史の可能性」そのものでしょうね。

日本思想史をどう構想するか――長谷川宏『日本精神史』をめぐって

吉田　長谷川さんの今度のご本（『日本精神史』上下）[*31]は、どういう構想で書きましたか。

長谷川　三内丸山遺跡から始まって、江戸時代の終わりまでを通史的に書いて、書名は『日本精神史』とした。この本で言うとね、大きい流れをどう構想するかというのが大変だった。「精神史」と名づけたのは、とりあげたジャンルが、美術と文学と思想の三つで、その三つが絡みながら進むというふうに形を作っていったわけ。だから、「思想史」と言うよりは「精神史」と言う方が、言葉として幅の広さが出るかなと思ったのです。

吉田　美術史、文学史、思想史ですか。

長谷川　丸山眞男の日本思想史では、「原型」と普遍的思考の対立が基本の枠組みとなっていますが、僕は、軸として「原型」のようなものは到底想定できないと思って、結局、時代の移り変わりの中でどういう文物や思想が新たにあらわれて、どういうものが消えていったか追跡しました。全体としてはいまのわれわれにとっても魅力的な文物や思想を、価値あるものとしてとりあげたいという気持ちがあって、これはバツですよというものは相手にしないことにし

＊31　長谷川宏『日本精神史』上・下、講談社、二〇一五年。

ました。

そういうふうに時代を象徴する美術や文学や思想に光をあてながら、時代と作品との交流、交錯のありさまを考えました。時代と作品とを行ったり来たりするようにしながら、時代のベースにあるものはどういうものかをある程度つかんだ上で、それと作品がどういうふうに絡むのかを江戸時代の終わりまで追っていったわけです。

吉田　「精神史」と名づけたのは何か深いいわれがありますか？

長谷川　名前をなんとつけていいかよくわからなくて、この研究会でずっとやってる「思想史」というのも候補にはあがってて……。だけど、「思想史」といっても、阿修羅像とか、平等院の鳳凰堂とか、金閣寺などを「思想史」に組み込むのは無理な気がしないではない。といって「精神」という言葉も、何かしっくりこない。作品を扱うときには、ものとしての面白さをおもに考えてきたから。でも、ほかにいい言葉もなさそうだから、まあ「思想史」というよりは「精神史」という方が茫漠としていいかと。

吉田　ヘーゲル研究者だから「精神」という言葉を使ったというわけでは……？　やっぱりあるんですか。

長谷川　多少はあるかな。先達としては加藤周一はかなり意識してます。文学史と美術史の方面で。それから、もうひとつ、亀井勝一郎の『日本人の精神史研究』[*32]。これは、「古代智識階級の形成」、「王朝の求道と色好み」、「中世の生死と宗教観」、「室町芸術と民衆の心」という四冊本にまとめられていて、僕は亀井と同じような考えではないんだけど、時代と作品の交流するさまをとらえる視点が割合似ているんですね。

長くとり組んできたヘーゲルはどうしても意識せざるをえない。でも外国の思想と比較して日本の文化や思想について論じるのは紋切り型になる恐れがあって、それはやめようと禁じ手にした。日本の文化や思想の特色を言うときに、日本の中で比較していけばいい。たとえば短歌なら『万葉集』と『古今集』と『新古今集』の違いを考えることによってきちんと論じられるんじゃないかな。そこにヨーロッパの詩を持ってくるとか、バラードを持ってくる必要はないと思った。だから今度の本では外国人の名前はひとりも出てこないようにしたんです。

吉田　外国と比較して日本があるわけではない？

長谷川　ない。それはほんとにそう思った。仏教なんかについては、中国の仏教のあり方はそれなりには勉強したんですけど、それを使ってやるというふうにはしなかった。まあ、僧の留学の話なんかがあるから、そこにちょっと中国が出てくるかもしれない。それも、だけど、そっちの影響がどうだったというふうにはあまりしなかった。

最初に仏教がやってきたときね、百済からどうやって来たとか、どう受けとめられたか、というのは、歴史の事実ですから、当然、記述の対象となるんだけど、むしろそういうものを受

＊32　亀井勝一郎『日本人の精神史研究』全四巻、講談社文庫、一九七五年。

け入れて、その後どういうふうに展開していくかという話に力点を置くようにしたんです。

吉田　「日本思想史」を他の国や地域と比較しながら構想するか、それとも日本列島内での展開を中心に構想するか、あるいはそれを組み合わせるか、いくつかの考え方や書き方がありますね。

終章　天皇制は外来か固有か

日本の思想をどう語るか

大隅和雄

中国での体験

一九八八年の春学期、私は北京に出張し、日本学研究中心《センター》で「日本文化史」の講義をした。日本学研究中心は、日本政府が支援して設けられた、日本研究者養成の碩士課程の大学院で、日本の外務省と、中国の国家教育委員会の合作という形で、北京外国語学院に付置する形をとっていた。

それより前、中国における日本語教師の再教育のために、日本政府は、北京師範大学に付置した日本語教育培訓班——日本の大平首相が実現のために尽力したので、中国では大平学校とよばれていた——が、一〇年経って所期の目的を達成したので、それを発展させる事業として、日本研究者の養成のために設けられたのが、日本学研究中心であった。

私が出かけたのは、研究中心の三期生が入学した年で、言語・文学コースと社会・文化コースに、それぞれ一五名の学生がいた。私は、日本文化史の講義と、演習を受け持ったが、講義には、両コースの学生が出席していたので、三〇名の学生を相手に、前近代の日本文化史の話をし、家永三郎『日本文化史』を読む演習には、一一名が参加していた。「日本思想史」という科目は、松尾尊兊氏の担当で、近代の政治思想史を扱うことになっていたので、私は、前近代の思想史・文化史の話をするのがつとめだった。

中国に行くことを決めたのは、二年前の一九八六年のことだったので、前近代の日本の文化と思想をどのように語るかをめぐって、いろいろなことを考えた。外国人のために書かれた日本文化史の書物はいくつもあったが、よく見るとそれは、欧米の読者のために書かれたものばかりで、中国、アジアの若者を対象にしたものは一冊もなかった。日本の歴史を考える時、中国のことは関係が深いので、欧米の読者を予想して書かれたテキストをもとにするわけには行かなかった。

日本学研究中心の学生は、一期生・二期生はかなりの年齢の人が少なくなく、文化大革命の最中、下放で苦労した経験を持つ人も珍しくなかったが、三期生からは大学を卒業したての若者が殆どになったので、そういう学生を相手に何を話し、何を伝えるべきか、私は出発間際まで、考えをまとめることができず、講義の案を作ることができなかった。

日本思想史の概説を、いくつか読んでみても、よい案は浮かびそうにないので、私は、開き直りの気分で、教室で中国の事例を引き合いに出して、日本と比較しながら話をするために、雑多な知識が必要だと思い、中国古典文学大系の『三国志』『水滸伝』『儒林外史』などを読みなおすうちに、二年が過ぎてしまった。あとになって考えると、それは大変役に立った。

日本文化の歴史は、中国文化の受容の歴史と言っても過言ではない。私は、聖徳太子の十七条の憲法、律令、大学寮の学問、律令国家の修史事業、奈良平安時代の仏教と、話を進めて、日本文化史を説明していった。当然、儒家、法家のこと、中国の法制、史記・漢書・後漢書のことなどを取り上げることになる。特に仏教については、仏典とその漢訳の歴史を説明し、隋・唐の教学仏教について解説したが、それらについて、中国の学生に説明をするのは、内心忸怩たるものがあった。

中国の若者は、日本の歴史について、全くと言ってよいほど知らない。それに対して私は、旧制中学の東洋史と漢文以来、中国のことをある程度は学んでいたし、日本の古典を読めば、中国の歴史と文化の知識なしに、理解することは難しいので、注釈の中で中国の古典を読みいろいろなことが分かっているつもりだったが、私が知っている東洋史や漢文は、中国の若者が持っている歴史知識と、全く別のものであることを知って愕然とした。

日本学研究中心の学生の中には、宗教に関心を持つ者が少なくなかった。共産党の指導に、距離を置きたいと考える者が、宗教に何かがあると感じていたように思う。しかし、そういう学生が、中国の仏教を、宗教として見ることは少なく、多くの学生は、中国仏教史に興味を持つことはなく、仏教史について知ってもいない。

日本文化史の講義の中で、天台大師智顗、嘉祥大師吉蔵と言っても、何の反応もなく、南北朝時代の曇鸞・道綽らによって浄土教が広まり、唐代には善導が出たが、その思想を受けついだ法然が、日本中世の浄土教を開いたと言っても、中国の浄土教の祖師の名を知っている気配がない。延暦寺や東大寺について語り、法然や親鸞の思想の説明をしようとすれば、まず中国の仏教史の解説から始めなければならず、中国の仏教史の概略を説明してから、日本のことに入るために、日本仏教の話をする時間的な余裕は、なくなってしまうという不満を払いきれなかった。

始めは、日本の仏教は、終始漢訳仏典に依存しており、漢訳仏典とその注疏を解読することが、僧侶の学習の目標であったという話に、日本仏教の源流は中国にあると知って、満足しているように見えた学生も、仏教と言えば、いつも同じような論法が、繰り返されるのに飽きてしまい、退屈しはじめたように思われた。

外来の思想・文化の受容という時、外国の思想・文化は、一定の確かな形を持っているもの、完成した形のものと考え、日本人がそれを受け入れたと考え、受容する過程で生じた、誤解や曲解を検証して、もとのあり方と日本のものとの間の差異を明らかにする努力が重ねられ、変質した部分を、日本的なものと考えることになっている。

春秋戦国時代、漢代の儒学、宋代の新儒学、南北朝から隋唐の教学仏教、唐代に始まる禅仏教、西欧近代の諸思想など、文化史、思想史の各時代に、それぞれ日本の思想、文化の源流を想定して、日本の思想がそれと同じでないことを明らかにし、それについて論述するのが、日本文化史、思想史の、語り方であった。

基準は外来のものにあると考えられるから、近代日本の思想、文化の世界では、中国、イギリス、フランス、ドイツなど、近代の日本文化の源流となっている国々の、文化に関心が集まり、日本の思想、文化の研究は、それらと並ぶ一つと考えられる。日本の思想、文化の研究者は、日本のことに専念していて、基準とされる外国の思想、文化と取り組む余裕はない。

他方、中国、インド、英、仏、独と国毎に専門家が並んでいることになっているので、基準となる外来の思想、文化については、それぞれに権威ある専門家の結論に依拠して、日本との比較が行われる。日本研究者は、外来の思想、文化を完成された形で見る所から出発するので、それぞれの形成過程に注意を払う余裕を持たないことが多い。

中国の思想、文化を受容し、それに学ぶことを通じて、日本の思想、文化が形成されたという話は分かったが、日本人は自分では何を創ったのか、その点について話して欲しいと言われた時、私は、それに充分に答えることができなかった。

中華思想なのか

学生の日本語読解力は高かったが、文章を書かせてみると、心もとない所が多かったので、私は隔週に二〇〇〇字のレポートを書かせることにして、提出されたレポートに、細かな赤字を入れて返却した。レポートの題は講義で取り上げた話題のうちから、「日本の神話について」「かな文字の成立について」などの題を出した。

集めたレポートを読んで、学生の熱心な勉学に感心したが、読んでいるうちに、不愉快な気分に取りつかれていった。例えば、日本神話についてのレポートの殆どは、日本の神話は、政治的な立場から歪曲されており、神々は、ギリシャ神話の神々のような豊かで多彩な性格を持っていない。天地開闢の神話は、『淮南子』などの中国の伝承を寄せ集めて、作られており、世界成立の説明をしたことになっていない、というような文章が続く。

かな文字については、殆どのレポートが、もともと日本人は固有の文字を持っていなかった、ということを強調する文章で始まり、中国の文字を用いることになったが、複雑な漢字を活用することはできず、漢字を表音文字に流用するようになった。漢字の字画を省略してかな文字を作り、それによって、日本のことばを表記するようになった、というようなことが書かれていた。

私は、みんなの意見に反対はしないが、問題の捉え方には賛成できない所があると言って、レポートを返した。古い時代に、自分の民族の神話を、自分たちの文字で書き表した民族は多くはない。エジプト、オリエント、ギリシャ、中国、インドくらいの僅かな例しかなく、文明圏の外で暮らしていた民族は、神話を文字化することをしなかった。
七、八世紀の日本人が、自分たちの伝承を文字化したということは、世界の中で見ればなお特殊な例に属する。高度な中国の文化に接し、文字の存在を知った日本人の、中国文化に対する緊張関係の中で、それが可能になったことを理解すべきだと思う。
固有の文字を持っていなかったという言い方についても、世界に固有の文字を持った民族は、一体いくつあるのか。文字がどのようにして生まれ、伝播していったかを考えれば、もともと固有の文字を持たなかったという書き出しでは、考えるべきことを逸してしまう。魯迅が言っているように、固有の文字を持ったために、中国の人々が大きな苦しみを背負ってきたことを考えれば、みんなの書き方は、まだ考えるべきことを残しているように思う。そんな感想を伝えて返却した。

ところが、その後研究中心の図書館で、講義の準備をしていた時、手に取った百科事典を見たところ、平凡社のも、小学館、旺文社のどれも、日本の神話という項目は、日本の神話は、ギリシャ神話などに比して、政治的な歪曲が目立ち、それを神話として見るためには、さまざまな手続きを要すると書かれている。

かな文字という項目も、日本人は固有の文字を持たなかった、という文章で始まっていた。固有の文字を持たないという書き出しは、江戸時代の国学者が、神代文字なるものがあったと論じたが、それは認められないという説明のための文章なのだが、いまさらそんなことで力んでみる必要はないと思う。

近代日本の学問はすべて、西欧の学問を基準にしているので、神話といえば、一八世紀以来のヨーロッパの神話学を頼りにし、文字についても、日本語に即して、言語と文字の関係を考え、さまざまな問題に立ち入ることはせずに、漢字を省略して表音文字を作ったことだけが問題にされる。ヨーロッパの学問を基準にすることは、自明のこととして、その上で日本のことだけを説明する。そういう百科事典の記述を、中国の学生が真面目に受け取って、レポートを書くと、それを中国の学生の作文として読む私には、救い難い中華思想の表れに見えることになるのだというこことに、気付いたのだった。

固有と外来

日本では、中国の思想、文化を受容して、それを保持していることが、権力の源泉になってきた。日本と大陸との距離は、遠くはなかったが、対馬海峡は流れが急で、渡航は容易ではなかったし、五島列島から中国に渡る航路も、風の動きが複雑で困難が多かった。困難に耐えて受け入れ、保持している外来文化は、それを誇示すれば当然、時とともに権力の外に流出していくので、絶えず更新することが必要になった。

七、八世紀に大量に輸入された中国文化は、その後の日本文化の基礎となり、漢字の音、訓はこの時代のものが基本として現代まで続いているが、一〇世紀以降の文化の革新は、宋代の儒学、禅仏教の伝来、キリシタンの来航、西欧文化の衝撃と、新しい外来文化の受容によって、形を整えてきた。

七、八世紀における、圧倒的な中国の思想、文化の影響下で、文化の形成が行われた時、高度で先進的な外来文化は、普遍的なものと考えられた。しかし、権力者に保持される外来文化が、土着の文化を量的に圧倒し、押し流してしまうことにはならなかった。土着の文化は、それに依拠している人々を支配するために、排除されることはなく、保存されつづけた。

神祇の祭祀は、外来の思想、制度の下では、高い価値を認められなかったが、統治のために必要なものとされ、神祇官が置かれた。本地垂迹の思想が生み出されて、神祇と仏菩薩との間の宥和が図られたが、土着の神が仏の慈悲に縋《すが》って救われるという教えは、仏は普遍的な存在で、神は特殊で地方的なものとして位置づける役割を果たした。

『日本書紀』神代巻は、日本のみの天地開闢を記述して、中国の四海、天下の思想との関係に言及しなかった。そのことに始まり、日本の思想は、普遍的な中国思想、仏教思想に対して、特殊で例外的なものを明らかにする役割を負い、両者の関係を究明することを回避したために、思想として開かれたものになることができなかった。日本の思想、文化が特殊な例外的なあり方をしていることを、繰り返し主張した『愚管抄』、世界の成立について、中国、インドの所説と、日本の天地開闢を並べて記述しながら、相互の関係には言及できなかった『神皇正統記』

はその例である。

列島において何を生み出してきたか

外来文化を受容して、文化を形成してきたという話ではなく、日本人が日本列島において、何を作り出してきたのか、日本人が目指していた方向は、中国人とどんな点で異なっていたのか。そのことについて説明をして欲しい。私は、中国の若者に、そう言われたように思った。

外来文化を剝ぎ取り、削ぎ落として見たら、やせ細って何の魅力もない特殊、例外の固有文化が残るというのではなく、日本人が何を生み出してきたのかという視点で、思想史、文化史を語る努力をすべきではないか。神話そのものの研究は他人に任せ、それとは別に日本神話の研究を続ける。言語についての基礎的な論議とは別に、かな文字の成立過程を考えるのではなく、日本の事象をもとにして、一から始めて日本人の文化形成の営為を検証しなければなるまい。

六世紀には、日本列島に住む人々の間に漢字が伝えられていた。伝えられたというより、文字を持った人々の集団が列島に渡来して、文字が使用されるようになって、思想のある部分が書き留められるようになり、自覚化が始まった。中国の文字は、表意文字であったから、文字は文字の意味を伝えるものであり、ことばの外形を明確に伝えることには適していなかったが、土器などに書かれている文字は、文字が符牒として用いられることが多かったことを示している。

文字をはじめ外来文化を受け入れたのは、上層の人間であり、大部分の人間は土着の文化の中で暮らしていた。上層の人々は、土着文化の中に生きている人間を支配して行くために、基層の文化を排除することはできなかったから、文字化が進んだ後にも、文字に書かれたものは、文化の一部分に止まり、音声で伝えられるものが、大幅に残ることになった。

中国語を記したいわゆる漢文を、構造の異なる言語によって生活する日本人は、容易に読み解くことができなかったので、訓点を付して意味を取ることが始まり、特殊な漢訳仏典の解読に苦心していた僧侶を中心に、さまざまな訓点の記号が生み出された。訓点による解読からかな混じり文が生まれる一方、和歌の文字化が始まり、『古事記』『万葉集』の表記から、かなで記された和歌、和歌の詞書の発展から、物語のかな文が成立した。

和語と漢語の対立を自覚化したのは、『古今集』の序で、人の心をたねとするやまとうたが、漢詩に対抗して、歌集を生み出したことが書かれ、やまとうたが生まれ、集成されるにいたる経緯がのべられる。この序文は、思想史の上で重要な意味を持つが、ことばと文章について考えると、この時代から、中国語で作文された漢文と、文字を持たない人々の間の伝承を文字化した、和文とが並ぶことになり、漢文と和文は、相互に絡み合いながら、日本人の文章史を形成してきた。

漢文は公的な文章であったが、日本人が中国語の文章を自由に操ることは難しかったので、和文脈を取り入れた和様漢文が成立した。和様漢文は書き手の学力の低下を表しているが、貴族の日記など、漢語漢文では記せない内容を書くための文章であった。さらに一見漢文風でありながら、和文として読むことのできる文章も生まれた。和文の中に漢語を縦横に取り入れた和漢混淆文が生まれた。

また、僧侶の文章としては、仏語をとり込んだかな聖教の文章が現れた。漢訳仏典に依拠していた仏教の世界では、当然、仏教漢文とよばれる文章が用いられていたが、中世に入って、かな混じりの文章で法話を書き、かな消息の形で教えを伝えることも盛んになった。かな聖教とよばれるものは、漢字漢文の読めない庶民や女性のために書かれたものといわれているが、この場合も、漢語、漢文では書き表すことのできない、信心をめぐる心の動きが、思想の世界で注目されるようになったことの表れであった。

漢文と和文の間に生まれたさまざまな文章は、その背後にある思想と密接な関係を持っており、思想史の問題として読み解くことが必要と思われる。

文字とことばと文章のあり方を、生活の地平まで下りて、日本の思想の問題を考えることは、この列島における思想、文化の形成を考える手がかりの一つであるが、日本の思想史の流れを、外国の人にも、聞いてもらうためには、これまで取り上げられてきた、漢家、釈家、社家、官家というような、中世の知識の区分、儒学、神祇、和学、蘭学、仏法、老荘、心学などなどの近世の学問、思想の諸分野を枠として説明するのではなく、文化、思想の流れを、政治史、経済史などをもとにした時代区分に合わせて解説するのでもなく、日本史の時代区分や、思想、文化の部門に分けるのでもなく、別な視点を築くことが必要であると思われる。

天皇制の本質

大山誠一

はじめに

日本の古代国家は、七世紀中葉から八世紀初頭にかけて、中国の法制度を模倣して成立したとされている。その国家秩序の成立を象徴するのが大宝令、平城京、日本書紀であり、これらにより、天皇を専制君主とするアジア的専制国家の成立とするのが一般的理解であろう。同時に、太政官を構成する伝統的氏族（貴族）の力も大きかったとし、天皇権力と貴族制との二元的な構造だったとするのもごく普通の理解と言ってよい。

しかしながら、私は、本書前掲の「天皇制とは何か」で繰り返し述べたように、日本の古代国家において天皇を専制君主と考えることは妥当ではないと考えている。一般に、天皇を専制君主と考える説の根拠は、主に律令法の解釈に基づいているが、もともと日本の律令は唐の律令を模倣したものである。天皇に関する規定も唐の皇帝のそれを踏襲している。だから、そこだけを見ると専制君主と言えなくはない。しかし、日本の古代のどの局面を見ても、政治の実権は八省・七道諸国を管轄下に置いた太政官にあり、天皇は太政官の決定を追認する以上のことはせず、現実の政治には関与していなかったと考えざるを得ないのではないか。国政の現実の場においては、天皇は無力だったのである。法を形式的に模倣しても、その運用過程では唐とは異なる原理が働いていたのである。だとすれば、太政官を、天皇権力を制約する貴族勢力の結集の場と考えることも正しくないということになる。天皇が専制君主ではないとすれば、それに対抗する貴族層という発想自体が誤っているからである。

そういう問題関心から、前掲本論では、古代に成立した天皇を中心とする政治システムとしての天皇制を論じたのであるが、そこで私が考えたのは、単に法という建て前の上での権限ではなく、天皇が歴史的にどのような存在として、また、どのような役割を期待されて登場したのかということであった。それは、端的に言って、天皇という存在を創出せしめた歴史過程の検証であった。

ここで、天皇制の要点を繰り返しておく。まず、その出発点は、藤原不比等の主導により天武一〇年（六八一）に理念的に成立し、その後、実現に向かったということ。次に、その政治システムの特徴は、第一に、政治の実権は太政官にあること。次に、天皇は神話により神格化された存在であることである。そして、この太政官と神格化された天皇を結びつけるのが藤原氏の外戚政策というものである。それ故、天皇制とは、藤原氏が神格化された天皇を利用して太政官を支配するシステムであったということになる。これを三つのキーワードにまとめれば、太政官・神話・外戚政策ということになる。

そこで、これらを個々に検討してみると、外戚政策はいつの時代も権力の周辺にはありふれたもので、天皇制固有の特徴ではない。しかし、残りの二つは違う。太政官は中国にも他のアジア諸国にもない日本独自のものである。これを、唐の三省、すなわち、中書・門下・尚書省の機能を一つにまとめたものと言って片付ける人が多いが、そういうものではない。一つにまとめても、三省のままでも、皇帝（天皇）の命令の執行機関であるとすれば同じである。そうではなく、太政とは、国家あるいは君主の政治を意味することに気づくべきである。だから、太政大臣は事実上天皇代行なのである。また、太政官は天皇権力を代行する機関なのである。だからこそ、天皇は無力でよいのである。

次に神話であるが、皇帝を神と結びつけるような神話は中国にはなく、そういう発想もなかったそうである。「民の義に務め、鬼神を敬して遠ざく、知と謂ふべし」という信念をもつ孔子は、明らかに無神論者である。中国では、少なくとも漢代以後、儒学が国家公認の唯一の学問となり、その試験制度を通過した知識人たちが一貫して政治を支配してきたのであり、彼らは合理主義にして無神論者だったという（森三樹三郎『中国古代神話』）。支配階級たる士大夫層は、神話のような神秘思想を忌避していたのである。

　ただし、朝鮮諸国には素朴なエピソードとしては神話がないわけではない。事実、伽耶の降臨神話のアイデアは、明らかに記紀神話に生かされている。しかし、それはきわめて素朴なもので、日本の神話のようにアマテラスやスサノヲやオホナムチ（大国主）など、多くの人格神が喜怒哀楽露わに波瀾万丈のストーリーを展開するものとはまったく異なっている。やはり、日本の神話はきわめて個性的かつ稀有のものなのである。

　このように見てくると、日本の古代国家が、七世紀中葉以後、中国の法制度を模倣して成立したとする通説は一考を要することになるのではなかろうか。確かに、戸籍・計帳、班田収授法、租庸調などの税制、といった人民に対する統治法は大いに模倣したようである。しかし、それは所詮税の取り方に過ぎないし、現実には短期間で放棄されている。これに対し、国家権力の中枢に成立した天皇制という政治システムは日本独自のもので、七世紀末葉前後、藤原不比等を中心とする政治集団が、ある明白な政治的意図をもって創造したものであった。しかも、驚くべきことに、その後長く、今日まで続いている。これこそ、古代史の最大のテーマではないか。その謎を解く鍵は、どうやら太政官と神話にあるようである。以下、これについて、本論を補足する意味で述べてみたいと思う。

一　太政官

天皇の役割

太政官の太政という語は、国家あるいは天皇の政治を意味する。太政大臣となれば、事実上天皇の代行ということになる。とすると、逆に、天皇の存在意義はなんだったのだろうか。また、どのような役割を期待されていたのであろうか。

まず、天皇制の出発点を天武十年（六八一）の草壁立太子とし、その後の皇位継承の様子を見ておくことにする。

周知のように、草壁は、六八六年の天武没後も即位することなく、そのまま六八九年に亡くなっている。その後の皇位の行方は、九五頁の系図に見ることができる。草壁の没後、六九〇年に母の持統が即位したが、これは草壁の七歳の遺児軽皇子への中継ぎであった。天智と蘇我石川麻呂の娘との間に生まれたという出自は申し分なく、天武をよく補佐したという評価もあるが、行政手腕のようなものは期待すべくもなかったのではないか。そして、六九七年に一五歳になった孫の軽に譲位する。文武天皇である。弱年の文武にも行政手腕は期待されていなかったであろう。その文武が、七〇七年、わずか二五歳で亡くなると、その母の元明、続いて姉の元正が即位したが、結果的に見て、両者が文武の遺児の首皇子（のちの聖武）への中継ぎであったことは明らかかと思われる。つまり、草壁立太子から七二四年の聖武即位までの約四一年間、およそ政治的力量を期待しがたい女帝と幼帝の連続だったことになる。しかも、これにとどめを刺したのが、聖武即位後まもなくの七二七年に、夫人の光明子が生んだ男子（某王）である。生後わずか一ヶ月あまりでこの皇子の立太子が行われたのである。皇太子とは即位を予定された地位である。ということは、当時の朝廷は、天皇が一ヶ月の赤子でもかまわないと考えていたことになる。

しかし、草壁没後のどの時点においても、皇族の中に成人男子は数多くいたはずである。誰しも、長屋王の名を思い浮かべるであろう。にもかかわらず、女帝や幼帝が次々と即位し、ついには赤子が皇太子となった。少なくとも、天皇制の成立時点において、天皇の資格として政治能力は不要だったのである。その代わりに必要だったのが次の二つである。一つは草壁直系の血筋。もう一つは藤原氏との外戚関係である。これらを維持するためならば女帝でも赤子でもかまわないということである。

このように言うと、それは、公平中立であるべき法や制度を、不比等をはじめとする藤原氏が強引にねじ曲げたのだと考える人もいるであろう。しかし、そうではない。このときに成立した天皇制という政治システムには、最初からそういうＤＮＡが組み込まれていたのではないか。その場所であるが、一つは太政官である。太政官は、天皇権力を代行する機関であった。だからこそ、天皇が無力でもかまわないという根拠になるのである。それともう一つは神話である。草壁直系と藤原氏。これを不可欠の条件とするという意味が神話の中に託されていたのである。そういう太政官と神話について、さらに考えることにしたい。

太政官の成立時期

古き大王の時代は、諸外国と同じように、卓越した王権と重臣たちとの政権であったはずである。しかし、ある時期に、大王を排除した国政の最高機関としての太政官が出現した。それはいつのことだったのか。

まず、六四五年六月、蘇我入鹿を暗殺した乙巳の変後に成立した政権であるが、『日本書紀』の記すところでは、天皇孝徳、皇太子中大兄のもとに左右大臣と内臣が任命されたとされる。この記事の信憑性は別にしても、ここに太政の語はないから、単に天皇と補佐役の左右の大臣が任命されただけの記事と考えてよいであろう。

次に、天智一〇年（六七二）正月、太政大臣の大友皇子以下、左右大臣それに御史大夫が任命されている。ここに太政大臣が見えるのは重要である。太政大臣は事実上の天皇代行に相当すると考えてよいとすれば、ここに、大王権力から自立した太政官が成立したと考える余地はありそうである。ただ、この時期は、百済に続いて高句麗も滅亡し、さらに勝利した唐と新羅の間にも戦闘が勃発しかねないという時期であった。未だ白村江の敗北のトラウマが消えない日本に、新羅からの使者が相次いで訪れ、唐からの使者もあった。その上、天智自身が病弱となり、この年のうちに亡くなっている。ライバルの大海人皇子のことも気になったはずである。これらを考慮すると、天智が多難な内外の情勢を考慮して、息子の大友皇子に政権を譲ろうと考えたとしても不思議ではあるまい。とすれば、禅譲の一つ前の段階として大友を太政大臣に任命して実権を譲ったと考えてはどうだろうか。その場合は、太政官という正規の機関ではなく、政権委譲のための臨時の措置だったことになる。

次に、壬申の乱後の天武朝はどうかというと、この時期には、納言の存在は認められるが大臣はいなかったようである。納言は「ものもうすつかさ」すなわち喉舌の官であり、太政大臣はおろか大臣すらいないのであるから国政を決する太政官は当然未成立のはずである。

しかし、持統朝となると大きな変化がある。持統三年（六八九）に草壁皇子は亡くなるが、まもなく飛鳥浄御原令が完成し、翌年正月に持統が即位し、さらに七月に太政大臣高市皇子、右大臣丹比嶋、以下八省百寮が任命されている。私見では、これをもって国政を決する太政官の成立と考えてよいと思う。その後、持統六年に、高市皇子に封五千戸という破格の待遇を与えたが、これはやはり、日常の政務一般を高市に託したことを意味しているとすべきであろう。

ただし、この時期は、持統や藤原不比等ら権力中枢のメンバーにとって重要な時期であった。のちの大宝律令に結実する法典編纂、神話を中心とする歴史書の編纂、さらには藤原京の造営など、国家の存立理念の内容が問われる重大な課題に正面から対決していた時期であった。ここでどのような決断をするかで、その後の日本の永遠の運命が決するような時期であった。そのため、不比等の政治グループを含む中枢メンバーは、いくつかの特命チームを組織していたはずで、日常的な一般政務には十分な配慮ができなかったのではなかろうか。そういう状況もあり、高市に太政官が託されたのであろう。

そして六九七年になり、持統から文武への禅譲が行われたが、この時点で藤原京への遷都は実現しており、大宝元年（七〇一）には大宝律令もまもなく完成する。未完成なのは『日本書紀』だけであった。そこで、新令により同年三月に左大臣多治比嶋、右大臣阿倍御主人、そして大納言は石上麻呂・藤原不比等・紀麻呂という布陣となった。これをもって、国政の最高機関としての太政官が本格的に成立したと考えてよいであろう。

以上により、太政官は、浄御原令が施行され、持統が即位した持統四年（六九〇）に正規の機関として成立し、文武朝の大宝元年、大宝令の施行とともに本格的に国政の中心になったと考えてよいと思う。結局、太政官の成立は浄御原令、大宝令の成立と密接な関係があったことになるが、これは、私の理解では、天武十年から始まる天皇制の成立過程の一環と考えるべきものである。この天皇に代わる実質的最高権力の創設、これこそ、天皇制という政治システムの性格を決定づけるＤＮＡそのものだったのである。そのＤＮＡは、その後千数百年もの間、少なくとも江戸時代までは生き続けることになる。相次ぐ女帝の即位も赤子の立太子も、そのＤＮＡの為せるわざだったのである。

ただ、ここで一言しておけば、天皇が無力とされたことを、天皇ないし天皇制にとってマイナスイメージで考える必要はない。逆である。中国の皇帝の場合、前王朝を武力で倒し、絶えざる異民族の脅威から国土を守る軍事指揮官である。それこそが専制君主の本質なのである。平和で豊かな島国の日本に、そんなものは必要なかったであろう。では、天皇とはいかなる存在で、どのような役割を期待されていたのだろうか。そのことを、藤原不比等らがどう考えていたかである。

二　神話

神話の概要

太政官の創設により、天皇は国政から解放された。少なくとも、専制君主という評価はあたらない。では、古代の天皇は、どのような存在だったのか。

それを知るには、先のキーワードのうち残った神話を正確に理解する必要がある。神話こそ、中国にはない日本独自のもので、天皇を直接特徴づけるものだからである。

神話の内容であるが、不要かも知れないが、ごく簡略に要点だけを挙げておくことにする。一応、七段階に分類した。

①イザナキ・イザナミの国生みと神生み。国生みとは、国土の島々を生むこと。神生みとは、海、山、河、風、木などの神を生むこと。これにより日本の国土である葦原中国《あしはらなかつくに》が誕生したことになる。その際、神生みの最後に、アマテラスとスサノヲが誕生している。

②イザナキが、アマテラスを高天原に配し、スサノヲは根の国へ行くことを命じたが、スサ

ノヲは高天原へ向かう。警戒したアマテラスとの間で誓約《うけい》が行われ、アマテラスの物実《ものざね》からオシホミミが生まれる。誓約というゲームに勝ったスサノヲは勝ちほこって乱行をはたらく。アマテラスは岩戸に隠れ、ついに、神々はスサノヲを高天原から追放する。
③スサノヲが降りたったところが出雲だった。ここで、村人のために妖怪ヤマタノヲロチを退治して英雄となり、助けたクシイナダヒメと結婚し、オホナムチが生まれる。
④オホナムチは国作りを完成させる。のちに、『出雲国風土記』では「天の下造らしし大神大穴持の命（所造天下大神大穴持命）」と呼ばれるが、これは、葦原中国の王を意味する。大王のことである。
⑤高天原のアマテラスは、この葦原中国を見て我が子のために欲しくなり、何度もオホナムチのもとに使者を派遣して支配権の献上を要求するが成功しない。しかし最後に、武神のタケミカヅチが派遣され、オホナムチを刃物で脅して奪うことに成功する。これを、一般にオホナムチの国譲りと言っている。このタケミカヅチが、のちに藤原氏の氏神として奈良の春日神社に祭られることになる。
⑥その葦原中国に、オシホミミの子で、アマテラスの孫に当たるニニギが降臨する。なぜかその地が日向で、具体的には薩摩半島の野間岬だった。神話が作成された段階では、薩摩と大隅は、まだ日向の一部だったのである。
⑦ニニギは、その地で大山祇神の娘のコノハナノサクヤビメと結婚し、ウミサチ・ヤマサチ

を生み、そのヤマサチの孫がのちの神武である。彼は野間岬を発して東へ向かい（神武東征）、ついに大和を攻略して畝傍の橿原で即位する。以後、連綿と天皇の時代が続くことになる。

以上が、神話の概要であるが、実は、神話の内容には記紀の間でかなりの違いがあり、その上『日本書紀』には多くの異伝が存在しており、神話を正確に理解することは相当困難であるが、一般的な理解を示したまでである。

さて、このように見てくると、一見複雑に見えた神話のストーリーも意外と単純であることに気づく。イザナキ・イザナミの結婚によって葦原中国が誕生したのち、アマテラスとスサノヲとその子孫たちが、この葦原中国を奪い合い、アマテラス側が勝利したのち皇室の支配が成立するというものである。単純かつ政治的なストーリーだったのである。かつて津田左右吉が述べたように、神話は「我が国の統治者としての皇室の由来を語ったもの」で、古くから伝えられた伝承ではなく、『日本書紀』編纂時に「朝廷に於いて述作せられた」ものだったのである（『日本古典の研究　上』第三編、一九四八年）。

ただし、ここまでは一般論である。すでに常識と言ってもよい。問題は、そういう神話の奥深くに隠されたものである。そのためには、神話の細部に踏み込み、深く掘り下げ、その寓意するものを正確に把握しなければならない。そして、神話の中に潜む天皇制のＤＮＡを見いださねばならない。実は、私は、ここ十数年間、記紀神話の解明を志してきた。その成果は、二〇〇九年の『天孫降臨の夢』（NHKブックス）、そして二〇一七年の『神話と天皇』（平凡社）としてすでに発表している。ここではその成果を踏まえて、現在の私見を述べてみたいと思う。

天孫降臨神話

神話の目的が、皇室の支配の由来を説くものであるなら、その核心部分が右の⑥の天孫降臨神話の部分であることは自明であろう。皇室の支配の出発点は、ニニギの天孫降臨だったからである。では、その神話は、いつどのようにして成立したのであろうか。前記拙著『天孫降臨の夢』により具体的に述べておきたい。

天上世界に皇室の究極の先祖の太陽神、しかも女神がおり、その子孫が地上に降臨するというモチーフが最初に現れたのは、六八九年に早世した草壁皇子のために柿本人麻呂が詠んだ草壁挽歌である（『万葉集』巻二―一六七）。皇子の死があまりに早く想定外であったためか、論理上、十分な準備に欠けている感もあるが、それでも天孫降臨というモチーフ自体は成立している。そこでは、天上世界を支配する「日女の命」が、いったん「日の皇子」を飛鳥浄御原宮に降臨させたが皇子は亡くなってしまった。そこで、新たに「皇子の命」を降臨させ天下を治めさせようとしたが、何と無情にもこの皇子も亡くなってしまい、人々は悲嘆に暮れていると詠っている。草壁挽歌という設定である以上、ここで言う「日女の命」が持統を指し、「日の皇子」

が天武、「皇子の命」が草壁を指すことは明白である。内容的にすでに天孫降臨神話と言ってよい。ただし、アマテラスや高天原の呼称は、まだ成立していなかったようである。また、歌の作者が柿本人麻呂であることは確かとしても、このような神話の構想は天皇制という政治理念の中核をなすものであるから、藤原不比等を中心とする政治集団の合議の中から生まれたものと考えるべきであろう。人麻呂もそういうメンバーの中にいたのである。私は、この段階を降臨神話成立の端緒、つまり第一段階であることからプロジェクトXと呼んでいる。

その天孫降臨神話が発展し、一応の完成を示したのが『日本書紀』の巻二「神代下」第九段の第一の一書である。そこでは、すでにアマテラスと降臨するニニギの呼称は成立しているが、ただ、高天原の語はまだなく、降臨先が日向の高千穂のクジフルタケという伽耶神話を模倣した地名が見えるだけで、その先の野間岬を意味する笠沙の岬までは到達していない。だとすると、その地で出会うはずのコノハナノサクヤビメもウミサチ・ヤマサチの物語も成立していないことになる。物語上、その後、どのように人代の天皇と連続していたのかも不明である。その成立時期であるが、アマテラスという女神が全体を支配していることから持統在世中と考えるのが適当で、全体の状況設定を考慮すると、この神話は、持統がこれから譲位する孫の軽皇子（文武）のために作られたものと思われる。私は、これを第二段階、つまり草壁の次の軽のためのものとして、プロジェクトYと呼んでいる。

そして、最後に、『日本書紀』の本文の神話が成立する。そこでは、驚くべきことに、降臨の場にアマテラスが登場しない。新たにタカミムスヒという神が登場し、皇祖と称している。降臨するニニギがタカミムスヒの娘から生まれたので、皇祖とされたのである。この神話に関し、上山春平氏は、タカミムスヒは藤原不比等で、ニニギを生んだ娘は藤原宮子、ニニギは首皇子（聖武）としている（上山『埋もれた巨像』岩波書店、一九七七年）。タカミムスヒのタカとミは美称、ムスヒのムスは生命の生成を、ヒは神ないし霊的な存在を意味している。つまり、ムスヒは万物生成のエネルギー、生命の根源の神と言ってもよい。ここにアマテラスを上回る最高神が誕生したのである。ついに、不比等は外戚政策を超え、自ら皇祖と称して降臨神話を主催することになった。降臨神話は、究極の段階に達したのである。また、この段階に至って、降臨先が笠沙の岬となり、その後のウミサチ・ヤマサチの物語から神武の登場までをも見通している。明らかに降臨神話の最終段階と言うことができる。この神話の成立時期であるが、アマテラスが登場しないことから持統の死後であることは明白で、さらに、首の即位を目指しているから、文武の没後である。ただし、七一二年成立の『古事記』にもこの内容が取り込まれているから、それ以前ということになる。結局、七一〇年前後、元明朝だったことになる。私は、これを首のための第三段階として、プロジェクトZと呼んでいる。

さて、天孫降臨神話の概要は以上のとおりである。その特徴は、見てきたとおり、柿本人麻呂の草壁挽歌を起点として、軽、首のために、その都度、三段階にわたって作られたということである。それは、単純に、皇室の祖が天上世界から降りてきたという話ではなかった。皇位は草壁直系に限定され、その皇位を支えるのは外戚である藤原氏でなければならない。そういう強固な精神こそが、神話の中にＤＮＡとして仕組まれていたのである。そして、さらに、神話の行き着くところ、最終的にはタカミムスヒすなわち不比等を皇祖とするという野望が隠されていたのである。なお、ここで注意すべきは、神話の論理には女帝は想定されていないことである。女帝の登場は、ＤＮＡを維持するための臨時の措置に限定されていたからである。

ただ、これほどこだわった草壁直系であるが、周知のように、のちには断絶している。しかし、その場合でも、藤原氏はそれに代わる王家を擁立し、同様の精神を維持することになった。ということは、ＤＮＡの核心にあるものは、草壁直系よりも藤原氏の支配であったことになる。そういう天皇制のＤＮＡは、千年を超えて長くしぶとく生き続けたのである。

出雲神話

これまで、我々は、神話の世界から神武が出現し、以後、万世一系の天皇の歴史が始まると考えてきたのではないか。日本の歴史全体が歴代天皇の歴史であると。しかし、天孫降臨のモデルが草壁直系の皇子たちであるとすると、草壁王家以前の歴史は歴代天皇の時代ではないことになる。そう考えて、記紀の神話を見ると、確かに、天孫降臨神話の前に出雲神話がある。皇室とは関係がなさそうである。出雲神話の主人公のオホナムチが国譲りをしたのちにアマテラスの孫のニニギが天孫降臨するのだから、オホナムチは、皇室以前の国土の支配者のはずである。万世一系を装いながら、実は、オホナムチから皇室への王朝交替があったのである。つまり、出雲神話は前王朝を意味する神話だったことになるが、では、その前王朝とは何か、また、その神話はなぜ必要となったのだろうか。

そのためには、オホナムチという神の正体、およびその原像を探らねばならない。以下、先の拙著『神話と天皇』により、その概略を示しておく。

実は、記紀両書とも、神話の表面的なストーリーの展開とは別枠で、オホナムチという神の本来の姿を記している。それによると、オホナムチはスクナヒコナと協力して天下を経営し、人々や家畜の病を治し、鳥獣や虫の害から作物を守ることを人々に教えた国作りの神である。途中で、スクナヒコナが常世郷へ行ってしまうと、今度は三諸山の神、すなわち大物主の協力を得て国作りを完成させたという。王朝の創始者と言ってよい。

その王朝はどこにあったのかというと、『万葉集』（巻七―一二四七）に「大穴道少《すくなみ》御神《かみ》の作らしし妹背の山を見らくし良しも」という歌がある。大穴道はオホナムチ、少御神はスクナヒコナである。「柿本人麻呂歌集」にあったものである。そのオホナムチを祭る大名持神社が、奈良県吉野町、吉野川の北岸の妹山にある。これとは別に大穴持神社も御所市にある。ともに広い意味で葛城地方と言ってよい。オホナムチは葛城地方の神だったのである。そのオホナムチの神は、五世紀までは葛城氏が、六世紀以後は蘇我氏が祭祀権を引き継いだと思われる。つまり、オホナムチは蘇我氏の神だったのであり、天孫降臨神話に先行する前王朝とは蘇我氏の王朝だったのである。

蘇我王朝についいては、ここでは詳しい説明は省くが、七世紀初頭に派遣された遣隋使は、倭王について、妻があり、後宮に女六七百人と言っている。明らかに倭王は男だったのである。『日本書紀』では、推古女帝と聖徳太子の時代とされているが事実ではなかったのである。客観的に見て、その倭王は蘇我馬子以外には考えられないと思う。もちろん、都は飛鳥であった。飛鳥寺、嶋宮、石舞台古墳などはみな蘇我馬子の遺跡である。その後、王位は、蝦夷、入鹿へと継承され、乙巳の変で中大兄と中臣鎌足に王位を奪われたのであろう。とりあえず、そういう前提で話を進めたい。

さて、オホナムチに戻ると、神話のストーリーの上では、最初から出雲で活躍しているが、本来は、大和の葛城地方の神だったわけである。そのことを示す史料がある。『出雲国造神賀詞』である。『日本書紀』が完成する四年前の霊亀二年（七一六）に、七世紀中葉以前つまり乙巳の変以前に行われていた出雲国造の王権への神宝献上儀礼が復活した。その場合の王権とは蘇我王朝のことである。かつて、出雲国造は、出雲の玉作が作る玉類を、中央の忌部氏を通じて蘇我王権に献上していた。その儀礼を復活させたのが『日本書紀』の編纂メンバーでもあり出雲守でもあった忌部子首であった。当然、藤原不比等の承諾を得ていたはずである。その『神賀詞』によると、オホナムチは、国譲りののち、自らは杵築宮（出雲大社）に静まるが、分身の大物主を三輪山に、御子神のアヂスキタカヒコネを葛城の鴨、事代主をうなて、カヤナル

『出雲国造神賀詞』の諸神

A 大名持神社　B 大物主（三輪山）　C アヂスキタカヒコネ（葛木の鴨）
D 事代主（雲梯）　E カヤナルミ（飛鳥）
（国土地理院発行の地図をもとに作成）

ミを飛鳥に鎮座させて天皇を守ると宣言している。つまり、大物主以下の神々は、本来はオホナムチの配下にあったのである。しかも、この御子神たちの分布を見ると、葛城の鴨から始まり、畝傍山麓のうなてに進み、最後に畝傍山を越えて飛鳥に進出している。まさしく、蘇我王権の成立過程を示しているのである。三輪山の大物主の協力は、正式に王位に就いたことを意味するものであろう。

そのオホナムチが出雲大社に祭られた経緯については繁雑なので省略するが、一つだけ注目したいのは上山春平氏の神祇革命という説である。それによると、藤原不比等は、神話が成立したのち、皇室の神であるアマテラスを伊勢へ、古い大和の豪族たちの神であるオホナムチを出雲に移し、空白となった大和の平城宮近くの春日山に藤原氏の氏神であるタケミカヅチを祭った。藤原氏が真の権力者であることを示すためである、というものである。実に大胆な説であるが、私自身は、十分妥当な説と考えている。

ともかく、出雲神話とは蘇我王朝のことと知れた。では、記紀、特に『日本書紀』の編者たちは、なぜ蘇我王朝の神話を必要としたのだろうか。虚構とはいえ、あからさまに万世一系という原則に背いている。

その答えは、国譲り神話にある。アマテラスが、オホナムチの支配する葦原中国を欲しがり、武神のタケミカヅチが刃物で脅して奪う話であるが、オホナムチが蘇我王朝で、タケミカヅチが藤原氏の氏神なら、話全体が中臣鎌足が蘇我入鹿を暗殺した乙巳の変とそっくりと気づくであろう。明らかにタケミカヅチは鎌足である。タケミカヅチの働きによりニニギの天孫降臨が可能になった。同様に鎌足の働きにより中大兄らの息長王家が成立し、さらにそのあとに草壁王家も成立したのである。結局、藤原氏は皇室の生みの親、なくてはならない特別な氏族ということになったのである。

なお、その後も、『日本書紀』の中で鎌足はさまざまに偶像化される。乙巳の変後に始まる大化改新の中心人物として活躍し、晩年には、天智から大織冠と藤原姓を賜わったともされる。さらには、この鎌足をモデルに古代史上最大の忠臣とされる武内宿禰の人物像が創作されるが（岸俊男「たまきはる内の朝臣――建内宿禰伝承成立試論」）、念の入ったことに、文武の死の直前の慶雲四年（七〇七）四月には、藤原不比等の功績を讃えつつ、その父鎌足も建内宿禰に等しいとして、不比等に封五千戸を賜うという詔が出されている。用意の周到ぶりには驚くばかりであるが、その上さらに驚くのは、大化段階の鎌足の活躍ぶりも、そのほとんどすべてが虚構すなわち『日本書紀』編者の創作だったことである（前掲拙著）。

ともかく、こうして、草壁直系とそれを支える藤原氏というDNAが、天皇制という染色体の中に強固に組み込まれたのである。

三　天皇制とは何か

二つの方法

天皇制とは何かを考える場合、当面、二つの方法を対比してきた。

一つは、基本法である律令の分析である。古代国家を律令国家と称するくらいであるから、これは一般的な方法であると多くの人が思っている。また研究の蓄積も豊富で、古代の法解釈を専門とする明法家が残した『令集解』『令義解』、さらには有職故実、そして、近代の法制史、制度史へと引き継がれている。しかし、その特徴は、日本の律令が支障がない限り中国法を模倣して成立しているから、法解釈そのものも母法である中国法に遡ることになる。そうなれば、中国法の中心にいるのは専制君主たる中国皇帝である。当然、それに準じて日本の天皇も理解することになる。これでは、天皇を論じたことにはならないであろう。だから、律令の解釈から天皇を論ずるのは危険なのである。

ここで、考慮すべきは、では、一体、古代の日本の為政者たちは、何のために律令を導入したのかである。

すでに強大な王権があって、それにふさわしい法秩序を中国に求めたのだろうか。乙巳の変後の実力者を天智・天武とした場合、なぜか『日本書紀』はその時代を詳しくは記さない。天智は、蘇我入鹿に続いて古人大兄、蘇我石川麻呂、有間皇子を殺害するなど内訌を繰り返し、ついには白村江の敗北という失政により事実上失脚している。大友皇子が太政大臣となったのはそのためである。また、この間、実際の政治は依然として蘇我氏が握っていたようである。左大臣に蘇我赤兄、御史大夫に蘇我果安がついている。蘇我氏のもとには実務官僚として東漢氏などの渡来人がいたはずである。しかし、天智没後に起こった壬申の乱は、折からの唐・新羅戦争にどう対処するかの問題であった。唐の側に立って積極介入を考えていた大友皇子の近江方が敗れたが、慎重派から出兵を促された天武は、一ヶ月も逡巡したのち、挙兵は家族連れで、戦いというより伊賀の山中を逃げ惑うばかりであった。虚飾に満ちた『日本書紀』の記事の行間を読めば分かることである。しかも、近江方の敗北により、蘇我氏と渡来人たちの実務集団も瓦解した。新たに成立した天武の権力は弱体化し、結局、藤原不比等の登場となるのである。そういう状況の中で、不比等らがあえて強大な王権を構想したであろうか。事実は、逆であった。無能な王権を棚上げにして、新たに太政官を責任主体とする政権を構築したのである。私は、このように考えて、中国法の模倣と知れている律令に頼って天皇を解釈するのは問題があるとするのである。

それに加えて、その後の歴代天皇は、草壁早世のためではあるが、女帝と幼帝の連続であった。生後一ヶ月の赤子の立太子さえあった。そして、九世紀には摂関政治が成立している。これらは、偶然だったのだろうか。あるいは、藤原氏が法と制度をねじ曲げて実現したものだったのだろうか。それとも、天皇制はそういう宿命を持っていたのだろうか。

ここで考えるべきは、天皇制を考えるもう一つの道、中国の模倣ではない日本独自のもの、太政官と神話である。その結論は、すでに見てきたとおり、太政官の成立によって天皇を政治から切り離し、さらに神話のストーリーの中に草壁直系と藤原氏の支配というDNAを組み込んだのである。これまで見てきた天皇の特徴は、すべて、これらDNAの発現の結果だったわけである。

その上で、さらに言えば、草壁直系と藤原氏の支配のうち、第一義的に重要なのはそのどちらなのかである。

しかし、これも事実が明らかにしている。その後、草壁直系は断絶するが、藤原氏の支配は揺るぎなく存続しているからである。代わりの王家を擁立して外戚政策は復活している。第一義的なのは、藤原氏の支配の方であった。よく見れば、皇室もまた、藤原氏の支配を支える役割を果たしていたのである。

では、天皇に期待された役割とはどのようなものだったのだろうか。実は、政治権力は太政官にあっても、天皇を中心とする朝廷の儀式・儀礼は多様であり、文学・芸能も豊かである。神仏の行事も少なくない。進んで造寺・造仏・写経などを手がけることもある。それらさまざまな行事の中で生まれた貴族層の礼的秩序全体が、貴族政治の安定と藤原氏の支配の永続化に資することになる。

結局、藤原不比等は江戸時代までの天皇制を見通していたのではないか。金地院崇伝が「天子諸芸能之事。第一御学問也。」(「禁中並公家諸法度」)と論じたのも同様だし、福沢諭吉も「帝室は政治社会の外に立て高尚なる学問の中心となり、兼て又諸芸術を保存して其衰頽を救はせ給ふ可きものなり」(『帝室論』一八八二年)とした。古代から千年以上もの間、期待される天皇の役割は一貫していたのである。

専制君主という誤解

江戸時代までは、天皇は文化的存在だった。世俗的政治権力とは異質の霊的ないし一種宗教的な存在だった。もともと、独自の軍事力を持たず経済的にも貧弱だった皇室は、世俗的権力としては無力であった。しかし、神話と古代からの伝統が醸し出す霊的な存在感は抜群だったのである。

ところが、それが一変するのが幕末そして近代になってからである。幕末、開国をめぐる混乱の中で、討幕派は、将軍を上回る権威を有する天皇の価値に目覚めた。戊辰戦争に勝利して維新政府となってからも天皇を徹底的に利用した。政敵や反対派を抑圧し、国民に重税を納得させるためである。薩長の藩閥から始まり、官僚、軍部、さらには政党や財閥も発想は同じだった。明治二二年(一八八九)に成立した明治憲法では、古代以来の神話を利用しつつ、ヨーロッパの絶対王政を模倣し、国家権力のすべてを天皇のものとした。その上で、その天皇を傀儡として利用しようとしたのである。ただそのとき、愚かにも、天皇を無闇に絶対化し、三権に陸海軍、その上各国務大臣まで天皇の直属とするという、およそありえない空想上の絶対君主に仕立ててしまい、現実の問題として、古代の太政官のような国家全体を統べる責任主体を構築することを怠ってしまった。内閣の役割を軽視したのである。

その結果、伊藤や山県のような維新の第一世代が消滅すると、権力者間の紐帯は弱まり、国家権力は結束を失っていく。傀儡の天皇に全体を統べる力はなく、権力は空中分解したまま、官僚、軍部の支配へ、そのままファシズムの時代へと悲劇的な末路をたどった。その間、ファシズムの高揚の中で、権力の末端は暴走をはじめ、国民に天皇崇拝を強要し、およそ時代錯誤の荒唐無稽な神話を押しつけた。皇国史観により、現人神という幻影は肥大を続けたが、天皇自身の意思によるものではなかった。内閣はあっても、暴走する権力末端に押し流されるままだった。皇国史観に国民は次第に洗脳されたが、やはり不自然さは感じるわけで、理不尽な権力への畏怖が深く刻み込まれた。そのトラウマは大きく、戦後になっても消えることはなかった。

結局、千年以上の間、京都を中心に静かに文化と伝統を育んでいた天皇は、近代を迎えるや、荒々しい世俗の権力抗争のまっただ中に投げ出され、京都の御所から巨大な江戸城に移され、現人神にして国権の最高権力者という役割を与えられた。本人にさしたる変化はなかったが、明治憲法には「大日本帝国ハ万世一系ノ天皇之ヲ統治ス」、さらに「天皇ハ神聖ニシテ侵スヘカラス」とあった。やはり、天皇の権力の根拠は、古代以来の伝統と神話だったのである。その神話たるや、かつて藤原不比等らが作ったものである。究極的には、藤原氏が利用するためであった。しかし同時に、不比等らは、国政の最高機関として太政官を構築し、責任主体を明確にしておいた。しかし、戦後の今日には、国会という国政の最高機関がある。そのため、政治は安定している。しかし、戦前には、そういう責任主体がなかったのである。憲法による空虚な天皇大権はあったが、真の国家主権はなかったのである。扇に要がなかったのである。だから、近代の天皇を専制君主とか絶対君主と称するのは正しくないのである。

戦後の古代史研究

今日、古代の天皇を専制君主とする研究者は多く、明治憲法に関わる用語である天皇大権をそのまま古代史に流用する人もいる。しかし、古代の天皇の現実とは違うのではないか。なぜ、そのような誤解が生じたのかといえば、必ずしも明治憲法から生まれた皇国史観からだけではなく、意外にもマルクス主義歴史学にあるのではないかと思う。

大正デモクラシーの時代、ロシア革命の影響もあり、社会主義勢力も成長した。昭和になり、日本の革命を現実のものと考えるようになった。そのためには、現状分析が必須であった。まず、のちに講座派と呼ばれる学派が生まれた。野呂栄太郎を先駆とする。その言うところは、明治維新後の改革はブルジョワ革命としては著しく不徹底で、封建的諸関係が絶対主義的な天皇制の下で再編され残存しており、独占資本は天皇制を道具として利用しているとする。だから、当面の目標は天皇制の打倒とブルジョワ革命の徹底で、その後に社会主義革命を実現するというものであった。日本近代に根強く残る封建的諸関係を第一義的なものと見るか、副次的なものとするかであるが、講座派は前者であり、その根底に明治憲法の絶対的天皇制があるとするのである。これは、当時の迫り来るファシズムの脅威と無関係ではないであろう。急速に凶暴化する官憲の背後に天皇権力を実感してしまったのである。野呂の「日本資本主義発達史」は一九二七年脱稿とのことであるが、本来は慶應大学の卒業論文であった。ただ、この論文では、革命や天皇制よりも、日本経済史に重点が置かれていたが、その内容は、同年に発表されたコミンテルンの二七年テーゼ、その後の三二年テーゼとも多くを共有しており、コミンテルンおよび日本共産党の権威とともに、その後の歴史学研究に絶大な影響力を持つこととなった。

これに対し、明治維新を不十分ながらもブルジョワ革命であったとするのが労農派である。ブルジョワ民主主義を合法的に発展させ社会主義革命を目指すというもので、講座派のように天皇制打倒を強調しないという特徴があった。議論としては、社会主義者がブルジョワ革命の徹底を叫ぶという講座派より、維新後を近代資本主義とした上で社会主義革命を唱える労農派の方が合理的だったが、論争の主導権を握り、戦後の歴史学に圧倒的な影響力を持ったのは講座派だった。コミンテルンと日本共産党という権威は、その分野では絶大だったのである。

ところで、日本社会に残る封建的諸関係を執拗に強調する講座派の後ろ向き的思考は、戦後、マルクスの『資本制生産に先行する諸形態』が翻訳され、歴史研究の世界では圧倒的となった。原始的共同体が農業共同体に移行するときの土地所有の三類型として、アジア的、ローマ的、ゲルマン的という共同体を設定し、アジア的共同体では大河川などの自然条件のために個人的土地所有は未発達で、大規模灌漑などを通じて全体を統括する首長が専制君主として現れるというもので、その場合、首長と共同体成員は専制君主と奴隷という関係になる。それを総体的奴隷制と訳したのである。自然条件によるとなると専制君主の出現は宿命的かつ永続的とならざるを得ない。ここから、日本もアジアにあるから宿命的に専制国家であるはずだということになり、日本の歴史全体がアジア的で、古代の天皇も専制君主だったということになる。そういう主張が横行しだしたのである。

以来、天皇を専制君主と規定することは常識になってしまった。しかし、現実の歴史を見た場合、これには相当の違和感があるはずである。どう考えても、天皇が権力者であったことはない。文化的な奥ゆかしい存在だったような気がする。

大体、マルクスのアジア的共同体というのも、中東やインド、中国をモデルに作られた理解である。日本とはかなり異質の国々である。古代の律令は中国法の模倣だったし、明治憲法もヨーロッパの絶対主義を模倣したものである。すべて借り物である。とすれば、天皇を専制君主とするのも借り物だったことになる。これに対し、太政官と神話の組み合わせからなる天皇制は、日本独自のものである。古代から延々と今日に続いている。権力ならとっくに倒れているだろう。不思議な存在である。近代の一時期、その不思議な権威を荒々しく利用して国民を苦しめ、諸外国を侵略した歴史があったが、それからもう七〇年以上が過ぎた。そろそろ、奥ゆかしかった昔の天皇の時代に戻ってはどうだろう。

座談会

天皇制は外来か固有か

天皇制は固有か

大山　天皇制について、ずいぶん長いこと考えてきました。まだ、わからないと言えばわからないのですが、現時点での私の一応の到達点を示してみようと思います。まず、天皇制の特徴ですが、同じことを繰り返して恐縮ですが三点です。実質的権力は太政官にある。天皇は無力だが神話により神格化される。その天皇を外戚政策で利用して藤原氏が太政官の覇権を握る。太政官、神話、外戚という三つのキーワードが、微妙に絡まりながら天皇制が成立している。ここまではいいですよね。

その場合、外戚政策というのはどこにでもあるとして、重要なのは太政官と神話なんですね。この二つは中国にはない、日本独自のものです。七世紀末葉の為政者たちが、中国を強く意識していたことは間違いないでしょう。その中国では、国家の中心は唯一絶対の皇帝だった。皇帝の意思が国家意志で、それを実現するのが官僚。その施行手順を示すのが律令でした。ところが、藤原不比等らが天皇制を構想したとき、そういう中国的な皇帝像を一切拒否した。天皇を無力にして、国政は太政官の合議でするとした。こんなこと、いきなり考えますかね。なぜかですね。

吉田　『日本書紀』の神話をどう読解するかは要の論点ですよね。

長谷川　神話を作った中心が藤原不比等だというのはたしかなことなの？

大山　くり返しになるから結論だけ述べるけど、天孫降臨神話の成立は、柿本人麻呂の草壁挽歌が起点で、ここで初めて、天上世界の日女の命の指示で皇子が地上に降臨するというモチーフが生まれます。その後、直系の軽皇子（文武）、さらに首皇子（聖武）のために神話が創作され、『日本書紀』に詳しく記されています。上山春平説です。この草壁王家を擁立し、外戚となったのが藤原不比等です。

ただ、この天孫降臨神話の前に出雲神話と国譲り神話があって、これが大変難しい。けれど、最近、平凡社から出した『神話と天皇』[*1]で詳しく論じたので、その趣旨を簡単に紹介すると、まず、日本の国土を意味するのが「葦原中国《あしはらなかつくに》」です。そこに最初に登場する神が皆さんご存じのスサノヲで、あのヤマタノヲロチを退治した英雄です。そして、スサノヲの子をオホナムチと言いますが、これが葦原中国の真の支配者になります。『古事記』は、この神に特に大国主《おおくにぬし》という呼称を与えています。国土の支配者という意味です。ところが、スサノヲの姉のアマテラスが、天上からこれを見て息子のために欲しくなる。そこで、タケミカヅチという神が出かけていって、オホナムチを刃物で脅して葦原中国を奪い、その後に、アマテラスが孫のニニギを地上に降臨させるということになります。

ところが、調べてみると、オホナムチという神は、大和の葛城地方の神なんです。しかも、大和の中で神格が一番高い。そういう神なんです。葛城地方といえば蘇我氏の本拠地で、つまり蘇我氏がまつる神なんです。さらに、タケミカヅチですが、これはのちに藤原氏の氏神として奈良の春日神社に祭られます。

そうするとね、蘇我氏の神を藤原氏の神が刃物で脅して、奪った地にアマテラスの孫を降臨させて、その子孫が皇室となったということになります。なんのことはない、蘇我王権というものを認めれば、中臣鎌足が蘇我入鹿を暗殺した乙巳の変を説話化しただけではないか。鎌足が最大の英雄です。不比等はその子です。そして、不比等が擁立したのが草壁王家です。ここから、藤原氏の時代が始まるというわけです。こう考えれば、神話を含めて天皇制という政治システム全体が、不比等と彼のグループによって構想されたと言ってよいと思いますね。

吉田　なるほど。

＊1　大山誠一『神話と天皇』平凡社、二〇一七年。

大山　大体、中国の皇帝は実力があればいいので、出自は問いません。神の子孫だなんて言う必要がありません。とすると、日本の天皇制は少なくとも中国の模倣ではない。では、固有の思想かと言うと、古い大王の時代とも違うし、神話も新しい。

長谷川　朝鮮からの影響はどうなの。

大山　もちろん、朝鮮半島からの影響は大きいと思います。中国では、神意を問題とする神秘思想は士大夫階級から拒否されましたが、朝鮮半島には相当ある。たとえば、『日本書紀』は神武元年を辛酉の年としますが、朝鮮諸国には建国の年を辛酉とするのが多いそうです。それに、ニニギが降臨する場所をクジフルタケと言いますが、これは伽耶の神話の模倣です。そういうエピソードレベルでの影響は大きいと思います。なにしろ、七世紀末というのは、滅亡した百済や高句麗から大量の亡命があったし、それ以前にも伽耶や新羅からの渡来人も少なくなかった。だから、日本の文化全体が量的にも質的にも大きな影響下に置かれていたと考えてよいと思います。とはいえ、朝鮮諸国の王権はちゃんとしていて、太政官のようなものはありませんし、神話だって、記紀のものは異常に複雑で、しかも神を徹底的に擬人化している。やはり、日本独自ですね。

結局、中国や朝鮮の模倣ではない。やはり、藤原不比等らは、それまでの日本人の伝統的な秩序観をもとに天皇制を創出したと考えるしかないと思います。その意味で、日本固有の思想と考えてよいのではないでしょうか。

大隅　その後、天皇制が永続的に続いているというのはどうですか。

吉田　今後、論点になるのはその後の継続というか、僕は発展と見ていいと思うんですけど。天皇制度は、柔軟な構造で発展の余地がある、余白の多いシステムとして作られていると思います。だから、天皇制度がなくならずに続いたのは、システムが発展して今日まで続いてきたと理解したらどうかなと思います。

大山　僕の説は上山春平さんの影響を受けていると言いましたが、もうひとり、永井路子さん[*2]ともずいぶん長い手紙のやりとりがあるんです。長屋王家木簡がきっかけでした。そのとき、当然、藤原不比等が話題になりますよね。そうすると、彼女はこういうふうに考えるという例としていつも鎌倉時代の話をするんです。鎌倉時代と言ったら北条時政[*3]と義時[*4]だけど、この二人はもう陰謀ばかりですよ。そのあたりのことを何度も話を聞いていたから、いま、思い出したんだけど、天皇制とまったくそっくりなものがある。

＊2　永井路子（一九二五―）。歴史小説作家。作品に『永井路子歴史小説全集』全一七巻、中央公論社、一九九四―一九九六年など。

＊3　北条時政（一一三八―一二一五）。鎌倉時代の武士。源頼朝の舅。伊豆国に配流されていた頼朝を娘政子の婿にとり、関係を深めた。頼朝とともに鎌倉幕府を作る。初代の執権。

＊4　北条義時（一一六三―一二二四）。鎌倉幕府の第二代執権。父は時政。母は伊東入道の娘。承久の変に勝利して三上皇を配流し、幕府の権力を強固にした。まもなく急死。

何かと言うと、鎌倉にあって頼朝は神なんですよ。絶対なんです。ところが、問題は頼朝が死んだあとどうするか。時政も、まあ北条氏はさほどの大豪族ではなかった。本来は普通の武士ですよ。それがこれから幕府を牛耳っていくんですね。二代将軍の頼家[*5]とか、その次の実朝[*6]も資質に欠けるから御家人たちの合議にします。一三人の合議制です。その主導権を時政、義時父子が握っていくわけですが、そのとき利用したのが外戚の立場ですよ。政子[*7]です。政子を通じて、神の子孫としての将軍を利用するわけです。

結局ね、北条氏の場合は神話を作ったわけではないけれど、一見公平に見える合議制を採用しつつ、その裏で神みたいな将軍を利用して黒幕の地位を手に入れている。時政と義時が藤原不比等にあたり、政子が光明子ですよ。こういう合議制と神秘思想を利用するというやり方こそ日本的なのではないかと思うんですよ。権力をストレートに示そうとしない。まわりくどい。奥ゆかしいのかな。責任回避なのか。

長谷川　うーん。頼朝を神に、時政・義時を不比等に、政子を光明子になぞらえるのは発想として面白いけれど、ちょっと強引かなとも思える。

吉田　なぜそれが合議制という形をとるかが問題になりますね。朝廷にしても、幕府にしても。

大山　そこなんですよ。独裁者を嫌うということですかね。でも、本当の合議だと何も決まらないですよ。だから、黒幕みたいな存在が必要になる。黒幕がそれとなく神みたいなものを利用するという構図。卑俗な言葉で言うと〝談合と黒幕〟となる。これはやはり日本独特、日本固有ではないですか。

吉田　中国の場合は、さまざまなレベルで合議が行なわれるとしても、最後の決定のときには皇帝が出てきますよね。だから、皇帝が実質的な最高権力になるけれど、日本の天皇はそれとは違いますよね。

大山　考えられるのは、ギリギリの決断を求められるような局面がなかったからではないですか。島国だから外敵がほとんどいない。国土もさほど大きくないから、支配階級は知り合い同士。談合が成立しやすい風土だった。外敵がいれば迅速かつ有効な決断が必要になりますね。独裁者が必要となるわけですよ。中国の場合は、異民族に囲まれているし、皇帝自身が異民族の場合も多いわけで、常に実力を問われていますよね。日本の都市には城壁もありません。世界史的に見ると普通じゃないですよ。

＊5　源頼家（一一八二―一二〇四）。鎌倉幕府第二代将軍。父は頼朝。母は政子。一一九九年父の死を承けて家督を相続。一二〇二年征夷大将軍。一二〇三年将軍の地位を追われ、出家の上で修善寺に幽閉され、翌年北条氏によって殺害された。

＊6　源実朝（一一九二―一二一九）。鎌倉幕府第三代将軍。父は頼朝。母は政子。兄頼家の幽閉により、一二〇三年一二歳で征夷大将軍。一二一九年甥の公暁により暗殺された。

＊7　北条政子（一一五七―一二二五）。源頼朝の妻。父は北条時政。子は大姫、頼家、実朝、三幡。幕府内で大きな力を持ち、頼朝、頼家、実朝死後には幕府の実権を掌握して、幕府の政治的結合の中心に立った。

吉田　日本の天皇制度は中国の皇帝制度を取り入れて開始されたものだけど、いくつか変えて導入したから、個性あるものになりましたね。

大山　つまり、独裁者を必要としない。そういうのが出てくると嫌われる。そこで、嫌われないで、長期的に権力を維持する方法を考える。神みたいなものを作って利用する。そこで、必要になったのが神話だった。不比等らはこれに精魂を傾けたと思いますよ。

大隅　江戸時代の将軍だって、ちゃんと話せない将軍もいるわけですね。それでも将軍は続いている。

大山　江戸時代の場合は、初代の家康は神ですよ。神君と言われる。だから、その子孫は、神の末裔ですね。たしかに、吉宗[*8]のような優秀な将軍もいますけど、幼少だったり、虚弱だったり、役に立たない将軍も少なくなかった。でも、それでも間に合っている。日本の場合、天皇や将軍が何もしなくても治まっている。背後に合議制が機能しているから。しかも、そこにちゃんと黒幕がいる。

吉田　合議制は天皇制度の根幹のひとつですよね。

近代天皇制の問題

大山　ただね、天皇制を難しくしているのは、近代天皇制の成立ですね。

吉田　大山さんは、天皇は無力だったとしている。僕も、天皇は実質的な権力は持っていなかったと考えていて、ドーナツの真ん中の穴のような存在だと考えていると言いました。政治的決定権も持たず、血筋を継続することが任務だった。しかし、古代史研究の世界では、天皇は中国皇帝と同じように大きな力を持っていたと考える研究者が少なくないですよね。

大山　天皇という存在が、究極的には利用されるためにあるというところは古代から近代まで一貫しています。だけど、扱い方には江戸時代までと近代とでは違いがある。江戸時代までは、天皇は、公卿たち、それから寺院とかそういう古い権威に囲まれて、朝廷の奥深く、御所の奥深く、神秘のベールに包まれていた。権力というより文化的なブランドだった。ところが、近代になって天皇一人を江戸城という軍事的な要塞に置いて、これを神に仕立てて、徹底的に利用しまくった。利用したのは最初は藩閥、さらに官僚・軍部でしょう。ろくな連中じゃない。神に仕立てると言ったって、要するに古代の神話の利用ですよ。時代錯誤というか、まともじゃない。

吉田　たしかにそうですね。

大山　それでも、古代の場合は、天皇を利用しても、太政官という責任主体を明確にしておい

＊8　徳川吉宗（一六八四―一七五一）。江戸幕府第八代将軍。父は御三家の紀州藩主の徳川光貞。兄たちの死去により紀州藩主となり、男子の絶えた徳川本家に入って将軍に就任した。享保の改革を行なった。

た。ここで決まったことが最高意志だった。ところが明治憲法では、天皇が法制上絶対権力者とされたけれど、その権限がいくつにも分割された。行政・立法・司法の三権のほかにも陸海軍も半ば独立していた。行政府の中でも各大臣は天皇に直属している。明確な責任主体がなかった。結局、明治政府は藩閥の寄せ集めだったからこうならざるをえなかった。これじゃ、もう権力はバラバラに空中分解するのは当然なんだけれども、それが昭和になり、軍部の暴走で無責任国家となった。ファシズムですよ。荒唐無稽な皇国史観がはびこり、国民は息をひそめていた。いまから見れば、破滅に向かってまっしぐらだった。ともかく、天皇を専制権力としたのは近代天皇制なんです。それが問題なんですよ。

ただ、明治憲法ならわからなくもないですよ。天皇の権威を利用する連中が勝手に作ったものなんだから。どっちみち無責任なんだ。ところが、問題なのは、この天皇の空虚な〝絶対権力〟を、昭和になってようやく台頭してきた革命勢力が、それをそのまま、というか裏返して主張したのです。どういうことかと言うと、モスクワのコミンテルンが日本の革命勢力に指令するのです。二七年テーゼ、三二年テーゼなどですが、ソヴィエトからすれば、日本は敵対勢力だから混乱させたい。そこで、ターゲットを天皇制に向けるのです。日本はロシアよりずっと遅れている。前近代的、封建的諸関係が支配している。これらの背後にあるのが絶対王政たる天皇制だ。日本は、まだ、市民革命前の段階だ。だから、まず天皇制を倒せと指令するのです。天皇という存在を、絶対権力と考えるのは明治憲法と同じなのです。

この指令に基づいて、日本共産党を中心に組織された研究集団が講座派というものですが、戦前は弾圧が激しかったからたいした影響力はなかった。ところが戦後、戦争に協力した連中が失脚する。代わってこの講座派が主流になるのです。かれらは、コミンテルンの指令どおり、日本の前近代的、封建的要素を強調するのです。

これに妙に同調したのが、西洋を美化するインテリです。ヨーロッパと比べて日本はダメだよ、遅れているよと言う。日本の個性とは言わない。日本の後進的部分ばかりを根掘り葉掘り強調する。丸山の弟子たちなんて典型ではないですか。いわゆる、進歩的文化人。

吉田　近代以前の天皇と近代の天皇とは大きく違っていて、しかも近代だと実態とも違って、法制上の建前として最高権力者とされていたということですか。

大山　神秘的だった天皇という存在が、明治憲法でむき出しの権力とされたんですよ。それをコミンテルンが裏返して使った。これが戦後の天皇制論を混乱させている理由だと思いますね。江戸時代以前の天皇は、権力はなかったけど上品でしたよね。

石母田正の古代史

大山　戦後になってね、天皇制の理解で、歴史学の分野で決定的だったのは、マルクスの『資本制生産に先行する諸形態』――『諸形態』と略して言うことが多かった――が翻訳されたことです。『経済学批判要綱』[*9]の中に前からあったんだけど、それが翻訳されて、本源的生産様式としてアジア的、古典古代的、ゲルマン的の三形態があり、アジア的はオリエントやインド・中国、古典古代的はギリシャ・ローマ、ゲルマン的は中世ヨーロッパの基礎となったという理解です。

　このうち問題なのは「アジア的」で、もっとも遅れていて、私的所有が成立せず、強大な専制君主の支配が永続的に続くという理解です。もっとも、よく読めば多様な解釈ができるんだけど、ともかくアジアは宿命的に進歩からとり残された専制国家だ。日本もアジアにあるから専制国家だ。それが天皇制だ、というように理解されてしまった。その最終的責任者は石母田正だろうと思いますね。

吉田　日本古代史の実態を天皇それ自体から研究するんじゃなくて、マルクスの論文をあてはめようとしたから、事実と乖離した天皇像が学問の世界に持ち込まれたということですか。

大山　石母田さんをはじめとする研究者たちは、日本の古代国家は、中国の「律令」を模倣して中国的専制国家となったとするんですね。まあ、私も以前はそうでしたが。たしかに、「律令」を模倣したというか受容したというのは事実でしょうね。ただし、その受容の仕方なんですよ。中国の「律令」というのは、唯一絶対の皇帝権力を下に伝えていくシステムのことです。当事者は皇帝と士大夫階級出身の官僚。その関係が「礼」というか儒教ですよね。核にあるのは皇帝の絶対的な権力です。

ところがですよ、この「律令」を受け入れるときに、日本は皇帝に相当するはずの天皇をどう扱ったか。権力を奪ってしまった。代わりに妙な神話を作って神格化して利用することにした。まず、中国的国家の核心部分を拒否しているんですよ。

それでも「律令」を受け入れたと言うかもしれないけど、日本の場合は儒教的な精神ではなくて、人民から税をとる技術を模倣しただけなんです。七世紀末の段階では、人民統治の方法としてはほかになかったからです。その基本にあるのは国民全体を戸籍に登録することでしたが、どうも、その方法になじまなかった。親族関係も、社会の成熟度も違っていたということでしょうね。その結果、まじめに戸籍を作ったのは数回だけでした。あとは形骸化し、崩壊してしまった。奈良時代中葉ですが、それ以後、何百年にもわたって、日本独自の支配方式を模索することになったわけです。

ところがですよ、石母田さんらは、日本の古代の現実を無視する。「律令」を受容したから「律令制国家」。マルクスがアジア的専制国家と言っているのだから、日本の天皇は専制君主でよいとするわけです。六国史を見ても、『大鏡』を見ても、日本の天皇が専制君主なんていうのは見当違いでしょう。石母田さんのような優秀な人がわからないはずはないですよね。じゃ

＊9　『経済学批判要綱』。マルクスが一八五七―五八年に書いた草稿集。マルクス自身によってⅠ～Ⅶまで番号が付けられたノート。

あ、どうしてかというと、マルクス主義というか共産党に対する信仰ですね。使命感と言った方がいいかもしれない。その背後に西洋崇拝もあるのかな。

吉田　大山さんは、日本を「アジア的」とは考えていない？

大山　マルクスの『資本論』では、日本の土地所有は忠実なヨーロッパ中世の姿を示していると言っていますね。別に、地図上の位置だけでアジアだと思う必要はないと思いますよ。その点では、いまでも原勝郎の理解は有効じゃないですか。でも、いまだに律令国家は専制国家、天皇は専制君主だという研究者が多いですね。

吉田　戸籍制度や班田制はすぐ形骸化したと思うし、「公地公民」は史料に見えない概念で、近代の用語だと思います。版籍奉還、廃藩置県という明治の政治情勢があって、そのもとで、大化の「改革」とか「新制」とか「改新」によって「公民公地」「公民公田」「公地公民」がなしとげられたと学者が説いて、この概念がクローズアップされたんだと思います。だけど奈良時代の実態から見ると、貴族や寺社は所領を持っていて、「封戸」という形で「封」が与えられているから「封」を分有する国家なんだと僕は思います。

僕は、以前から「律令制」とか「律令国家」とか「律令制国家」というのはもうやめようと言ってます。[*10] 大体、中国の「律令」の根幹にある「律」を日本はまったく実施してないです。

大山　「律令」というのは、漢代から明清まで長く使われた用語で、内容は時代によって全然違うんですよ。でも、日本で律令制と言うと、公地公民、戸籍と班田制ですよね。しかも、それは『大宝令』を指している。なぜかと言うとね、『日本書紀』なんですよ。吉田さんの言う〈『日本書紀』の呪縛〉です。日本の古代は、聖徳太子の理想があり、中大兄と鎌足が蘇我入鹿を倒してその理想を実現した。それが「大化改新」です。その最大の立役者とされているのが中臣鎌足ですよね。問題は「大化改新の詔」で、それが『大宝令』を使って作られている。半世紀以上ものちの史料を使ってですよ。『日本書紀』には、「大化改新の詔」で方針が決まったとあって、それが半世紀後の『大宝令』で完成したということになるけれど、実際には『日本書紀』と『大宝令』とは、藤原不比等らが同時並行で編纂していました。

吉田　あの『諸形態』の論文の影響ですが、長谷川さんの頃は大きかったんですか。

長谷川　それほどではないと思う。日本史という限られた分野で影響が大きかったかもしれないね。

大山　西洋史なんかでもね。歴史学の方は大きいですよ。

吉田　哲学の方では、そこだけピックアップしてというようなことはなかったわけですね。

長谷川　哲学科ではそういう社会経済とか歴史の方向に思考が流れていくことを嫌ったからね。経済的な観点というのは左翼的なものだったから。哲学の学問世界は全体として右翼的な世界でしたからね。

＊10　吉田一彦『民衆の古代史』風媒社、二〇〇六年。同「古代国家論の展望」『歴史評論』六九三、二〇〇八年。

吉田　そうなんですか（笑）。

長谷川　ヘーゲルまでは許されるが、マルクスまでいったらだめだ、という雰囲気があった。

大隅　僕が学生の頃ですよね。みな、『フォルメン』（『諸形態』）というのを読まなくちゃいけないって。僕は、永原慶二[*11]さんという人は、学生の話をよく聞いてくれるし、尊敬してたんだけど、結局マルクスの言っていることをあてはめるだけじゃないかと思って、この人、歴史研究をやっているのだろうかと思いましたね。それがなんか歴史に興味が持てなくなった最初ですね。

大山　そうだよね。あの頃の話ってほんとによくわからないで議論してたね。マルクス読まなきゃいけないしさ、なんかよくわかんないんだよね。

吉田　いまでも石母田正『日本の古代国家』[*12]は、日本古代史のもっとも重要な文献であると教えている大学の先生たちがたくさんいますよ。

長谷川　僕は『中世的世界の形成』[*13]はすぐれていると思う……。

大山　いや、石母田さんは中世と文学の研究はとってもすばらしいの。あれは、いいですよ。文学論もね。古代史だけが問題。

大隅　石母田さんは、あんな複雑な人間はいないですよ、めったに。そう単純じゃないんだ。

吉田　どういうふうに複雑なんですか。

大隅　思想だけでなく、政治的にもね。あの人、哲学科の卒業で、哲学科の卒論はディルタイ[*14]

です。そこを卒業して、もう一回、国史学科に入ったんですよ。結婚するとき、結納のお金でドイツ語のヘーゲル全集を買った。僕らはよく石母田さんの家に行ったんだけど、奥さんからその話何度も聞かされた。

大山　歴史の本なんて読まないって言ってたもんね、奥さんの話では。いや僕が直接聞いた話じゃないけども、哲学の本しか普段読んでないんだって。

大隅　石母田さんの岩波新書の『平家物語』[*15]だってヘーゲルの叙事詩論ですよね。

吉田　もういまの若手の古代史研究者は誰も『諸形態』は読まないし、これにあてはめようなんて考えてない。だけど、昔の学説が通説になって厳然とあって、それが重くのしかかってい

＊11　永原慶二（一九二二—二〇〇四）。日本中世史。一橋大学、和光大学教授。著書に『永原慶二著作選集』全一〇巻、吉川弘文館、二〇〇七—〇八年。
＊12　石母田正『日本の古代国家』岩波書店、一九七一年。のち岩波文庫、二〇一七年。
＊13　石母田正『中世的世界の形成』伊藤書店、一九四六年。のち東京大学出版会、一九五七年。のち岩波文庫、一九八五年。
＊14　ヴィルヘルム・ディルタイ（一八三三—一九一一）。ドイツ人。哲学、精神科学。キール大学、ブレスラウ大学、ベルリン大学教授。著書に『ディルタイ全集』全一一巻・別巻一巻、法政大学出版局、二〇〇三年より刊行中など。
＊15　石母田正『平家物語』岩波新書、一九五七年。

る。だから若手は日本古代史をやりたがらないんですよ。本当は面白いのに。

家元制度と天皇制

大隅　最近、クリステン・スーラックという人の『MTMJ　メーキング・ティー・メーキング・ジャパン』[*16]という本を読んだんですね。アメリカ出身の女性で、社会学の研究者なんですが、その人が日本に八年間いて、お茶の研究を通じて日本社会と文化の特質をとらえようと考えた。それで裏千家に入って、いろんな資格をとった。その人がお茶のことを書いて、日本精神、日本文化というのをお茶が作ってきたと言っています。

お茶は男のものだったのが、明治以降、跡見花蹊《あとみかけい》[*17]とかいろんな人が出て、女性の教育にお茶がとり入れられるようになって、いつのまにか女性の文化になった。戦後も茶道は、女性をいっぱい集めていち早く復興したわけ。それで、お茶がなぜ日本の国、日本の社会を作るかということを、社会学の問題として論じているんです。それで、それは結局、家元制度だって言うんです。家元というのは、つまり千利休《せんのりきゅう》[*18]から血筋でずっとつながってる、そこが値打ちで、それに日本人はみなひれ伏していると言うのです。なかなか見事な説明です。家元制度って天皇制と同じなんですね。千利休から直系ですよ。

お茶は一番純粋にそういうのが生きている社会だけど、能をはじめ、日本社会にはそういうものがいっぱいある。家元制度というのは、天皇制の問題と広く言えばつながってるように思うんですけどね。

長谷川　僕も、それはずっと考えていて、実際、僕の育った出雲の田舎では、天皇制が家元制度と結びつけて言われることが多かった。代々続いている家柄のある家とか、羽振りのいい分限者の家とかは、程度は違うけど、天皇家が尊重されるように尊重される節《ふし》があった。戦後でもそれは残っていましたね。

吉田　大山さんのさっきの話は、鎌倉幕府も天皇制度を模倣しようとしたという話だと思いますが、鎌倉幕府だけじゃなくって、お茶の家も、田舎の大きな家もという話ですね。宗教史では、浄土真宗がそうです。本願寺の大谷家は親鸞以来の万世一系ですし、それ以外の真宗の有力寺院も類似した構造になっています。

長谷川　家元制度で、家が続いていることをありがたがる心情は、天皇制につながるものとし

＊16　クリステン・スーラック『MTMJ――日本らしさと茶道』廣田吉崇監訳、井上治・黒河星子訳、さいはて社、二〇一八年。

＊17　跡見花蹊（一八四〇―一九二六）。教育者、画家、書家。学校法人跡見学園の創始者。古来の文化を重視し、漢学、書道、茶道を重視した女子教育を行なった。

＊18　千利休（一五二二―九一）。侘び茶の大成者。千家流の茶の湯の開祖。織田信長、豊臣秀吉に仕えた。秀吉の怒りに触れ切腹。

て、家を守っている人の中にはたぶんあると思う。僕が田舎で育ったときに、あそこは立派だっていう家がいくつかあるのね。そこの子は、ちょっとなんとなく、まわりの人間からすると人間的にできがいいというふうに思われていて、僕はそれがすごく嫌で、そういう意識をきちんと克服するのが民主主義だと自分では思ってた。

田舎の人たちがそこの家のことを、ちょっと格も高いし、なんか敬意を持って見ているという、その感覚が嫌でね、差別と権威主義につながる感覚ですからね。その感覚と天皇制が結びついて、天皇制も嫌だった。

大山　福沢諭吉は、何代も家が続いてると大抵変なのが出てきて、つぶれちゃうのが普通だけど、八代も九代もその家が続いてるというのは、それだけ変なのが出てこなかったんだから、その家は立派な家だと言っている。そういう古くから続いてるという点では天皇家が一番じゃないか。そういう意味で尊敬してもいいという、そういう言い方してるんだ。それ以外はおれたち国民と天皇は関係ないんだって言っている。

大隅　鎌倉時代の初めで、大体、摂関家出身の血筋の天皇ばかりというのはなくなったわけですね。そこらあたりから天皇はなんか抽象化というかな。それで、百王思想も重なって百代続いてきたんだという議論と、三種の神器の議論が盛んになってきた。『神皇正統記』なんかそうだし、『太平記』の書き出しは、「ここに本朝人皇の始《はじめ》、神武天皇より九十五代の帝《みかど》、後醍醐天皇の御宇《ぎょう》に」で始まる。

吉田　たしかに、抽象化するというのが大事ですね。僕はそれを発展と見るべきだと思うんだけど。天皇のシステム自体を抽象化、あるいは理念化して、とぎすましていくという過程に入るんだと思います。

京都というブランド

大山　京都には文化というかブランドがあるわけなんで、それは奥深くに天皇という神秘的な存在をかかえて、貴族、寺院、それから神社もね。そういう連中がいろんな学問・芸能とか、手工業技術とかいろんなものを伝承しながら、しかも商人たちともつながりを持って、京都という日本の流通の中心にいて、ブランドの地位や価値を作った。だから、なかなか手を出せないんで、政治権力がなくなったって、ものすごい力を潜在的には持っていたわけですよ、貴族たちは。大名家だって貴族の娘をみなもらいたがる。京都にお墓を持ちたがる。だから、それが天皇制を長続きさせた。

大隅　新宗教教団の多くは、京都に進出するというのが夢なんです。天皇は武力は全然ないですから文化的な支配というのかな。その文化とはなんなのかが問題なんだけど。

大山　みなのあこがれのものがね。

長谷川　歌会始なんかもそうですよね。僕はあれも嫌いだな。

大隅　ええ。だから、あんまりよろしくない言い方だけど、京都に原爆を落とすというのは実際にあった話なんですよね。京都は日本の文化の中心だから守ろうという人がいて、それでやめにしたというのは占領下に作られた話なので、本当は京都に落とされたのかもしれない。もし、京都に最初に原爆が落ちていたら、戦後の日本人の歴史観はまったく別のものになっていたと思いますね。歴史研究も。

吉田　京都が焼け野原になっていたら全然違ったかもしれないですね。

大隅　もし、京都に落ちていたら国史学なんてどうなったか。でも、まったくの空想としても、ちゃんと考えてみたらいいと思うんですよね。

大山　天皇制もなくなったかもしれないな。

吉田　文化的な包摂の根幹ですからね。

大隅　明治の初め、「東京遷都」というのは一度も出てこないんですね。首都を遷すっていうのは。

大山　本当は都は遷してないんだと言っていますね。

大隅　明治天皇が行幸して京都に帰らなかったというだけの話で。

大山　まだ帰ってないだけだって。

大隅　そういうふうに天皇を利用するって、明治天皇制なんかができるもっと前からじゃないですか。天皇は、まだ子どもみたいに若いしね。だから、やっぱり思想史で言ったら、いわゆる尊王思想というのがどうして出てきて、なんなのかというのがね。もういっぺん考え直してみる必要あるんじゃないですかね。和辻さんの本はありますが。

大山　尊王思想は、江戸後期には水戸学[*19]とか国学の中には、ずいぶんあります。特に一九世紀になれば結構、水戸学の文献はたくさんあります。そこでは、現実の天皇を別に問題にはしてないです。儒教の大義名分論でしょ。

吉田　天皇制度の抽象化とか理念化の、何か変に発展した形ですよね。

大隅　どうやって天皇を政治的なタマとして利用するかというね。それは大変なことですよね。それがどうしてあんな政治的な力になったのかというのはもう一度考えてみたい問題です。

日本という限定をめぐって

吉田　大山さんは、天皇制は外来のものではなく、日本固有の思想だと言いましたが、それはどうですか。外国の人から見ると、やっぱり日本は天皇の国なんですかね。長谷川さん的にはどうですか。

＊19　水戸学。江戸時代、『大日本史』修史事業を契機に形成された水戸藩の学問で、後期水戸学では藤田幽谷、会沢正志斎、藤田東湖などが活躍した。その尊王論、国体論などは幕末維新期に大きな影響力を持った。

長谷川　個人としての輪郭が曖昧な天皇という存在は日本独特と言える面があるかもしれないけれど、日本がその天皇の国だとまでは外国人は思わないでしょうね。外来と固有とか、特殊と普遍というところで言うと、ヨーロッパの近代思想で言う「思想」と、「日本の思想」と言うときの「思想」とは、やっぱりどこか肌触りが違うなという印象を持っています。近代ヨーロッパの思想でも、あるいは古代ギリシャからの哲学の展開でも、一番基本にあるのは世界観です。だから、普遍的なものは何かというと、世界をまるごと全体としてとらえた上で、その原理を問おうとする。それが日本の場合あんまりなくて……。万物の根源は水であるというような言い方でも、どんどん広がっていく世界そのものを全体としてどうとらえるかっていう世界観なんですね。

吉田　ヨーロッパだと思考の方向性が全体性とか世界観に向かうんですね。

長谷川　だけど、われわれがここで〈日本思想史の可能性〉と言うときに、「日本」という枠組みを外そうとは思ってないし、それが世界の、たとえば、ドイツのどっかの思想とつながるとか、あるいは南アメリカのなんとかとつながるというようなことは、やっぱりない。日本の中で、ある種の独自性を明らかにしたいと思っていて、でもそれは僕自身としても小さい関心じゃないんです。自分が『日本精神史』を書いたときも、ほかと比較するようにして世界に広がっていけばいいとは思ってなくて、ある種の限定性の中で興味の持てることを探ることに価値があると思っていた。天皇制は思想として価値あるものとは思えなかったからとりあげなかったけど。

吉田　日本の思想と言うときの「思想」は、限定された範囲を対象とするというニュアンスを最初から含んでいるということなんですか。

長谷川　そうです。ヨーロッパ人から見れば、なんでそんな自分の国の、ただの近代国家ぐらいのところで呪縛されてるんだと言われるかもしれないけど、ただ僕としては、そう言われたから、じゃ、改めますというふうには簡単にはならないという意識が非常に強い。ヨーロッパなら、人間とは何かとか、自然とは何かと言うときに、日本的な人間とか、日本的な自然とは普通はならなくて、人間そのものとか自然そのものという言い方になっていく。そこは思想の構え方の違いですね。

吉田　日本の「思想」を問うと言うとき、日本人が考えた普遍的な世界観なり哲学なりを問うとはなかなかならなくて、日本の思想の独自性を明らかにするというようになっていくということですか。

長谷川　この研究会にかかわりながら、あらためてここ一〇年間自分がやってきたことを思うと、日本という限定の中で考えることがかえっていろんなものを明らかにすることになってきた。天皇制の問題もそうだし、日本的なものを考えるときの枠組みのあり方も。ただ、それを外に向かって説明するときに、どう話を広げるかはとても難しい。その点、大隅さんが中国での講義で中国人に向かって口ごもる感じが興味深かった。

大山　結局、普遍的なものではなくて、「日本の思想」とか言って「日本」という枠をはめないと説明できないものがある。でも、それを外国の人に理解してもらうことは難しい。天皇制はその典型ですね。

日本思想史を考えるキーワード

吉田　もう一〇年以上前になるんですけれど、日本思想史を考えるキーワードというのは六つあるって、大隅さんはこの研究会でおっしゃってましたよね。それは、「体」と「心」と「魂」と「自然」と「時間」と「運命」。よく覚えてます。
大隅　そんなことを一生懸命考えてました。
吉田　「心」と「魂」というのは、やっぱり違うんですよね？
大隅　そう考えています。「心」は人間の肉体が滅びたときになくなる。「魂」の方は残る。
吉田　「時間」というのは思想にとって、西洋だって、中国だって、日本だってとても大事だと思うんですけれど、日本の場合、なんか特色があるんですか。
大隅　この研究会で話題になった話で言うと、神話の世界は無時間の世界だということですね。神話から歴史へとずっとつながってるような書き方をしてるし、そう思ってる人が多いけど、神話の世界はいまでもある。

吉田　たしかに、アマテラスとかスサノヲとかをまつってる神社は神様がいまでもいないとまつれないですよね。

大隅　伊勢神宮にだって、アマテラスがちゃんといるんです。だから北畠親房は、『神皇正統記』の中で、日向三代はね、合わせて三代で百八十何万年でしょ。でも神武天皇からは人間の時間になって死んでしまうと言ってね、どうしてそうなったのかを一生懸命考えたけどわからないって書いているんですね。だから歴代天皇をずっと遡っていくと神話の世界にひゅっと接続してて、神様の子孫が降りてきたわけじゃないんです。

吉田　「運命」というのは、日本ではどういう特色があるんですか。運命については石母田先生もこだわってました。岩波新書の『平家物語』の冒頭の章とか。

大隅　石母田さんはこだわってます。ただ、あれはちょっと外国風ですから。

吉田　外国風ですか（笑）。日本風にこだわるとどうなるんですか。

民衆宗教と民衆思想

大隅　東京に来てから立正佼成会の教団史編纂に参加して、教団史[*20]の仕事は六年間で終わった

＊20　教団史編纂委員会編『立正佼成会史』全七巻、佼成出版社、一九八三—八五年。

んだけれど、教団史研究会というのを立正佼成会の中で続けていて、それにかかわってるんです。立正佼成会には教義というものはなかった。あとから、創価学会と喧嘩するために教義を作らなくちゃいけなくて、それで教義ができた。創価学会が一時、教義を振りかざして、もう、やたらに折伏《しゃくぶく》していた頃のことです。でも教団は教義なんかなくたって成り立つんです。宗教的な活動が始まって、教団ができる。教義ができる前のところに宗教というものを考えるカギがあるのではないかと、関心を持っているのです。

吉田　教義のない宗教団体は、どんな思想で成り立っているんですか。それは重要な問題ですね。

大山　天皇制もそうなんだよ。

大隅　この頃、神谷美恵子の『生きがいについて[*21]』を読み直して、ああ、こういうふうにやればできるかなと思ったり。オルポートの『個人と宗教[*22]』などをまた読んでいます。

佼成会の教学部長だった人がいて、東大の政治学で、南原繁[*23]さんの弟子で助手になって丸山さんと机を並べてたんですね。その人、戦争に行ってビルマで捕虜になって、会田雄次[*24]とアーロン収容所で一緒にいたという人なんですけど、戦後、東大の助手を辞めて宗教活動を始めた。

長谷川　もう亡くなられたんですか。

大隅　僕は会う機会はあったのですが、会わないうちに亡くなってしまった。三高で田邊元[*25]や西田幾多郎[*26]の講義に出て、やっぱり哲学よりも日本国をなんとかしなければと考えて南原繁さんのところへ来て。南原さんの助手には丸山さんがいたから、南原さんが、宮澤俊義[*27]さんの助手のポストをかりて助手になった。それで田邊元の国家哲学についての論文書いて、だけど途中で入営したから未完のままで『国家学会雑誌』に載っていますが、宮澤さんが未完であることの説明を書いてやってるんです。

そういう人物が戦争から帰ってきて学問はあきらめ、助手を辞めて故郷に帰って小さな教団

＊21　神谷美恵子『生きがいについて』みすず書房、一九六六年。のち『神谷美恵子コレクション』全五巻、みすず書房、二〇〇四―〇五年。
＊22　G・W・オルポート『個人と宗教――心理学的解釈』原谷達夫訳、岩波書店、一九五三年。
＊23　南原繁（一八八九―一九七四）。政治学。東京帝国大学教授。同総長。貴族院議員。著書に『南原繁著作集』全一〇巻、岩波書店、一九七二―七三年など。
＊24　会田雄次（一九一六―九七）。西洋史。京都大学教授。著書に『会田雄次著作集』全一一巻、講談社、一九七九―八〇年など。
＊25　田邊元（一八八五―一九六二）。哲学。京都大学教授。西田幾多郎と交流し、京都学派を形成。著書に『田邊元全集』全一五巻、筑摩書房、一九六三―六四年など。
＊26　西田幾多郎（一八七〇―一九四五）。哲学。京都大学教授。京都学派の祖。著書に『新版　西田幾多郎全集』全二四巻、岩波書店、二〇〇二―〇九年など。
＊27　宮澤俊義（一八九九―一九七六）。法学、憲法学。東京帝国大学教授。貴族院議員。立教大学教授。著書に『憲法講話』岩波新書、一九六七年など。

を作るんですが、教団経営ができなくて、たくさんの信者を連れて集団で立正佼成会に入った。

長谷川　そういう動き方をする感じはわかるな。戦後のあの時代にね。

大隅　こういう人の伝記はなかなか面白いと思っています。僕は、最初に就職して北海道に行ったんです。北海道は広いけれど、北海道中で中世史をやってるのは僕ひとりしかいない。幸いなことに田《た》原《はら》嗣郎《つぐお》[28]さんという人がいて、江戸時代の思想史で、丸山さんの話なんかもよく学生の頃から聞いてて、それで三、四人で読書会をやってました。そしたら、岩見沢の北海道教育大に広田《ひろた》昌希《まさき》[29]さんが来たから、遠いけど読書会に呼ぼうと言って広田さんを呼んだんです。広田さんは安丸良夫[30]さんの影響を強く受けていて、それで会で民衆思想の話をしたら、田原さんが、民衆に思想があるんですかって言ったので、僕は驚いた。民衆に思想なんかないって彼は言ったわけです。だけど考えてみたら、そういうような「思想」のとらえ方、思想というのをそういうふうに考える考え方もある。それで民衆思想史の研究は難しいと思った。

「民衆宗教」という言葉が一時流行った。村上重良[31]さんが「民衆宗教」という言葉を使った。それで、民衆思想はなかなか相手にしづらいけど、民衆宗教なら文献、というか、「お筆先」のようなものがあるからやれるかなとも思った。民衆宗教について、「民衆宗教」という言葉は使わずにやってみたいと考えています。そしたら、教義なんかないし。

吉田　民衆思想や民衆宗教は重要テーマですよね。

大隅　宗教思想って、宗教体験がまずあって、それを何遍も自分で反芻しながら宗教思想みたいなものが自分の中でできていくわけですね。儀礼とかいろんなものと結びついて教義ができてきますよね。だから教義から説明するんじゃなくて、宗教体験のところから説明する方法はないかなと思って。教義なんかなくたって二、三〇万人規模の教団はできるんです。実際にできてるんですから。まるっきり教義なんかなくて。

四〇年前に北海道から東京に出てきて、立正佼成会教団支部の教団史編纂にかかわっていた頃、何やってんだと言われて、新宗教の教団史やってて結構面白く思ってると言ったら、その教団の教義はなんだと聞かれて、教義はないんだ。会長が教義をいま作ってると言っていると答えたら、いま、大山さんも笑ったけど、みな、笑いました。教義もないような教団のことを

＊28　田原嗣郎（一九二四―）。日本思想史。北海道大学、敬和学園大学教授。著書に、『徳川思想史研究』未來社、一九六七年。『日本倫理思想史』東京大学出版会、二〇〇三年など。

＊29　広田昌希（一九三四―）。ペンネームひろたまさき。日本思想史。大阪大学、甲子園大学、京都橘大学教授。著書に『文明開化と民衆意識』青木書店、一九八〇年など。

＊30　安丸良夫（一九三四―二〇一六）。日本近代史、宗教思想史。一橋大学教授。著書に『日本の近代化と民衆思想』青木書店、一九七四年、のち平凡社ライブラリー、一九九九年。『神々の明治維新』岩波新書、一九七九年など。

＊31　村上重良（一九二八―九一）。宗教学。著書に『国家神道』岩波新書、一九七〇年。『国家神道と民衆宗教』吉川弘文館、一九八二年など。

研究する価値があるのか。

僕は、そうは思わないですね。教義ができるもう少し前の段階から考えてみる必要がある。だから神谷美恵子の『生きがいについて』という本を読んで、ああ、なるほどこういう方法もあるのかなと思った。そんな話をしたら、もう時間がかかってきりがない。

吉田　仏教の始まりにしても、釈迦は教義の本を書いたわけでなく、いわば存在そのものが教えだったわけですよね。それが、釈迦の死後に教団の人たちが経典結集をして、口承の伝えを文章化して経典が初めてできました。だから、釈迦の思想を考えようとすると、たしかに教義が文章化される前の段階から考えなければならないということになりますよね。

大隅　ええ、そうなんです。

吉田　民衆ではないかもしれないけれども、大衆的な思考というところで、田中角栄はどうですかね。僕と違う世界の住人であることは間違いないんですけれども、あの人の哲学を思想史の中に位置づけることはできますかね。僕は、重要かなと思います。

大隅　この「日本をいつに求めるか」に田中角栄の話が出てくる。もう一つ並べるとしたら、松下幸之助ですね。松下幸之助は本がたくさんあるしね。僕は、松下幸之助と立正佼成会の教祖は、とてもよく似てるところがあると思っています。いや、だからそういう思想ができる過程の話をするときは、日本人にははっきりしたコスモロジーがないんですよ。コスモロジーのない仏教が日本仏教だというのが僕の考えだけど、それを説明するためには、教義ができる前の段階から考えていかないとだめなような気がしてるんです。

大山　天皇制の場合は、中国を意識して、あえて異質な世界観を示そうとしました。中国にはない、王権のための神話です。なんとか考えて、高天原と黄泉の国、伊勢と出雲という座標軸を提示しました。

これをコスモロジーと言ってもよいのですが、日本列島の内側だけにしか通用しない土着の思想で、普遍性がないのです。というより、インド、中国の偉大さを知っているから、それを超える普遍性など始めから念頭になかったのでしょうね。

吉田　さっき長谷川さんから、日本の思想と言うと、世界観や全体性の方に向かっていかない特色があるという話がありました。いままた日本の仏教にはコスモロジーがないのが特色だという指摘がありました。日本で思想と言うと、世界観や全体性ではなくて、この座談会で何度も出てきたように、「外来」と「固有」とか、外から来たものと自己、つまり自分ってなんだという話になっていく。そもそも『日本書紀』がそうだったし、『日本霊異記』とか『元亨釈書』もそうだった。そして、本居宣長もそうだったというように。

そうすると、日本思想史の特色は、普遍とか世界精神というところに向かうのではなくて、いつも内へ内へと帰ってくる。言い換えれば、〈自分さがし〉みたいなところに特色があるということですね。

僕たちは、そういう日本思想史の伝統というか特色を認識した上で、これからますますグローバル化が進行する国際社会の中で生きていかねばならないわけです。伝統的な思考の枠組を発展させつつも、空間的にも時間的にも視野を広げて、未来を見すえた新たな価値の創出に踏み出さねばならない。内と外ばかりでなく、これからはこれまで以上にもっと過去と未来のことを考えなければならないと思います。

補論

説話の伝播と仏教経典

説話の伝播と仏教経典——高木敏雄と南方熊楠の方法をめぐって

増尾伸一郎

はじめに

明治後期から大正初期にかけて、比較神話伝説研究の先駆者の一人として活躍した高木敏雄（一八七六―一九二二）[*1]の主要な学術論文は、没後三年目の一九二五年に刊行された『日本神話伝説の研究』[*2]に収められているが、約二〇年に亘る研究期間の前半の成果は一九〇四年の『比較神話学』[*3]に、後半の成果は一九一六年の『童話の研究』に、それぞれ集約されている。後者は一般向けの体裁をとることや、昔話や伝説を扱いながら童話を書名としたこともあってか、近年までほとんど注目されることはなかった。ところが一九七七年になって、二種類の復刊がほぼ同時に行われ[*4]、その内容が改めて評価されるようになった。

本稿では、この『童話の研究』の中で詳論されている日本の伝説や昔話の起源と伝播をめぐる問題において、とくに漢訳仏典や古代インドの寓話集『パンチャタントラ』のもつ意義を、高木が一時期親交を結んだ南方熊楠や柳田國男との関係を通して考えてみたいと思う。

一、『童話の研究』と『パンチャタントラ』

『童話の研究』は全一一章から成り、第一章の「童話　昔噺　お伽話」では、童話という用語の概念が解説される。一九世紀ドイツのグリム以来、散文伝承はメルヘン（童話＝昔話）と

＊1　高木の生涯と著作については布村一夫「高木敏雄のこと」（『日本神話学・神がみの結婚』一九七三年、麦書房）、同「高木敏雄論」「近代神話学の樹立と集成」「神話から民話へ」（いずれも『神話とマルクス』一九八九年、世界書院）、卯野木盈二「高木敏雄の業績」「高木敏雄年譜」（ともに卯野木編『高木敏雄初期論文集』上巻、一九七六年、共同体社）参照。

＊2　柳田國男の尽力によるもので、神話・伝説篇と、説話・童話篇に分れる。岡書院刊。一九四三年に荻原星文館から合冊本が刊行され、戦後は一九七三～四年に、大林太良の編集により未収録の論文一〇編を加えた増訂版（二分冊）が平凡社の東洋文庫として再刊された。

＊3　東京博文館から〈帝国百科全書〉の一冊として刊行。二〇〇三年に〈神話学名著選集〉の一冊として、ゆまに書房からリプリント版が刊行された。

＊4　五月に山田野理夫の解説を付した太平出版社版が、六月に関敬吾の解説を付した講談社学術文庫版が、それぞれ刊行された。初版は婦人文庫刊行会刊。

ザーゲ（伝説）に区分されるが、グリムとほぼ同時代の山東京伝『骨董集』や、滝沢馬琴『玄同放言』『燕石雑志』でも同様に、昔話と童話とを同意語として用いていることを指摘し、書名の由来を明らかにする。

第二章「童話の目的」では童話の条件として、㈠娯楽を旨とし、㈡教訓の目的があり、㈢児童を相手とし、㈣家庭で物語られ、㈤物語文学の形式を備える、という五点を挙げ、これらを全て満たす唯一の童話集として『パンチャタントラ』（Pantschatantra）を取りあげる。全五巻の構成は、

第一巻　友達同志の仲違い
第二巻　友達を求めること
第三巻　梟鴉戦争
第四巻　いったん得た物を失うこと
第五巻　思慮なき行為

という内容で、総計八〇話の半数は動物譬喩譚である。高木は序文を全訳してその編纂の意図を説明したうえで、『パンチャタントラ』の寓話が仏典中のジャータカ（本生譚）とも多数共通することや、イタリアの『ペンタメロン』、日本の『今昔物語集』『宇治拾遺物語』などと比較し、教訓や主旨の示し方などに類似性がみられることを指摘する。

『パンチャタントラ』の編者や成立年代は不詳だが、諸伝本の中で最も古く原本に近いとさ

れる『タントラーキヤーイカ』が二世紀頃とすれば、これを溯る一世紀前後の成立となる。六世紀中期には中期ペルシャ語のパーラヴィー語に訳されたものもあり、現在までにアジア・ヨーロッパ・アフリカにわたる約六〇種の言語に翻訳され、その伝本、訳本、改作等は二〇〇種を数えるという。[*5]

高木が依拠したテキストは明らかではないが、関敬吾氏はドイツのベンファイが一八五九年に出版した訳本ではないかと推定する。[*6] このドイツ語訳本は第一巻が序論、第二巻が翻訳にあてられ、序説では『パンチャタントラ』を中心とした説話の比較を通して、東西の諸説話のインド起源説を提唱している。高木は東京帝国大学独逸文学科を一九〇〇年に卒業し、第五高等学校や東京高等師範学校などでドイツ語の教授を歴任したことからみても、この推測は正しいと思われる。ちなみに一九〇四年にはベンファイに続いてヘルテルの画期的研究が公刊された。カシュミールに伝わった『タントラーキヤーイカ』の古写本を発見し、翻訳するとともに、ジャイナ教伝本をはじめとする諸伝本の研究や、他の説話集との比較対照、その伝播に関する詳

＊5　主要な諸本の系統と研究史については辻直四郎『サンスクリット文学史』第八章の「パンチャタントラ系」（一九七三年、岩波書店）、田中於菟彌・上村勝彦訳注『パンチャタントラ』（アジアの民話一二、一九八〇年、大日本絵画巧芸美術）参照。後者には関敬吾編のパンチャタントラと日本昔話の対照一覧も収載。

＊6　前掲注4、三三頁補注、ならびに解説。

論からなり、その後の研究の基礎を確立したもので、これも参看した可能性がある。

だが第三章「童話の起源とその伝播性」にはベンファイの影響が顕著である。この章では『今昔物語集』震旦部巻一〇の第三二「震旦ノ盗人、国王ノ倉ニ入リテ財ヲ盗ミ父ヲ殺セル語」と、古代エジプトのランプシニット王と泥棒の物語[*7]を対比し、ヨーロッパやアジア諸地域に広く類話が分布するこの話は、日本へはインドから中国を経て伝わったとみる。またインドからヨーロッパ各地に伝播した「乳売娘」について、アラビア語の寓話集『カリーラとディムナ』などに言及しつつ、その伝播の経路をたどる。そのうえで、日本の童話（昔話）にもインドに起源を有するものは多く、それらは主に仏教経典に摂取された譬喩寓言を通じてもたらされたことを指摘するのである。さらに第四章「童話選択の標準」から第一〇章「童話と天然伝説」までは、主に『グリム童話集』との比較によって日本の昔話や伝説の特質をさまざまな角度から論じ、最後に第一一章「史的通観」では近世以前を次の四期に時代区分して展開過程をたどっている。

第一期　神話時代（奈良以前）
第二期　輸入時代（平安～鎌倉時代）
第三期　草子時代（室町～江戸時代）
第四期　革新時代（江戸中期～幕末）

ここでも説話の比較に関する指摘は多彩をきわめる。例えば第一期では『常陸国風土記』の富士山と筑波山をめぐる祖神巡行譚の類話が、卜部兼方の『釈日本紀』に引く『備後国風土記』逸文の蘇民将来の話や、安倍晴明に仮託された陰陽道書『簠簋内伝』などの牛頭天王の話などにもみえることに言及したうえで、古代ローマのオイズス（オヴィディウス）『メタモルフォーセス（変身物語）』八―一七「フィレモンとバウチス」や、ドイツのヘッセンに伝わった「大尽と貧乏者」の話が『グリム童話集』八七にもあることを指摘する。これは『パンチャタントラ』五―八の「四本の腕を持つ双頭の職工」にもあり、日本へは『雑宝蔵経』などの仏典を通じて伝播したものと思われる。[*8]

第二期でも『今昔物語集』二九―三二「陸奥ノ国狗山ノ狗、大蛇ヲ咋殺セル語」を取りあげ、『日本書紀』崇峻天皇条や『三国伝記』二―一八「不知也河辺の狩人の事」、滝沢馬琴『椿説弓張月』冒頭部などにふれた後に、中国の『捜神記』や仏教類書『法苑珠林』の類話を紹介し、さらに『パンチャタントラ』五―二「黄鼠とバラモンの妻（マングースを殺した女）」まで溯る

＊7　ヘロドトス『歴史』巻二―一二一（松平千秋訳、岩波文庫上巻、一九七一年）。

＊8　関連説話の詳細については稲田浩二編〈日本昔話通観〉研究篇二『日本昔話と古典』14A「大みそかの客——授福型」（一九九八年、同朋舎）参照。

ことに言及する。この項目の、

この話はインドから西方へ伝わり、ペルシアからさらにギリシャへ伝わってシメオンの筆で翻訳され、第一二世紀の『アラビア物語』はさらにラッピーによりてヘブライ語に翻訳され、これからギリシャの七賢人の中に現われ、ついに『ローマ伝』に採録されて、中世のヨーロッパ全体に広く伝わることとなったのである。英国では有名な忠犬ゲレルトの話として、あまねく人口に膾炙している。その墓まで残っている。

一方にはこの話はシナからチベット、シナ蒙古と伝わっていった形跡があるが、日本へはいうまでもなく、仏典とともに輸入されたのである。

という解説は、本書全体を貫く高木の視点と方法を端的に物語る。

この他に第四期でも式亭三馬『浮世床』の猫に次々と強い名前を付けて元に戻る話について、三馬は漢籍から翻訳したようだが、これも原話は『パンチャタントラ』四―八「鼠の嫁入り」であることを指摘する。これは「鼠の婿選び」として流布する昔話の類話で、[*9]日本では『沙石集』拾遺六九や江戸初期の『一休諸国物語』などに、また八世紀ペルシアの『カリーラとディムナ』四「少女に変身した二十日ねずみ」、一一世紀インドの『カター・サリット・サーガラ』六一―二〇四「旃陀羅娘」、一七世紀フランスのラ・フォンテーヌ『寓話』二―九―七「娘に変ったハツカネズミ」などにも、それぞれ類話があるが、三馬の『浮世床』に直接対応するのは、明の劉元卿『応諧録』三「猫号」[*10]であろう。

古代インドをはじめアジアやヨーロッパ各地に分布する説話の世界的な広がりの中に日本の昔話や伝説を位置づけようとした本書は、比較文献学的な方法による最初の成果であり、同時代の柳田國男が組織化を進めた一国民俗学の方向とは、対照的な性格をもつものであった。

二、高木敏雄と柳田國男の親交と訣別

高木は東京帝大在学中の一九〇〇年に「羽衣伝説の研究」(「帝国文学」六—三)、「浦島伝説の研究」(同前六—六)を発表したのを皮切りに、神話研究を精力的に進める一方で「支那説話研究資料」(第五高等学校「竜南会雑誌」八四・八八号)、「日本古代の山岳説話」(同前八九号)など説話関係の論考も相次いで執筆した。一九〇一年の「日本説話のインド起源に関する疑問」(「帝国文学」七—三)では、『童話の研究』でも引用する滝沢馬琴の『玄同放言』や『燕石雑志』に導かれながら、[*11]日本の古典説話の、とくに仏教徒の手になる歴史物語や小説などの中に、イ

＊9　同前の五六八「鼠の婿選び」に類話が列挙されている。
＊10　松枝茂夫編訳『歴代笑話選』(中国古典文学大系、一九七〇年、平凡社)所収。

ンド起源の説話が見出せるのは少しも怪しむに足りぬとしながらも、その伝播の経路を明らかにすることは困難であるとのべるに留まっていた。

ところが一九一〇年一一月から翌年一月にかけて『読売新聞』に連載された東西の比較神話伝説をめぐるエッセイ「驢馬の耳」の一篇「虎狼古屋漏」で初めて『パンチャタントラ』に言及し、「如意宝珠」や「支那最古の宝剣説話」「盤古神話と蚕と牛馬」などの諸論において『捜神記』や『酉陽雑俎』のような漢籍への注目を促すようになる。[*12]

高木のこうした比較研究は、「驢馬の耳」が書かれた一九一一年の秋に柳田國男の知遇を得たことで、さらに拍車がかかる。『定本柳田國男集』の「年譜」[*13]によると、この年の一一月二七日に神道談話会の席上、二人は初めて出会った。柳田は一歳年長の三七歳で、東京帝大の卒業は同期（柳田は法科）であり、すぐに意気投合したらしい。柳田は当時、内閣法制局参事官の職にあり、前年暮に『時代ト農政』を刊行して内務省主導の地方改良運動を鋭く批判していた。[*14] 農政官僚として出発した柳田は、この年に東京帝大教授と一高校長を兼務していた新渡戸稲造とともに、「地方《じかた》」の研究談話会である郷土会を発足させ、農政、農業経済、地理などの諸分野の有志に呼びかけて活発な研究を続けていた。高木も柳田の勧めで会員となり、一九一三年一月には郷里の阿蘇南郷谷の事例を例会で報告している。[*15]

これと並行して一九〇九年には日本民俗学会が設立され、高木は井上円了、三宅米吉、芳賀矢一、白鳥庫吉らとともに評議員の一人となっているが、こうした気運のなかで、柳田が資金を提供し、編集実務は高木が担当して、雑誌『郷土研究』を創刊する。一九一三年三月の創刊号に高木が書いた「郷土研究の本領」では、日本の民俗文化の研究に比較研究が不可欠なことを強調し、小篇「牛の神話伝説補遺」[*16]と「三輪式神婚説話に就て」のほかに、赤峯太郎の筆名で論説「今昔物語の研究」を掲載している。一方、柳田は川村杳樹の筆名で「巫女考」を、また久米長目の筆名で「山人外伝資料」を書いた他に、本名で小篇三篇を載せた。以後、二人とも毎号数篇の論考を執筆したが、翌年四月に突然訣別する。

雑誌の創刊を計画した頃から一年半ほどの間は「殆ど毎日のやうに往来して居たことがあつた[*17]」にも拘らず「其悉く自分に押付けて置いて、ふいと高木君は飛んでしまった。今其理由を打明けると、どうも自分が悪いようだ。[*18]」と回想する柳田は、編集実務を放棄した高木が『読

＊11　高木には「説話学者としての滝沢馬琴」（『竜南会雑誌』一一一、一九〇五年）という論文もある。
＊12　これらの論考の大半は『日本神話伝説の研究』（前掲注2）に収載。
＊13　『定本柳田國男集』別巻五（鎌田久子編、一九七一年、筑摩書房）。
＊14　以下、柳田の伝記に関しては後藤総一郎監修『柳田國男伝』（一九八八年、三一書房）によるところが大きい。
＊15　柳田國男『郷土会記録』（『定本』二三、一九六四年、筑摩書房）、『郷土研究』創刊号の雑報（柳田）。
＊16　本論は「日本及日本人」五九七号（一九一三年）に発表。
＊17　柳田が高木の遺著『日本神話伝説の研究』に寄せた序文（『定本』二三所収）。
＊18　柳田「『郷土研究』の休刊」一二号、一九一七年（『定本』三〇所収）。

売新聞』に世界の童話や伝説についての読み物をずっと連載し続けていたことを非難してもいる。[*19] 高木の方は、柳田の紹介で文通を始めて間もない南方熊楠に宛てた、『郷土研究』創刊の一年程前の一九一二年三月一三日付の書簡で次のようにのべている。[*20]

小生目下飯を食ふ為に日本童話の古書に現はれたる者を撰び、『読売新聞』紙上に家庭の読物として発表の計画に御座候。柳田氏の如きは生活上の困難と云ふ事を全く不知幸福の人、小生は子供四人有之、財産無一物にて毎日生活の為に働き、其余暇を以てフォルクローアの為に貢献せんとの野心有之、随分骨折れ申候。最苦きは参考書の手許に無き事に御座候。

この前月に東京高等師範学校教授に任用されたばかりにしては窮状にいくぶん誇張が含まれているようでもあり、生活上の問題が主因になったとは考えにくい。むしろ両者のそれぞれに頑強な性格や自負心、さらには比較文献学的な学術誌をめざした高木の編集方針と、日本の一国民俗学組織化のための啓蒙誌を求めた柳田との志向の違いが訣別の要因になったのかも知れないが、[*21] 直接の引き金になったのは高木と南方との関係が悪化したことによる可能性が高い。

三、高木敏雄と南方熊楠の文通

柳田國男の紹介により高木と紀伊田辺の南方熊楠との間で文通が始まったのは、一九一二年一月のことである。一月一四日付の柳田から南方に宛てた書簡[*22]によると、この日の『読売新聞』に載った高木の論説「左義長考」を南方に送るよう柳田が高木に指示し、南方は一七日に受領、三〇日に高木に返信を出した。[*23]高木は前年の暮に東京朝日新聞社が読者から民間の伝説や昔話を募集する企画に関わっており、[*24]南方もこれに応募していた。[*25]高木は南方へ読売の記事を送る手紙で『ジャータカ』に関する研究文献や、南方が『太陽』一月号に発表したばかりの「猫一

＊19　同前。布村一夫「高木敏雄のこと」（前掲注1）によると、高木の『読売新聞』への連載は一九一一年から一六年までの六年近くに及んだ。

＊20　飯倉照平編「南方熊楠・高木敏雄往復書簡」（『熊楠研究』五、二〇〇三年）。以下、南方宛の高木書簡はすべてこの文献による。

＊21　同前。

＊22　飯倉照平編『柳田國男 南方熊楠 往復書簡集』（一九七六年、平凡社）。

＊23　『南方熊楠全集』八の「高木敏雄宛書簡」（一九七二年、平凡社）所収。

＊24　呼びかけに際して書いた文章が「暗合か、伝播か」という表題で『日本神話伝説の研究』に載る。

疋より大富となりし話」の出典について尋ねたらしく、南方は『一切有部律』から見出したもので、「仏教の里伝や古話を見んとならば、『ジャータカ』よりは小乗律蔵の諸本を見らるべく候。一切経の中にあり。」と答え、小乗律の経典の具名を列挙している。

当時「フォルクロアの学会」設立を企図していた柳田は、南方にも参加を求めた二月九日付の書簡のなかで、

高木君は一二、三年来貧乏にもかまわず非常の精力をもって読書せし人にて、学殖すこぶる軽んずべからずと存じ候。今後何とぞ喧嘩をせぬように御交際をねがいたく候。少々変人との評あれど、小生はうまく梶をとり、死ぬまでにぜひ大なる研究事業を完成せしめたく熱望致しおり候。

と推奨しており、南方もまた四月一日付の高木宛書簡で、

スウェーデンのMoaと、今一人と終始一致してその全国の古話を集めたる大著述あり。実に見事なものなり。小生は何とか貴下と協力してかかるもの編みたく存じ候。

とのべて、大きな期待を寄せていた。こうして始まった高木と南方の文通は、一四年三月まで

の二年間余り続く。南方の日記には日々の発信者と受信者も克明に記録されており、この間の南方から高木宛の書簡は一一〇通、高木からの来翰は四四通を数える。[*26] この内、南方の書簡は乾元社版全集に四三通が掲載され、平凡社版全集では『郷土研究』の記事との重複分一一通を削って三二通が収録されていたが、近年の調査で、新たに四三通が確認されたほか、高木の書簡二一通も発見され、文通の具体的な内容が、かなり明らかになった。[*27] 仏典を中心とした説話の出典に関する高木からのさまざまな質問に対して、南方が諸種の経典や和漢洋の文献を博引旁証しつつ応え、時に論争を展開するという、きわめて緊密なものである。

南方は一八九三年秋にロンドンで真言宗の僧侶土宜法龍（後に高野山管長）に出会って仏教への関心を深め、大英図書館時代には館蔵の仏教類書『法苑珠林』（唐、道世編、全百巻）を抄録して、帰国後も参看していたが、一九一一年の春からは田辺の自宅近くの法輪寺より黄檗版大蔵経を借覧し、説話の出典考証のために三年間ほど連日のように抄写を続けていた。[*28] それだけ

＊25　一九一二年夏までに集まったものから二五〇編を高木が選んで、分類、整理し『日本伝説集』（一九一三年、郷土研究社）と題して出版した。南方の報告は「前鬼後鬼」と「猿神退治」の二項に採録されている（山田野理夫の解説を付して一九九〇年に宝文館出版から再刊）。

＊26　長谷川興蔵校訂『南方熊楠日記』四（一九八九年、八坂書房）。

＊27　前掲注20と同じ。

＊28　飯倉照平「南方熊楠と大蔵経」一、二（「熊楠研究」一、四、一九九九年、二〇〇二年）。

に仏典に関する高木の質問への南方の返答は、懇切きわまりないものだった。南方の指示に従って、

一切経知人より借受申候処、伝説及童話の材料の研究は如何なる部門を読み申べきや、一寸分り兼閉口致居候。御示教願上候。『法苑珠林』は全部読了仕候。[*29]

という高木の質問に対して、『法苑珠林』全百巻を通読したという熱意を真正面から受け止めた南方は、次のように答えている。[*30]

一切経は浩瀚なものにて、とてもちょっと見通し得ず。小生は十分の七まで目を通し申し候。抄したること多きも、牽引なきためちょっと一々見出だし得ず。まずはフォークロールの参考とならば、第一に目録について、「西土聖賢撰集」『出曜経』以下『十二遊経』まで（一七三套至一七八套）[*31]、次に小乗経「阿含部」を『中阿含経』より『仏説楼炭経』まで（七八套より八七套に至る）、次に「小乗律」のうち『十誦律』より『善見毘婆沙律』まで（一〇八套―一二一套まで）御覧あるべく候。しかるときは、今日西洋でかれこれいう『ジャータカ』などよむよりは、はるかに益多く御座候。「阿含部」と「小乗律」とに重複のこと多し、故に「小乗律」をさきに読むも宜しく候。しかしいずれもフォークロール外の

こと多し。故に「西土聖賢撰集」は純粋に話ばかり、「イソップ」「グリム」様に集めたものゆえ、貴下ごとき多忙の人梗概を知らんとならば、必ず「西土聖賢撰集」をまず読まるべし。右読んだ上、たぶんは複重ながら、小乗経の「単訳経」の部、『正法念処経』(八九―九〇套)、『仏本行集経』(九一―九二套) および「五大部外重訳経」のうちの『六度集経』(五三套) を見らるべく候。このほか読まんとならば片はしから読み抄するほかなし、実に手数繁きことに候。

博覧強記で知られる南方の面目躍如とした教示だが、この返書から高木が多大な刺戟を受けたことも想像に難くない。こうした遣り取りは翌年三月の『郷土研究』創刊に向けて、さらに頻繁になる。この年五月一四日付の南方宛書簡で高木は、次のように記した。

民俗学会は本月五日に発会式挙行仕候。目下雑誌刊行の計画中にて、今日迄先生より御示教を受けた事柄は、右の雑誌の材料に使用仕度、尚今度共不相変種々御示教被下度願上

＊29　一九一二年三月一三日付の南方宛書簡。前掲注20所収。
＊30　一九一二年三月一五日付の高木宛書簡。前掲注23所収。
＊31　套数は当時南方が抄写を続けていた黄檗版一切経のもの。

置候。『古語拾遺』の末節、昔大地主神云々白猪白馬白鶏を犠牲にする事の一条は、外来の分子と存ぜられる事、之に付き御高説伺度存上候。希臘の太陽神ヘリオスの犠牲は凡て白色と存じ候。

これに対して南方は五月一八日付の返書[*32]の一節で、

次に『古語拾遺』に、白猪等を神に牲すること、外国よりの伝来ならんとのことなれど、白色はありふれた色にて（コチニール紅、マルーン紫、ビスマーク褐、普魯西青など特別の彩色に非ず）、いかな痴漢も黒と白を見分ざるものなし。白猪白馬等は珍しきもの故、之を牲するは何れの国にもありぬべし。（印度に白馬を牲するは、転輪王の特典にて、支那にも、漢高祖、白馬を刑して、劉氏に非ずして王たらん者をば、天下挙て之を討てと盟ひしことあり。）白色を尚ぶとか白色を慶事に用るとかいふことは、世界中到る所あることと存候。そんなこと迄も、他国よりの伝来を俟たねば行はぬやうだつたら、本邦人の祖先は、水母（くらげ）、さなだ虫如き無分別のものにて、一日も世を過すことは成らざりしことと存候。

と過激な言辞で反論し、類話の世界的分布には強い関心を示しながらも、安易な伝播・影響関係の比較には慎重な姿勢をとり、夏まで応酬が続いた。そのさなかの六月一二日付で柳田が南

方に宛てた書簡には、

高木君の雑誌いよいよ出刊ときまり候わば、小生は巫女に関する研究を逐次に掲げ申すべし。これはぜひ本にするまでには大斧鑿を加えたく候につき、精しく御批正下されたく候。

という一節があり、主に高木が編集実務を進めていたことがうかがえる。南方も柳田と高木から重ねて寄稿を依頼されたが、眼疾の影響で創刊当初はまとまったものを執筆することはできなかった。創刊を目前に控えた翌一三年二月一八日付で高木が南方に宛てた書簡は[*33]、結果的にその後の両者の関係を大きく左右する契機となる。

拝啓 『今昔物語』震旦の部の末巻に「盗人入国王倉……語」の出典、御承知ならば何

＊32 前掲注20所収。

＊33 南方と高木の「往復書簡」（前掲注20）では、この書簡の日付を一九一二年二月一八日として配列しているが、文中に『郷土研究』誌上に発表云々とあることや、南方全集八（前掲注23）所載の書簡三一（大正二年二月二〇日付）と内容が合致することからみて、一九一三年のものである。

卒御示教被下度、此話はヘロドトスが埃及にて道案内から聞きし童話と全然符号《ママ》し居り申候。果して支那の書よりの翻訳なりや如何。

衣装に針をさし置いて男の在所を探る話は、「唐代叢書」の中にて発見仕候、『郷土研究』紙上にて発表可仕候。

蘇民将来の事は、仏典には無之かるべしと信じ候が如何。

尚、人を馬に化した話は、「唐代叢書」の板橋三橋子《（娘）》を『今昔』の作者が訳したる事疑なく候が、此話印度にありや。

小生、日本童話の事を書かんと思へども、色々不明の事多く困り居り候。鼠の嫁入りの事は『パンチャタントラ』に在るを知り居るも、仏典中の出処知らず候。

関心のあるテーマの疑問点を列挙して教示を乞う高木に対して、南方は折り返し二月二〇日付で次のような返事を出している。[*34]

御葉書拝見。「盗人国王の倉に入る」の話は、クラウストンに出でおり候。只今その書座右に無之、頁数等は分からず。針をもって衣にさし男を探ることは、前日申し上げ候ほかに見当たらず。蘇民将来のことは、ギリシャの Philemon and Baucis のことはなはだ似たり。人を馬に化する話は、インドその他到る処有之候。小生は眼またはなはだ悪く、

夜間全く何にもできず、早く臥すことに致しおり、かつ当地にもこの上永くおりがたきも知れず。（後略）

には、

と近況を伝える後半では、来日中の畏友孫文との会見を断念したことも記している。『日記』

午後高木氏へ状認る為材料捜し、夕に及ぶ。夜九時湯へ之、帰り、高木氏へ状認める。（六月四日）

午後高木氏へハガキ認むるに色々調べる。（七月一六日）

高木氏へ状の材料調べる。夜に入る。夜十一時湯に之、帰てまた調べる。（八月五日）

朝九時頃起。高木氏への状認む。夜に入る。夜九時頃湯に之、帰て又認む。四時頃臥す。（八月六日）

といった記事が随所に散見し、南方がなみなみならぬ精力を費して高木に応待していたことが看取できる。高木の書簡にみえる「日本童話の事を書かんと思へども」というのが、『童話の研究』をさすのかどうかは不明だが、この往復書簡に記された『今昔物語集』巻一〇—三二「盗

＊34　前掲注23の書簡三一。

人国王の倉に入るの語」や『備後国風土記』逸文などの蘇民将来の話については、南方の教示に基づいた論述が第一節で紹介したように『童話の研究』第三章と第一一章にそれぞれ記されており、南方に多くを負うことがわかる。[*35] 高木は四月一八日付の南方宛書簡の中で、次のように抱負を語っている。

昨年一月一日以後『読売新聞』の児童読物欄を引受け、世界各地の動物譬喩譚を蒐集し翻訳して掲載し三百回程になり、愈々蒐集に困難を感ずるようになり申候に付き一先切上げ、本日下旬より日本童話を掲載仕候計画に致候。

尤も第一の事業としては、明治以前の文書に現はれたる童話（Märchen）の中にて児童に適する物を撰び、順次に発表致し、其傍に自分の事業としては凡ての童話を蒐集し、一々の童話に就きて其出所由来性質等を学問的に研究し、他日日本童話文学史を大成したき希望に御座候。（後略）

とのべた後、『宇治拾遺物語』から採録すべき一〇話を列挙し、各話の出典に関する注記を書いて、改めて教示を求めている。

このような高木にとって『今昔物語集』は最も重要な説話の宝庫であり、『郷土研究』創刊号には赤峯太郎の筆名で「今昔物語の研究」を執筆した。その冒頭で『今昔』の出典研究の重要性を説き、読者に調査協力を呼びかけたうえで、『法苑珠林』『酉陽雑俎』『捜神後記』や唐代叢書所収『幻異志』の板橋三娘子などとの関連を論じたが、その内容は前述の二月一八日と二〇日付の南方との往復書簡にもみえている。

読者から寄せられた回答は第三号に「乗合船」として一括掲載されたが、その中には南方の小文が二篇採録されている。南方は五号に「南方随筆（二の上）（郷土研究一至三号を読む）」を書き、三号と同様に高木の一号の出典考証を修正、補足した。続いて六号に「今昔物語の研究」を書いてから南方の『今昔』研究は本格化する。[*36] 芳賀矢一の『攷証今昔物語集』の刊行が始まったことも大きな刺戟となった。[*37] 芳賀はその序文で「ジャータカやパンチャタントラと同じく日本の古文学中に此の世界の珍宝あるを喜び、我が国唯一の古説話集として、かばかり庬然たる一大典籍の存在することに就て、宇治亜相に感謝するの念を禁じ得ない。」と記したものの、出典考証の方法は江戸国学的なものに留まっていた。南方は仏典や漢籍を駆使しつつ「今度出

＊35　高木は『郷土研究』二号に「日本童話考」を書いているが、これは『童話の研究』の終章の構想を粗描したものである。

＊36　小峯和明の一連の論考「南方熊楠の今昔物語集」（季刊「文学」八―一、一九九七年、「熊楠研究」一～八、一九九九年～二〇〇六年に連載）に詳細な分析がある。本稿ととくに関係するのは「熊楠研究」二の「説話学の階梯・大正篇Ⅰ」。

＊37　第二冊は翌年、第三冊は一九二一年に冨山房から刊行。芳賀は大学予備門時代、南方と同期であった。

版の芳賀博士の攷証本に出所も類話も出て居らぬ」というような寸言を随所に挟みながら独自の論を展開し、九号、一〇号と二巻三号までの四回にわたって続稿を連載するが、二回目の九号で問題が起きた。

この号に寄せた南方の原稿には、一号で高木（筆名、赤峯太郎）が『今昔』三一―一四の「四国辺地を通る僧が馬になった話」の出典として唐代叢書所収『幻異志』の「板橋三娘子」を挙げたのに対して、『クラウストン』巻一のローマの俗話と同源ではないかという批判が含まれていた。編集を担当していた高木はこれを読んで「板橋三娘子」の題で反論を書き（筆名は一号と同じく赤峯太郎）、同じ号に載せたのである。この反論は「小篇」欄の末尾半頁に本文よりはポイントを落して印刷されており、埋め草として書かれた形跡があるが、次号に回さなかったのは南方の文中に高木の実名が二度出てくることも関係していたと思われる。

南方はすでに続稿を高木の許に送ってあったが、一一月一〇日発行の九号が届いた直後の二二日付の書簡[*38]で、「今昔物語の研究」第三回の掲載を見合せるよう伝えた。理由は宮武外骨編集の『不二新聞』（日刊不二）に寄稿した「情事を好く植物」が新聞紙法第二三条違反（風俗壊乱罪）で大阪府警から起訴され、罰金の処分が下ったため、累が及ぶことを避けるためであるとしているが、九号の編集を不快に感じたため、というのが実情に近いのではなかろうか。

高木は折り返し二六日付で、既に印刷中で掲載見合せは困難であり、独断で三行分だけ本文を削除したことを伝えた。一〇号に載った第三回は「通四国辺地僧被打成馬語出典考承前」と副題がついた七頁にわたる専論で、「補遺」も付く。

予一切経を通覧せしも、此羅馬俗話其儘の同話又類話は無い、然し前の部分に酷似たのと、後の部分に大体似たのが別々に有る。

という前置きにはじまって、義浄訳『根本説一切有部毘奈耶雑事』から鈴木正三『因果物語』、「ノーツ・エンド・キーリス」誌の報告まで、文字通り古今東西の文献を多数列挙し、補遺では紀伊の民間伝承にも言及した徹底的なものであった。

翌年一月二六日付の書簡で、南方は「今昔物語の研究」の執筆中断を高木に伝えている。

小生、眼病にて厳重に養生罷在り、故に「今昔物語研究」は一寸書くこと不能。一ヶ条は草稿出来居れども、例の風俗云々に渉るを以て、到底只今出すことは得策に非ず。又節略して出さば何の骨無き者となるなり。（後略）

さらに三月二日付の書簡では、もし裁判になった場合には南方の民俗学研究の方法について高

＊38　前掲注23の書簡三二。

木と日本民俗学幹事の石橋臥波が弁護するよう依頼し、最後の原稿を「なるべく他人に先を越されぬ内に早く『郷土研究』へ御出し被下候様頼上候。」「何分小生手筆の通りを一字略せず御出し被下度候。」と結んでいる。

現存する南方の高木宛書簡の中では最後のものだが、これを読んだ高木の心中は察するに余りある。南方の圧倒的な学識を前にして研究に対する自信は揺らぎ、編集者としての努力も否定されたように感じたのではなかろうか。

南方の「今昔物語の研究」は、五月に出た二巻三号の第四回で連載を終えた。高木は四月に二号を出して突然編集実務を離れ、南方との交渉も途絶えたようである。雑誌は三号から柳田が職務を終えた後に縁者の岡村千秋の助力を得て官舎で編集を行なうようになり、編集方針も刷新した。その点も含め、かねて書面の中で異見を示していた南方に宛てた五月一二日付の柳田の書簡に対する一四日付の南方の返書は、真向から批判を展開した激越で長大なものであった。柳田はこれを「郷土研究の記者に与ふる書」と題して五号から七号に連載し、七号には自ら「南方氏の書簡について」という一文を載せた。その後両者の間ではたて続けに長大な書簡が往復したが、南方は五月一九日付の書簡で、

「今昔物語の研究」、また高木氏しきりに望まれたから書いたばかり、『郷土研究』にも合わず、風俗学にもまことに関係薄きものなり。故に、これからは今後は書かぬことと致

し、別に民俗学の雑誌出るに及び、また出すこととするか、まとめて別刊すべし。

と伝えている。ドイツ文学の学識を背景に、早くから神話・伝説の比較研究を精力的に進めてきた高木敏雄は、柳田國男を介して南方と出会い、仏教経典への注目を促されて多くを学んだが、『今昔』研究での挫折を機に自らの研究活動に終止符を打つことになったものと思われる。

高木は念願のドイツ留学を目前にした一九二二年暮に四七歳で急逝したが、その遺稿集『日本神話伝説の研究』は柳田國男と岡村千秋の尽力により出版された。柳田はその序に「新しすぎた高木君の学問」と記して早逝を惜しんでいるが、本書には『郷土研究』に赤峯太郎の筆名で執筆した論説は一篇も採録されていない。これは高木と南方、ひいては柳田との訣別の原因を直接知る当事者の立場から、敢えて除外するよう柳田が配慮した結果であろう。

おわりに

柳田國男は「証拠も無いのに印度から支那を経て、渡来したもののように言ふ印度起源説」には終始否定的な姿勢をとり続けたが、[*39] 高木敏雄が着想し、南方熊楠が飛躍的に展開させた比

＊39　柳田國男「昔話のこと」（『定本』八）。ほかに『木思石語』（『定本』五）、『昔話と文学』（『定本』六）など。

較神話・説話研究は、和漢洋に亘る文献の基軸の一つに仏典を据え、起源と伝播の様相を縦横に論述したもので、容易に他の追随を許さない独創的方法によって支えられていた。熊楠の説話研究を新出資料に基づいて詳細に検証した小峯和明氏は、その後の研究の精密化に伴なって熊楠が苦心して探し出した資料の大半は、ことごとく出典としての地位から追放されていき、おびただしい同類話群の問題をどう扱うかはほとんど不問に付されてきたと指摘し、切り捨て、排除された側からもう一度問題を掘り起こすことを提言している。[*40]

一九世紀のドイツにおけるインド起源説に代って、フィンランドのカーレル・クローンが提唱したような、[*41]ある時期に文化の発達した民族によって作られ、時間的・空間的に伝承・伝播されて個々の歴史をもつようになったという歴史・地理的視点[*42]や、類似した昔話や伝説が各地で別個に発生したとみる多元的発生論に立つとき、改めて南方や高木のような先駆的研究に学ぶことの意義は大きいのである。

初出　『中国学研究』第二五号、二〇〇七年三月。

＊40　前掲注36の「説話学の階梯・大正篇Ⅰ」。
＊41　関敬吾訳『民俗学方法論』（一九四〇年、岩波文庫）。
＊42　関敬吾『日本の昔話——比較研究序説』（一九七七年、日本放送出版協会）、崔仁鶴『韓国昔話の研究』（一九七六年、弘文堂）、伊藤清司『昔話伝説の系譜』（一九九一年、第一書房）など。

〈付記〉

本書には、増尾伸一郎氏（以下、増尾さんと呼ばせていただく）が残した多数の論文の中から「説話の伝播と仏教経典――高木敏雄と南方熊楠の方法をめぐって」（大正大学中國學研究會編『中国学研究』二五、二〇〇七年）を再録した。この論文の内容は、増尾さんが私たちの研究会においても口頭発表したもので、発表後の討論であれこれと議論の花が咲いたことを思い出す。

増尾さんは大学の学部、大学院時代に日本古代史のゼミにて学び、やがて日本古代史を専攻する研究者になった。だが、増尾さんの学問はひとつの研究分野を大きくはみ出し、人文学の多岐にわたる領域を専門とする、分野横断の研究者として活躍するようになっていった。それは歴史、文学、宗教、思想などにまたがるもので、増尾さんは複数分野の学会、研究会で活動し、休む間もなく多数の研究論文を執筆した。対象とする地理的範囲は、日本に軸足をおろしつつも、日本の境域を飛び出し、中国、韓国、ベトナム、インドから、ヨーロッパや西アジアまでも展開していった。さらに、ユーラシア大陸を縦断するだけでなく、沖縄などの海の文化にも深い関心を示した。

ここに収めた論文は、明治後期から大正時代に活躍した比較神話伝説学者の高木敏雄（一八七六～一九二二）の学問的足跡をたどりながら、①説話・伝承の研究において、その話の伝播や交渉の問題が重要な研究課題になること。②説話の伝播にとって、仏典がいわば説話の乗り物になって各地へと展開していったことなどを論じた一篇である。

増尾さんは研究生活の最初期から『風土記』を重要な書物と位置づけ、そこに記される種々の説話・伝承の読解を進めていた。おそらくその中で、先行研究として「羽衣伝説の研究」（初出一九〇〇年、のち『増訂日本神話伝説の研究2』平凡社東洋文庫、一九七四年）などの高木の論著にであい、自らの研究の先人として高木を強く意識するようになったものと思われる。増尾さんは、「交錯する〈羽衣〉伝承――二十世紀初期の東アジアにおける比較研究をめぐって」（堀池信夫編『知のユーラシア』明治書院、二〇一一年）、「蘇民将来伝承考――『備後国風土記』逸文の形成」（神田典城編『風土記の表現』笠間書院、二〇〇九年）といった増尾さんにしか書けない独特の説話論を発表したが、そこには先人としての高木の方法が吸収、発展されている。

この論文で増尾さんは、高木の著書を丁寧に紹介し、古代インドの寓話集『パンチャタントラ』からはじまり、ジャータカ（本生譚）、『タントラーキヤーイカ』、『雑宝蔵経』、アラビア語の寓話集『カリーラとディムナ』、あるいは『グリム童話集』、『メタモルフォーセス（変身物語）』、中国の『捜神記』、『法苑珠林』、『応諧録』というように、洋の東西の多数の書物に言及する。そして、たとえば日本の『常陸国風土記』に見える富士山と筑波山の話、あるいは『備後国風土記』逸文に見える蘇民将来の話などを、説話の伝播、交渉の視座から読み解こうとする高木の研究を共感をもって紹介する。さらに『今昔物語集』について、震旦部の説話はもちろん、本朝部の二十九巻第三十二の陸奥国の狗の話について、説話の伝播の経路や交渉を考究しようとする高木の「方法」を好意的に解説している。

その上で、増尾さんは、高木敏雄『童話の研究』（初版一九一六年、講談社学術文庫、一九七七年再刊）について、「本書は、比較文献学的な方法による最初の成果であり、同時代の柳田國男が組織化を進めた一国民俗学の方向とは、対照的な性格をもつものであった」と結論する。これは、増尾さんが日本の文化史研究や人文学に残した重要な発言だと思う。

増尾さんは二〇一四年七月に心筋梗塞で急逝した。まだ五七歳だった。研究会での増尾さんは実に快活で多弁だった。六国史、律令格式、文書、金石文、木簡など古代史の学識の上に、最も得意とする道教、疑偽経典、陰陽道はもちろん、仏教、儒教、神道、民間信仰に通じ、『万葉集』『懐風藻』などの和歌・詩文や『日本霊異記』『三宝絵』などの説話、『源氏物語』などの物語、さらにキリシタン文学や沖縄の信仰まで何でも詳しく、あふれだす知見の開陳は研究会終了後の懇親会まで続いた。増尾さんは、歴史史料や文学作品の一言一句の中に流れる文化、思想を的確にとらえ、そこから要となる言葉を抜き出して論文のタイトルとするのを得意とした。さらに、その関心は、それらを読み解こうとした過去から現在に至る文人、学者たちにも向かった。そのまなざしは謙虚で温かいものであり、先人たちの学問を重んじ、また共に学ぶ友を大切にした。

増尾さんはどの学会、研究会でも引っ張りだこで、国内外の種々の企画に参加し、あるいは自ら企画、登壇した。史料調査、現地調査にもこまめに出かけていた。発表や調査の準備は大変だったろうし、何よりいつも書き切れないほどのたくさんの依頼原稿をかかえていて、追われるように執筆していた。締切には間に合わないことが少なくなかったが、それでも頼まれたものには律儀に対応した。信じられないほど多忙なんだろうということは、はた目にも見て取れた。けれど、本人は、学び、語り、書くことが楽しく、充実していたから、自分なりに身体に気を遣いつつも真っ直ぐにその道を進んでいた。

残された私たちは、あとせめて一〇年、いや五年、三年でも活躍してくれたらよかったのにと悔やむし、本人もやり残したことが山のようにあって、もっともっと活動したかったろうと思う。充実の最中での逝去はまことにもったいなく、惜しまれてならない。でも、やりたいように生き、充実した研究生活を送ったのだろうとも思う。

研究会で増尾さんが語った種々の発言を、この本に記録できなかったのはやはり残念だ。彼の死後に再開した研究会で、私は座談会での論議を聞きながら、増尾さんだったらここで何をどう発言するだろうかなどと考えることがあった。それは私だけではなかったと思う。本書の書名『日本思想史の可能性』は増尾さんが考案したものである。

（吉田一彦）

あとがき

大隅和雄

吉田さんによると、「日本思想史の会」が始まったのは一九九七年のことだったとある。その頃、私はまだ若くて、幾つもの課題を前にして、それと取り組むことができると考えていた。あの頃、私は、方法が見えない日本思想史研究から、日本文化史に転じようとしていたが、長谷川さんに会って話を聞けば、思想史について新しい考えを持つことができるかも知れないと期待していた。

五人の会は、日本思想史をめぐる問題について、自由闊達な議論を重ねた後、それぞれが自分の問題に引きつけた報告をすることになったが、大山さんが、藤原不比等による天皇制の創出についての広大な原稿を読み上げたので、天皇制についての論議が続き、私は、『愚管抄』の天皇論について報告した。

何年か経って、会で話し合ったことを本の形にしようという声があがり、題は『日本思想史の可能性』ということになった。ところが、日本思想史の領域を拡げる問題提起の主役だった増尾さんが、卒然と他界してしまったので、私は、本の計画も消えてしまったと思っていた。しかし、吉田さんの執念で、計画が甦り、本作りの仕事が推進されることになった。

最初の会合から二十余年の時がすぎて、老残の身となった私は、蘇生した企画の座談会に参加して、議論に付いていけず、参加を辞退したいと思った。しかし、始めた頃のことを思い出し、あの雰囲気を伝えるためには、五人での座談会が、二人抜けてしまってはかっこうがつかないという気もして、最終の企画に留ることにした。

二十余年間のことを思い出すと、改めて、増尾さんの逝去が惜しまれる。増尾さんがいたらこの本の視野はもっと広がり、議論は深まったに違いないし、私はこの本の参加を辞退し、老いの恥を晒さずに済んだのに。

◇◇◇

大山誠一

四〇年ほど昔、アルバイトの帰り、原宿の駅前で呼び止められ、そのまま近くのビルに行った。そこは、インドや東南アジアの旅行を専門とする店だった。暇を持て余していた私はそのままインドへ行くことにした。

パスポートを取りに行ったところ、受付の中年過ぎの女性からどこへ行くのかと問われた。インドですと答えると変な顔をし、ちゃんと帰って来れるのかと聞く。大丈夫ですと言うと、本当にお金あるのとさらに聞く。そして、なら貯金通帳を見せなさいと言われ、結局、翌日持参した。五〇万あれば帰れるわねと言って手続きをしてくれた。

インドは痛快だった。まだ『地球の歩き方』のようなガイドブックもなく、ペットボトルもなかったから母親には心配されたがどうということもなかった。

インドではいたる所で話しかけられた。インド人は強引で押しつけがましく相当ずるかったが、不思議に親しみを感じた。まず聞かれたのが、あなたの宗教は何かだった。毎日そこから話が始まった。ないと言うと驚かれた。いま考えると、インド人にとって宗教とは生きるためのモラル以前のもの、簡単に言うと仏教で言う輪廻のようなものだったのではないだろうか。輪廻とは人が別のだれかに生まれ変わるということではない。六道輪廻である。動物にも昆虫にも、さらには地獄かもしれない。飛んでいる蚊も、実は先祖のだれかかもしれない。とすると安易にパチンとはできない。そういう死生観を背景としたものと思う。だから、インドにはベジタリアンが多いのである。そういうインドを歩き回っていると、当時は、なんとなく釈迦やガンジーの雰囲気を感じたものである。

仏教はインドで成立して、玄奘三蔵のような立派な人の努力で中国に伝わったとされる。確かに、知識や教養としては伝わったであろう。しかし、四つ足なら椅子以外何でも食べるのが中国人である。輪廻を実感として受け入れることはなかっただろう。その中国から朝鮮半島を経て日本に伝えられたが、日本人はさらに戒律まで無視してしまった。

儒教や道教や律令も伝わった。しかし、内にあるものがあまりに違うからすべて知識と教養のレベルに留まった。戸籍の作成は数回で形骸化したし、班田制は最初から実施されたかすら怪しい。その後の日本の歴史は地道な農民の土地所有の上に展開したのである。

では、外来の思想は意味を持たなかったのだろうか。ここで考えるのが天皇制である。私は固有の思想としたが、その意味は単純ではない。七世紀中葉以後、蘇我王家が中臣鎌足らのクーデターに倒れ、代わった中大兄らの息長王家も白村江の敗北とその後の百済・高句麗の滅亡と大量の難民にさらされ、おまけに壬申の内乱による動揺は大きかった。

そこで必要になったのが、日本という国家のアイデンティティーの確立であった。藤原不比等を中心とする政治グループにより構想が練られ、世界に類例のない天皇という存在が誕生し、その天皇を利用して藤原氏の覇権が成立する。その中身は、高天原と黄泉の国を縦軸とし、伊勢と出雲を横軸とする座標軸。その中心の原点に天皇がいる。原点は数学ではゼロである。天皇も無力である。しかし、単なるゼロではない。ここからすべての価値が始まる。政治も文化も何もかもである。そのために作られたのが『日本書紀』の神話であるが、そこには中国の古典や仏典が利用されている。ここに、外来思想は生きているのである。と同時に、天皇制は外来思想に対するナショナリズムの砦となった。

◇◇◇

長谷川　宏

自分たちの考えてきたこと、話し合ってきたことが一冊の本の形を取るのを目の前にすると、なにやら不思議な気がしないではない。

ある日たまたま集まった日本史専攻の四人と西洋哲学専攻の一人が、話の勢いでいっしょに日本思想史の研究をやりましょうということになり、回ごとにテーマらしきもの、課題らしきものを設定し、レポートを提出し、議論を重ねていったというのが会のありようだった。年に数回の集まりだったが、これといった明確な目標が定まっていたわけではなく、会合を重ねるなかで目標が見えてくるのでもなく、その点ではごく気ままな会だった。

とはいえ、五人が集まったとなると、議論の内容までが気ままというわけにはいかなかった。

少なくともわたしにとってはそうだった。日本の歴史や文化や美術に人並み以上の関心を抱いていたとはいえ、日本史や日本思想史はわたしにとって専門外の分野だ。たいする四人は、その著作によってみても、独自の問題意識を保持しつつ確かな足取りで思索を進めてき、いまも進めつつある錚々たる日本史ないし日本思想史の研究者である。会の一週間ぐらい前から多少の緊張感をもって予習らしき作業に取りかかり、当日は話の筋道を見失うまいと必死の思いだった。

自分でレポートを作成してきて会に問題提起をする場合はともかく、全体で議論をしているときにはわたしはほかの四人に比べて口数が少なかったように思う。それだけ聞くことに集中していたともいえようが、やはり、議論の流れがうまく乗れないことが大きかった。大隅さんが『愚管抄』の話をしているときでもよい、大山さんが蘇我王権を論じているときでも、吉田さんが東アジアにおける仏教の地域性を問題にしているときでも、増尾さんが日本思想史に入りこんだ道教のすがたを語っているときでもよい——耳を傾けているうちに自分の思考がふわっと宙に浮いて、論の行方がつかめなくなってしまう。なんとか手がかりを得ようと思っても、どう話に割って入ったらいいか、どんな質問をしたらいいかがわからない。数人ないし十数人の研究会ではよく起こることだろうが、会のなかで自分がやや特殊な位置にいることを自覚しているだけに、議論の輪にすんなり入れないのは自分の至らなさとして意識せざるをえなかった。

会の活動はかれこれ二〇年近く続き、そのあいだにわたしは『日本精神史』（上・下、講談社）を上梓したりもしたが、議論の輪に入れないもどかしさは、感じる回数が少しずつ減ったとはいえ、最後までつきまとった。哲学のアカデミズムからも離れたところにいるわたしは、学問の専門領域などにこだわる気はまったくないが、そんな主観的な思いとは別に、それぞれの学問にはおのずからなる作風のちがいがあるかもしれないな、と思ったりもした。

この本に取り上げられたテーマは、どの一つをとっても簡単に結論が出るようなものではない。なかには、議論しながらみんなが結論など出そうもないと感じていることがわかるものもあったが、そんなときにかえって、言えることだけはことばにしてなんとか議論を前に進めようとする熱意が場から伝わってきて、思考を後押しされることがあった。思考の共同作業に携わるありがたさの感じられる場面だった。

仲間のひとり、増尾伸一郎さんの急死は痛恨の出来事だった。昼間の座談の席でも、夕食を取りながらの雑談の席でも、やや声の調子を高めて自説を述べ、溢れる知識を披瀝するのが増尾流だったから、五人が四人になってしばらく、ここは増尾さんの出番だがな、と思うことが少なくなかった。たがいの議論が一冊の本にまとまることを増尾さんは強く望んでいたから、本の刊行を草葉の陰で喜んでくれているかと思うと少し心が軽くなる。

吉田一彦

◇
◇
◇

「文は人なり」という言葉がある。中学生の時に、国語の授業で、文章には書き手の人となりがよくあらわれているという意味だ、と習ったことを今でも覚えている。私は、これは言い得て妙の至言で、当たっているなあと思う。もとはフランスの博物学者の発言だそうで、博物学者というところも面白い。

本書で語り合うことができた方々はみな文章の達人で、明晰な日本語の遣い手だ。そして、一人ひとりが個性あふれる文体の持ち主で、文章の姿形に人柄が、また思想がよくあらわれていると思う。それが書き言葉だけでなく、話し言葉でもそうなっていることが、座談会の音声起こしを見るとよくわかる。文体や言葉遣いと一体となった各人の論理展開をお楽しみいただければ幸いである。

本書に再録した増尾伸一郎さんのいかにも彼らしい文章をあらためて読み直すと、柔らかくてかつ芯の強い文体のなかから人懐っこい笑顔がたち顕れてくる感じがする。こうして本ができたことを、きっと彼も喜んでくれているだろうと思う。増尾さんの論文を再録するにあたっては、妻の増尾伸子さんの御高配をいただいた。心より御礼申し上げる次第である。

複雑な論議を一書にまとめるにあたっては、編集者の関口秀紀、安井梨恵子、蟹沢格の三氏に大変お世話になった。関口さんとは、一九八四年夏の第一回「研究会・日本の女性と仏教」サマーセミナーで面識を得てからの長いお付き合いで、この日本思想史の会では研究会の会場を設定していただき、座談会の聞き手となっていただいた。二〇一八年夏、本書が形になるめどがたった時、「夢がかなった」と言っていただき、感激した。本書の生みの親である。安井さんももう一人の生みの親で、長く座談会の聞き手になっていただき、研究会の運営、原稿の整理、取りまとめに尽力していただいた。そして、本にする最終段階では蟹沢さんに大変お世話になった。心より御礼申し上げる次第である。

長い道のりの末に本書がこのように形になったことは、私にとって大きな喜びであり、感慨深いものがある。研究会にかかわったすべての先生方、編集者の方々にあらためて心より御礼申し上げる次第である。

増尾伸一郎（ますお しんいちろう）

1956年生まれ。1979年、筑波大学第一学群人文学類卒業。1986年、同大学大学院博士課程単位取得。元東京成徳大学人文学部教授。専攻は日本思想史、東アジア文化史。2014年逝去。

主な著書に『万葉歌人と中国思想』（吉川弘文館、1997年）、『日本古代の典籍と宗教文化』（吉川弘文館、2015年）、『道教と中國撰述佛典』（汲古書院、2017年）、共編著に『講座道教 第6巻 アジア諸地域と道教』（遊佐昇、野崎充彦と共編、雄山閣、2001年）、『環境と心性の文化史』（上下、工藤健一、北條勝貴と共編、勉誠出版、2003年）など。

吉田一彦（よしだ かずひこ）

1955年生まれ。1979年、上智大学文学部史学科卒業。1986年、同大学大学院博士後期課程単位取得満期退学。名古屋市立大学大学院人間文化研究科教授。専攻は日本古代史、日本仏教史。

主な著書に『日本古代社会と仏教』（吉川弘文館、1995年）、『古代仏教をよみなおす』（吉川弘文館、2006年）、『変貌する聖徳太子——日本人は聖徳太子をどのように信仰してきたか』（編著、平凡社、2011年）、『仏教伝来の研究』（吉川弘文館、2012年）、『『日本書紀』の呪縛』（集英社新書、2016年）など。

[著者紹介]（50音順）

大隅和雄（おおすみ かずお）

1932年生まれ。1955年、東京大学文学部国史学科卒業。1964年、同大学大学院博士課程単位取得満期退学。東京女子大学名誉教授。専攻は日本中世思想史。

主な著書に『愚管抄を読む――中世日本の歴史観』（平凡社選書、1986年／講談社学術文庫、1999年）、『愚管抄 全現代語訳』（訳書、講談社学術文庫、2012年）、『西行・慈円と日本の仏教――遁世思想と中世文化』（吉川弘文館、2016年）、『中世の声と文字――親鸞の手紙と『平家物語』』（集英社新書、2017年）、『日本文化史講義』（吉川弘文館、2017年）など。

大山誠一（おおやま せいいち）

1944年生まれ。1970年、東京大学文学部国史学科卒業。1975年、同大学大学院博士課程単位取得満期退学。中部大学名誉教授。専攻は日本古代政治史。

主な著書に『長屋王家木簡と奈良朝政治史』（吉川弘文館、1993年）、『〈聖徳太子〉の誕生』（吉川弘文館、1999年）、『聖徳太子の真実』（編著、平凡社、2003年／平凡社ライブラリー、2014年）、『天孫降臨の夢――藤原不比等のプロジェクト』（NHKブックス、2009年）、『神話と天皇』（平凡社、2017年）など。

長谷川宏（はせがわ ひろし）

1940年生まれ。1962年、東京大学文学部哲学科卒業。1968年、同大学大学院博士課程単位取得退学。東大闘争後、自宅で学習塾を開くかたわら、在野の研究者として活動。専攻は西洋近代哲学。

主な著書に『ヘーゲルの歴史意識』（紀伊國屋新書、1974年／講談社学術文庫、1998年）、『丸山眞男をどう読むか』（講談社現代新書、2001年）、『初期マルクスを読む』（岩波書店、2011年）、『日本精神史』（上下、講談社、2015年）、『幸福とは何か――ソクラテスからアラン、ラッセルまで』（中公新書、2018年）など。

日本思想史の可能性

発行日――2019年3月13日　初版第1刷

著者――大隅和雄・大山誠一・長谷川宏・増尾伸一郎・吉田一彦
発行者――下中美都
発行所――株式会社平凡社
〒101-0051 東京都千代田区神田神保町3-29
電話　(03) 3230-6584［編集］
(03) 3230-6573［営業］
振替　00180-0-29639
平凡社ホームページ　http://www.heibonsha.co.jp/
装幀者――間村俊一
DTP――矢部竜二
印刷――藤原印刷株式会社
製本――大口製本印刷株式会社

ISBN978-4-582-70359-7　NDC分類番号 121. 02
四六判(19. 4cm)　総ページ 512